Aš tai padariau "Jo kelias"

Asmeninis liudijimas, kurį parašė

Elizabeth Das

Lithuanian

ISBN Popierinis viršelis :978-1-961625-63-1
ISBN Elektroninė arba skaitmeninė knyga:978-1-961625-64-8
ISBN Audioknyga

Kongreso bibliotekos kontrolinis numeris:
"Ši knyga krikščioniškame ir religiniame pasaulyje įvertinta "A"."
Contact:nimmidas@gmail.com; nimmidas1952@gmail.com
"YouTube" kanalas "Kasdienė dvasinė mityba Elizabeth Das
https://waytoheavenministry.org
1. youtube.com/@dailyspiritualdietelizabet7777/videos
2. youtube.com/@newtestamentkjv9666/videos
https://waytoheavenministry.org

Be kitų formatų, knygas "Aš tai padariau "Jo kelias" galima įsigyti garso knygų, popierinių knygų ir elektroninių knygų platformose. Knygas galima įsigyti daugiau kaip 30 skirtingų kalbų.

Kasmetinis skaitinys Elizabeth Das "Kasdienė dvasinė dieta" prieinamas daugeliu kalbų. Ją galima rasti ir elektroninės, ir popierinės knygos formatu.

FOREWARD

"Nes mano mintys nėra jūsų mintys ir jūsų keliai nėra mano keliai, - sako Viešpats. Kaip dangus yra aukščiau už žemę, taip mano keliai yra aukščiau už jūsų kelius ir mano mintys - už jūsų mintis."
(Izaijo 55, 8-9)

Ši knyga - tai ponios Elizabeth Das, pasišventusios evangelizavimo ir Viešpaties žodžio mokymo tarnystei, prisiminimų ir trumpų liudijimų rinkinys. Ieškodama "Jo kelio" per ryžtą ir maldos galią, ponia Das jus pakvies į asmeninę kelionę per savo gyvenimo pokyčius. Gimusi ir užaugusi Indijoje, ponia Das reguliariai garbino prie šeimos altoriaus. Jos netenkino religija, nes širdis jai sakė, kad Dievas turi būti kažkas daugiau. Ji dažnai lankėsi bažnyčiose ir įstojo į religines organizacijas, tačiau niekada nebuvo visiškai patenkinta.

Vieną dieną ji išsiruošė ieškoti tiesos tolimoje šalyje, toli nuo gimtųjų namų, Indijoje. Jos kelionė prasideda Ahmadabade, Indijoje, kur ji labai troško surasti vienintelį tikrąjį Dievą. Dėl tuo metu Amerikoje vyravusių laisvių ir atitrūkusi nuo savo tėvynės religinės kultūros bei tradicijų, ponia Das keliavo į Ameriką su tikslu surasti šio Gyvojo Dievo tiesą. Ne dėl to, kad Dievo negalima rasti bet kur kitur, tik ne Amerikoje, nes Dievas yra visur esantis ir visagalis. Tačiau būtent ten Viešpats nuvedė ponią Das, nes šioje knygoje bus paaiškintas jos kelias į išganymą ir apie jos gilią meilę savo sielos mylėtojui.

"Prašykite, ir jums bus duota; ieškokite, ir rasite; belskite, ir jums bus atidaryta. Kiekvienas, kuris prašo, gauna, kas ieško, tas randa, ir tam, kuris beldžia, bus atidaryta". (Mato 7:7-8)

Ponią Das pažįstu jau beveik 30 metų, kai ji pirmą kartą atėjo į mažą bažnyčią, kurią lankiau Pietų Kalifornijoje. Meilė savo tėvynei ir Indijos žmonėms yra neatidėliotina tarnystė poniai Das, kuri labai trokšta laimėti Viešpačiui visų kultūrų ir kilmės žmonių sielas.

"Teisiųjų vaisiai yra gyvybės medis, o kas laimina sielas, yra išmintingas. (Patarlių 11, 30)

Ponia Das aktyviai skleidžia Dievo žodį iš savo namų biuro Wylie mieste, Teksaso valstijoje. Galite apsilankyti jos interneto svetainėje waytoheavenministry.org, kur rasite Biblijos studijų, išverstų iš anglų kalbos į gudžaratų kalbą. Taip pat galite rasti Indijos bažnyčių vietas. Šių bažnyčių pastoriai dalijasi tokia pat meile tiesai kaip ir ponia Das. Ji palaiko ryšius su apaštališkojo tikėjimo tarnais Jungtinėse Valstijose ir užsienyje, kad gautų kviestinių pranešėjų Indijoje rengiamoms metinėms konferencijoms. Ponios Das tarnystė ir darbas Indijoje yra gerai žinomi. Indijoje įsteigtas apaštališkasis Biblijos koledžas, našlaičių prieglauda ir dienos centrai. Iš Amerikos ponia Das padėjo Indijoje steigti bažnyčias, kuriose daug žmonių pažino Viešpatį Jėzų Kristų. Ji yra didžio tikėjimo moteris, pastovi ir nepaliaujamai besimeldžianti. Šių pasiekimų ji pasiekė būdama visiškai priklausoma nuo Dievo ir gyvendama neįgali. Jos menka finansinė parama liudija jos tvirtą valią ir ryžtą, kuris viršija jos galimybes. Ponia Das užtikrintai sakys" :Dievas visada mane aprūpina ir manimi rūpinasi". Taip, kažkokiu būdu Jis tai daro ir gausiai viršija jos poreikius!

Nuo aušros iki sutemų užsiėmusi Viešpaties darbu, ponia Das visada pasiruošusi melstis su manimi ar kitais, kuriems reikia pagalbos. Dievas visada yra atsakymas. Ji stovi tarp to tarpo, akimirksniu atsidūrusi gilioje maldoje, su autoritetu ir užtarimu. Dievas iš tiesų rūpinasi ponia Das, nes ji myli evangelizaciją. Ji klausosi Jo balso ir nenori prieštarauti "Jo keliams". Paklusnumas yra didesnis už auką, paklusnumas su aistra patikti Dievui.

Tai yra laikas, skirtas šiai knygai parašyti. Dievas yra "Didysis strategas". Jo keliai tobuli ir kruopštūs. Daiktai ir situacijos neįvyksta anksčiau laiko. Melskitės, kad Šventoji Dvasia padėtų išgirsti Dievo protą ir pajusti jo širdį. Ši knyga ir toliau bus rašoma vyrų ir moterų, kuriuos Ji paveikė savo keliais, širdyse.

Rose Reyes,

PADĖKOS

Nuoširdžiai dėkoju savo šeimai ir draugams, ypač mamai Esterai Das. Ji yra geriausias krikščionės moters pavyzdys, padedantis man tęsti tarnystę ir visada palaikantis mane visomis kryptimis.

Dėkoju savo draugei Rožei už palaikymą ir pagalbą rengiant šios knygos dalis.

Taip pat norėčiau padėkoti savo maldos partnerei seseriai Venedai Ing už tai, kad ji visą laiką buvo man pasiekiama, bet labiausiai dėkoju jai už jos karštas maldas.

Dėkoju Dievui už visus, kurie labai padėjo versti ir redaguoti. Dėkoju Dievui už daugelį kitų, kurie skyrė savo laiką, kad padėtų man parengti šią knygą.

Turinys

VIEŠPATIES KELIAI

- *Dievo kelias tobulas, Viešpaties žodis išbandytas, jis yra atrama visiems, kurie juo pasitiki. (Psalmių 18,30)*

- *Jis žino, kokiu keliu einu, ir kai mane išbandys, išeisiu kaip auksas. Mano koja laikosi Jo žingsnių, Jo kelio laikausi ir nenuklystu. Nuo jo lūpų įsakymo nesitraukiau, jo lūpų žodžius vertinu labiau už būtiną maistą (Job 23, 10-12).*

- *Lauk Viešpaties, laikykis jo kelio, ir jis tave išaukštins, kad paveldėtum žemę; kai nedorėliai bus išnaikinti, tu tai pamatysi. (Ps 37, 34)*

- *Viešpats teisus visuose savo keliuose ir šventas visuose savo darbuose. (Psalmių 145:17)*

- *Viešpats tave padarys sau šventa tauta, kaip tau prisiekė, jei laikysiesi Viešpaties, savo Dievo, įsakymų ir vaikščiosi jo keliais. (Pakartoto Įstatymo 28,9)*

- *Daug žmonių eis ir sakys: "Eikite ir mes į Viešpaties kalną, į Jokūbo Dievo namus", ir jis mokys mus savo kelių, ir mes vaikščiosime jo takais, nes iš Siono išeis įstatymas ir Viešpaties žodis iš Jeruzalės. (Izaijo 2:3)*

- *Klusniuosius jis ves į teismą ir klusniuosius mokys savo kelio. (Psalmių 25:9)*

Nuorodos į knygas: Šventasis Raštas, Karaliaus Jokūbo versija

1 skyrius

Pradžia: Tiesos dvasios beieškant.

I 1980 m. birželį atvykau į Jungtines Amerikos Valstijas labai trokšdamas sužinoti tiesą apie Dievą, visų daiktų Kūrėją. Nebuvo taip, kad Indijoje negalėčiau rasti Dievo, nes Dievas yra visur ir pripildo visatą savo buvimu ir šlove, tačiau man to nepakako. Norėjau Jį pažinti asmeniškai, jei tai būtų įmanoma.

"Ir išgirdau tarsi didelės minios balsą, kaip daugybės vandenų balsą ir kaip galingo griaustinio balsą: "Aleliuja, nes viešpatauja visagalis Viešpats Dievas." (Apreiškimo 19, 6).

Buvau nepaprastoje kelionėje, kai Dievas mane atvedė į Jungtines Amerikos Valstijas. Maniau, kad tai buvo vieta, kurią pasirinkau, bet laikas parodė, kad klydau. Supratau, kad Dievas su šiuo sprendimu susijęs labiau, nei supratau. Tai buvo "Jo būdas" pakeisti mano mintis ir gyvenimą.

Amerika yra šalis, kurioje užtikrinama religijos laisvė, kurioje susilieja daugiakultūriai žmonės, kurioje yra laisvių ir apsaugos tiems, kurie nori naudotis religinėmis teisėmis nebijodami persekiojimo. Šioje šalyje pradėjau daryti šuolius per neramius vandenis, nes Dievas pradėjo mane vesti. Atrodė, tarsi Jis būtų padėjęs laiptelius, kad mane vestų. Šie "akmenys" padėjo pagrindą ilgai ir audringai kelionei, vedančiai į apreiškimą, po kurio nebebus kelio atgal. Už atlygį būtų verta gyventi Jo keliais, kiekviename posūkyje ir kiekviename mano tikėjimo išbandyme.

"Aš siekiu tikslo dėl aukštojo Dievo pašaukimo Kristuje Jėzuje prizo. Taigi būkime taip nusiteikę, kiek tik esame tobuli, o jei dėl ko nors esate kitaip nusiteikę, Dievas jums atskleis ir tai. Vis dėlto, ką jau pasiekėme, laikykimės tos pačios taisyklės, mąstykime apie tą patį".
(Filipiečiams 3,14-16).

Kai atvykau į Kaliforniją, tuo metu nemačiau daug rytų indėnų. Prisitaikiau prie gyvenimo Amerikoje ir susitelkiau į tai, dėl ko čia atvykau. Ieškojau gyvojo Biblijos Dievo, apaštalų Jono, Petro, Pauliaus ir kitų, kurie nešė kryžių ir sekė paskui Jėzų, Dievo.

Ėmiau ieškoti Naujojo Testamento Dievo, kuris pagal Šventąjį Raštą, gyvojo Dievo žodį, padarė daug nuostabių stebuklų, ženklų ir stebuklų. Argi galėjau būti toks įžūlus ir manyti, kad Jis tikrai mane pažįsta? Dievas turėjo būti kažkas daugiau. Pradėjau lankytis daugybėje įvairių konfesijų bažnyčių Los Andželo apylinkėse, Pietų Kalifornijoje esančiame metropolyje. Vėliau persikėliau į miestą į rytus nuo Los Andželo, vadinamą Vest Kovina, ir taip pat pradėjau lankytis bažnyčiose tame rajone. Atvykau iš labai religingos šalies, kurioje, ko gero, yra daugiau žmogui žinomų dievų nei bet kurioje kitoje pasaulio šalyje. Visada tikėjau į vieną Dievą - Kūrėją. Mano širdis siekė Jį pažinti asmeniškai. Maniau, kad Jis tikrai egzistuoja ir dėl mano aistringo troškimo pažinti Jį asmeniškai Jis galės mane surasti. Nepaliaujamai ieškojau ir nuolat skaičiau Bibliją, bet kažko vis trūko. 1981 m. rugpjūtį įsidarbinau Jungtinių Valstijų pašto tarnyboje, kur bendradarbiams pradėjau uždavinėti klausimus apie Dievą. Taip pat pradėjau klausytis krikščioniško radijo, kur girdėjau, kaip įvairūs pamokslininkai diskutuoja biblinėmis temomis, tačiau niekada nesutaria net tarpusavyje. Pagalvojau, kad tai tikrai negali būti sumaišties Dievas? Turėjo būti teisingas atsakymas į šią religinę dvejonę. Žinojau, kad turiu ieškoti Šventajame Rašte ir toliau melstis. Daugelis krikščionių bendradarbių taip pat kalbėjosi su manimi ir dalijosi savo liudijimais. Buvau nustebęs, kad jie tiek daug žinojo apie Viešpatį. Tada dar nežinojau, kad Dievas jau buvo paskyręs laiką, kada gausiu Jo nuostabios tiesos apreiškimą.

Mano brolį kamavo demoniškas apsėdimas, jam reikėjo stebuklo. Buvau priverstas ieškoti Bibliją tikinčių krikščionių, kurie tiki stebuklais ir išlaisvinimu iš šių demoniškų jėgų. Be gailesčio šios demoniškos dvasios kankino mano brolio protą. Mano šeima buvo nepaprastai susirūpinusi dėl jo, todėl neturėjome kitos išeities, kaip tik nuvesti jį pas psichiatrą. Žinojau, kad velniui patinka kankinti ir naikinti mano brolį. Tai buvo dvasinė kova, apie kurią kalbama Biblijoje. Iš nevilties nuvedėme brolį pas psichiatrą. Įvertinusi jo būklę, ji paklausė, ar tikime į Jėzų. Mes atsakėme, kad taip, kad taip, tada ji ėmė rašyti dviejų bažnyčių adresus su jų telefonų numeriais ir padavė man. Grįžęs namo padėjau abu popierius su informacija ant komodos, ketindamas paskambinti abiem pastoriams. Meldžiausi, kad Dievas nuvestų mane į tinkamą bažnyčią ir pastorių. Apie bažnyčias Amerikoje buvau girdėjęs labai neigiamų dalykų, todėl buvau labai atsargus. Viešpats naudoja pranašus, mokytojus ir pamokslininkus, kad nuvestų Jį mylinčius žmones į visą tiesą. Viešpats tapo mano žibintu ir šviesa, kuri nušvietė mano tamsą. Dievas tikrai išves ir mano brolį iš jo tamsos. Tikrai tikėjau, kad Dievas suras mane toje, atrodė, nesibaigiančioje tamsos jūroje; nes mano šeimai tai buvo labai tamsus ir sunkus metas.

> *"Tavo žodis - žibintas mano kojoms ir šviesa mano takui".*
> *(Psalmių 119:105)*

"Malda ir pasninkas".

Abu adresus padėjau ant komodos. Paskambinau abiem pastoriams ir bendravau su jais abiem. Tuo pat metu meldžiau Viešpaties nurodymo, su kuriuo pastoriumi galėčiau tęsti pokalbį. Tuo metu supratau, kad vienas numeris iš komodos dingo. Atidžiai jo ieškojau, bet neradau. Dabar man buvo prieinamas tik vienas numeris. Paskambinau tuo numeriu ir pasikalbėjau su bažnyčios, esančios Kalifornijoje, vos už 10 minučių kelio nuo mano namų, pastoriumi. Nuvedžiau brolį į šią bažnyčią manydamas, kad šiandien mano brolis bus laisvas, tačiau taip nenutiko. Tą dieną mano brolis nebuvo visiškai išlaisvintas. Taigi pastorius pasiūlė mums Biblijos studijas. Mes pasinaudojome jo pasiūlymu ir taip pat pradėjome lankytis jo bažnyčioje, neketindami tapti jos nariais, o tik lankytojais. Nė nenutuokiau, kad tai bus mano gyvenimo lūžis. Tuo metu buvau nusistatęs prieš penkiasdešimtininkų būdą ir jų tikėjimą kalbėti kalbomis.

Bažnyčios šventieji buvo labai nuoširdūs. Jie laisvai garbino ir pakluso pastoriui, kai šis ragino pasninkauti, nes dvasinės jėgos, kurios valdė mano brolį, galėjo išsiveržti, kaip sakoma Dievo žodyje, tik "malda ir pasninku". Kartą Jėzaus mokiniai negalėjo išvaryti demono. Jėzus jiems pasakė, kad taip yra dėl jų netikėjimo, ir pasakė, kad jiems nebus nieko neįmanomo.

"Tačiau tokia rūšis neišeina kitaip, kaip tik malda ir pasninku."
(Mato 17:21)

Keletą kartų visi pasninkavome po kelias dienas, ir aš mačiau, kad mano broliui pasidarė daug geriau. Mes ir toliau mano namuose su pastoriumi studijavome Bibliją, supratome viską, ko jis mus mokė, tačiau, kai jis pradėjo aiškinti apie vandens krikštą, mane trikdė jo aiškinimas. Niekada nebuvau girdėjęs apie krikštą vardan „Jėzaus", nors jis mums aiškiai parodė Raštų ištraukas. Tai ten buvo parašyta, bet aš to nemačiau. Galbūt mano supratimas buvo apakintas.

Pastoriui išėjus, kreipiausi į brolį" :Ar pastebėjai, kad visi pamokslininkai, naudodamiesi ta pačia Biblija, pateikia skirtingas mintis? Aš tikrai nebetikiu tuo, ką sako šie pamokslininkai". Brolis atsisuko į mane sakydamas: "Jis teisus!" Aš labai supykau ant brolio ir paklausiau jo: "Taigi tu tiki šio pastoriaus mokymu? Aš tuo netikiu". Jis vėl pažvelgė į mane ir pasakė: "Jis sako tiesą". Aš vėl atsakiau: "Tu tiki visais pamokslininkais, bet ne manimi!". Mano brolis ir vėl primygtinai tvirtino: "Jis teisus". Šį kartą mačiau, kad brolio veidas buvo labai rimtas. Vėliau paėmiau Bibliją ir pradėjau studijuoti Apaštalų darbų knygą, kurioje buvo aprašyta ankstyvosios bažnyčios istorija. Studijavau ir studijavau; vis dar negalėjau suprasti, kodėl, Dievas turėjo SAVO BŪDĄ. Ar tikite, kad Dievas su kiekvienu žmogumi elgiasi skirtingai? Štai aš ieškojau Dievo per visus šaltinius ir žiniasklaidos priemones. Tuo metu išgirdau Dievą kalbant į mano širdį: "Tau reikia pasikrikštyti". Išgirdau Jo įsakymą ir paslėpiau šiuos niekam nežinomus žodžius savo širdyje.

Atėjo diena, kai pastorius priėjo prie manęs ir uždavė klausimą: "Taigi, ar esi pasirengęs krikštui?" Aš nustebęs pažvelgiau į jį, nes niekada anksčiau niekas man nebuvo uždavęs tokio klausimo. Jis man pasakė, kad Viešpats Jėzus jam kalbėjo apie mano krikštą, todėl atsakiau: "Taip". Buvau nustebęs, kad Dievas kalbėjo pastoriui šiuo klausimu. Išėjau iš bažnyčios galvodamas: "Tikiuosi, kad Dievas ne viską jam pasako, nes mūsų mintys ne visada teisingos ar net tinkamos".

Krikštas nuodėmėms atleisti.

Atėjo mano krikšto diena. Paprašiau pastoriaus, kad jis būtinai pakrikštytų mane vardan Tėvo, Sūnaus ir Šventosios Dvasios. Pastorius vis kartojo: "Taip, tai Jėzaus vardas". Buvau susirūpinęs ir nusiminęs; maniau, kad šis žmogus pasiųs mane į pragarą, jei nepakrikštys manęs Tėvo, Sūnaus ir Šventosios Dvasios vardu. Taigi dar kartą jam pakartojau, kad prašyčiau įsitikinti, jog jis krikštys Tėvo, Sūnaus ir Šventosios Dvasios vardu, bet pastorius taip pat kartojo. "Taip, Jo vardas yra Jėzus". Pradėjau galvoti, kad šis pastorius tikrai nesuprato, ką norėjau pasakyti. Kadangi Dievas man kalbėjo apie tai, kad turiu krikštytis, negalėjau Jam nepaklusti. Tuo metu to nesupratau, bet paklusau Dievui neturėdamas visiško Jo vardo apreiškimo, taip pat iki galo nesupratau, kad išgelbėjimas yra ne kitu vardu, o Jėzaus vardu.

"Ir niekur kitur nėra išgelbėjimo, nes nėra po dangumi kito vardo, duoto žmonėms, kuriuo galėtume būti išgelbėti."

(Apaštalų darbų 4, 12).

*"Jūs esate mano liudytojai, sako Viešpats, ir mano **tarnas**, kurį išsirinkau, kad pažintumėte, tikėtumėte ir suprastumėte, jog <u>aš esu jis</u>: iki manęs nebuvo Dievo ir po manęs nebus. Aš, aš esu Viešpats, ir be manęs **nėra kito gelbėtojo**".(Izaijo 43:10-11)*

Prieš, po ir per amžius buvo, yra ir bus tik vienas Dievas ir Gelbėtojas. Čia žmogui teks <u>tarno</u> vaidmuo, Jehova Dievas sako, kad **aš esu jis**.

"kuris, būdamas Dievo pavidalo, nemanė, kad yra apiplėšimas būti lygiam su Dievas: Jis pasidarė negarbingas, prisiėmė tarno išvaizdą ir tapo panašus į žmones: Jis nusižemino ir tapo klusnus iki mirties, iki kryžiaus mirties." (Filipiečiams 2, 6-8)

Jėzus buvo Dievas žmogaus kūne.

*"Ir be ginčų didis yra pamaldumo slėpinys: **Dievas apsireiškė kūne**," (1 Timotiejui 3:16)*

Kodėl šis vienas Dievas, kuris buvo dvasia, atėjo kūnu? Kaip žinote, dvasia neturi kūno ir kraujo. Jei Jam būtų reikėję pralieti kraują, Jam būtų reikėję žmogaus kūno.

Biblijoje sakoma:

*"Todėl saugokite save ir visą kaimenę, kurios prižiūrėtojais Šventoji Dvasia jus paskyrė, kad maitintumėte **Dievo bažnyčią, <u>kurią jis įsigijo savo krauju</u>**." (Apd 20, 28).*

Dauguma bažnyčių nemoko apie Dievo vienybę ir Jėzaus vardo galią. Dievas, Dvasia kūne kaip žmogus Kristus Jėzus, davė didįjį pavedimą savo mokiniams:

*"Tad eikite ir mokykite visas tautas, krikštydami jas **vardu**(vienaskaita) Tėvo, Sūnaus ir Šventosios Dvasios".*

(Mato 28:19)

"Mokiniai aiškiai žinojo, ką Jėzus turėjo omenyje, nes jie išėjo krikštyti Jo vardu, kaip parašyta Raštuose. Mane nustebino, kad kiekvieną kartą, kai krikštydavo, jie ištardavo "Jėzaus vardu". Raštai tai patvirtina Apaštalų darbų knygoje."

Tą dieną buvau pakrikštytas vandenyje visiškai panardintas į Jėzaus vardą, išlipau iš vandens ir jaučiausi toks lengvas, tarsi galėčiau vaikščioti vandeniu. Buvo nuimtas sunkus nuodėmės kalnas. Nežinojau, kad tą sunkumą nešiojuosi ant savęs. Kokia nuostabi patirtis! Pirmą kartą gyvenime supratau, kad vadinau save ,,mažų nuodėmių krikščionimi", nes niekada nesijaučiau esąs didelis nusidėjėlis. Nepaisant to, kuo tikėjau, nuodėmė vis tiek buvo nuodėmė. Aš dariau ir maniau nuodėmę. Jau nebetikėjau vien Dievo egzistavimu, bet patyriau džiaugsmą ir tikrąją krikščionybę dalyvaudamas tame, ką sako Dievo žodis.

Vėl grįžau prie Biblijos ir ėmiau ieškoti tos pačios Šventojo Rašto vietos. Atspėkite ką? Jis atvėrė mano supratimą ir aš pirmą kartą aiškiai pamačiau, kad Krikštas yra tik Jėzaus vardu.

"Tada jis atvėrė jiems protą, kad jie suprastų Raštus (Lk 24, 45)."

Pradėjau taip aiškiai matyti Šventojo Rašto eilutes ir pagalvojau, koks klastingas yra šėtonas, norintis tiesiog sunaikinti Aukščiausiojo Dievo, kuris atėjo kūnu, kad pralietų kraują, planą. Kraujas paslėptas po **Jėzaus** vardu. Iškart supratau, kad Šėtono puolimas buvo nukreiptas prieš Vardą.

*"Atsiverskite ir kiekvienas iš jūsų pasikrikštykite **Jėzaus Kristaus vardu** nuodėmių atleidimui, ir gausite Šventosios Dvasios dovaną."*
(Apd 2, 38).

Šiuos žodžius apaštalas Petras ištarė Sekminių dieną, Naujojo Testamento ankstyvosios bažnyčios pradžioje. Po krikšto gavau

Šventosios Dvasios dovaną vieno savo draugo bažnyčioje Los Andžele.

Tai pasireiškė tuo, kad kalbėjau nepažįstama kalba ar kalbomis ir pagal Šventojo Rašto žodžius apie Šventosios Dvasios krikštą:

"Dar Petrui tebekalbant šiuos žodžius, Šventoji Dvasia nužengė ant visų, kurie klausėsi žodžio. O tie iš apipjaustytųjų, kurie įtikėjo, buvo nustebę, nes daugelis, kurie buvo atėję su Petru, žinojo, kad ir ant pagonių buvo išlieta Šventosios Dvasios dovana. Jie girdėjo juos kalbant **kalbomis** *ir aukštinant Dievą". (Apd 10, 44-46).*

Aiškiai supratau, kad vyrai pakeitė krikšto ceremoniją. Štai kodėl šiandien turime tiek daug religijų. Šie pirmieji tikintieji buvo pakrikštyti pagal vėliau užrašytus Raštus. Petras jį skelbė, o apaštalai jį vykdė!

"Argi kas nors gali uždrausti vandenį, kad nebūtų pakrikštyti tie, kurie yra gavę Šventąją Dvasią kaip ir mes? Jis įsakė jiems **krikštytis Viešpaties vardu**. *Tada jie meldė jį pasilikti keletą dienų".*
(Apd 10, 47-48)

Vėlgi Krikšto Jėzaus vardu įrodymas.

"Bet kai jie patikėjo Pilypu, kuris skelbė apie Dievo karalystę **ir Jėzaus Kristaus vardą, jie buvo pakrikštyti, tiek vyrai, tiek moterys***(nes jis dar nebuvo nė ant vieno iš jų nukritęs,* **tik jie buvo pakrikštyti Viešpaties Jėzaus vardu)" (Apd 8:12,16).**

Apaštalų darbų 19

"Apolonui būnant Korinte, Paulius, pravažiavęs aukštutines pakrantes, atvyko į Efezą ir, radęs keletą žmonių. mokiniams Jis tarė: "Ar gavote Šventąją Dvasią, kai įtikėjote? Jie jam atsakė: "Mes net negirdėjome, ar yra Šventoji Dvasia". Jis jiems tarė: "Dėl ko gi jūs esate pakrikštyti? Jie atsakė: "Jono krikštu". Tada Paulius tarė: "Jonas iš tiesų krikštijo atgailos krikštu, sakydamas žmonėms, kad jie

tikėtų į tą, kuris ateis po jo, tai yra į Jėzų Kristų. Tai išgirdę, jie buvo **pakrikštyti Viešpaties Jėzaus vardu.** *Pauliui uždėjus ant jų rankas,* **ant jų nužengė Šventoji Dvasia, ir jie kalbėjo kalbomis** *bei pranašavo."* *(Apd 19, 1-6)*

"Apaštalų darbų 19-oji knyga man labai padėjo, nes Biblijoje sakoma, kad yra **vienas krikštas.**" *(Efeziečiams 4:5)*

"Aš buvau pakrikštytas Indijoje ir turiu pasakyti, kad buvau apipurkštas, o ne pakrikštytas.Tikrąją doktriną nustatė **apaštalai ir pranašai.** *Jėzus atėjo pralieti kraujo ir parodyti pavyzdį".* *(1Petro 2:21)*

"Apaštalų darbai 2,42 Jie tvirtai laikėsi apaš talų**mokslo,** *bendravimo, duonos laužymo ir bendravimo. ;*

"Efeziečiams *2:20 ir* **pastatyti ant apaštalų ir pranašų pamato,** *kurio pagrindinis kertinis akmuo yra pats Jėzus Kristus;*

"Galatams. 1,8.9 Bet jei mes ar angelas iš dangaus jums skelbtų kitokią Evangeliją, negu mes jums paskelbėme, tebūnie prakeiktas. Kaip anksčiau sakėme, taip ir dabar kartoju: jei kas jums skelbtų kitokią Evangeliją, negu jūs esate priėmę, tebūnie prakeiktas."

(Tai labai svarbu; niekas negali pakeisti doktrinos, net apaštalai, kurie jau buvo įsitvirtinę.)

"Šios Rašto eilutės atvėrė man akis, dabar aš supratau Mt 28,19. Bažnyčia yra Jėzaus nuotaka, kai esame pakrikštyti Jėzaus vardu, mes priimame Jo vardą. Giesmių giesmė yra Bažnyčios ir jaunikio alegorija, kurioje nuotaka priėmė Vardą."

"Dėl tavo gerų tepalų kvapo **tavo vardas yra kaip** *išlietas* **tepalas,** *todėl mergelės tave myli" (Giesmių giesmė 1, 3).*

Dabar turėjau krikštą, apie kurį kalbama Biblijoje, ir tą pačią Šventąją Dvasią. Tai nebuvo kažkas išgalvoto; tai buvo tikra! Galėjau tai jausti ir girdėti, o kiti buvo naujojo gimimo liudininkai. Žodžių, kuriuos ištariau, nežinojau ir negalėjau suprasti. Tai buvo nuostabu.

*"Kas kalba **nepažįstama** kalba, kalba ne žmonėms, bet Dievui, nes niekas jo nesupranta, nors dvasia jis kalba paslaptis."*
(I Korintiečiams 14,2).
Jei meldžiuosi nepažįstama kalba, mano dvasia meldžiasi, bet mano **supratimas yra nevaisingas***". (I Korintiečiams 14, 14).*

Mano mama liudijo, kad kažkada prieš man gimstant vienas misionierius iš Pietų Indijos pakrikštijo ją upėje ir, išlipusi iš jos, ji visiškai pasveiko. Nežinodamas, kaip šis pamokslininkas ją pakrikštijo, domėjausi, kaip ji buvo išgydyta. Po daugelio metų tėvas man patvirtino, kad šis pastorius ją pakrikštijo Jėzaus vardu, o tai yra biblinis žodis.

Biblijoje sakoma:

"Kuris atleidžia visas tavo kaltes, gydo visas tavo ligas."
(Psalmių 103:3)

Po naujo gimimo pradėjau vesti Biblijos pamokas draugams darbe ir savo šeimai. Mano sūnėnas gavo Šventosios Dvasios dovaną. Mano brolis, pusbrolis ir teta buvo pakrikštyti kartu su daugeliu mano šeimos narių. Nežinojau, kad ši kelionė buvo kur kas daugiau nei tik troškimas artimiau pažinti Dievą. Nesuvokiau, kad tokia patirtis įmanoma. Dievas gyvena tikinčiajame per Dvasią.

Apreiškimas ir supratimas.

Pasišventęs studijuoti Šventąjį Raštą ir pakartotinai skaityti Bibliją, Dievas vis atverdavo mano supratimą.

"Tada Jis atvėrė jiems protą, kad jie suprastų Raštus." (Luko 24:45).

Priėmus Šventąją Dvasią mano supratimas tapo aiškesnis, nes pradėjau mokytis ir matyti daug dalykų, kurių anksčiau nemačiau.

*"Bet Dievas **mums** juos **apreiškė savo Dvasia**, nes Dvasia ištiria viską, taip pat ir Dievo gelmes". (1 Korintiečiams 2,10).*

*Sužinojau, kad turime suprasti Jo valią, išmintį gyventi pagal Jo žodį, pažinti **Jo kelius** ir pripažinti, kad paklusnumas yra reikalavimas, o ne pasirinkimas.*

"Vieną dieną paklausiau Dievo: "Kaip tu mane naudoji?" Jis man atsakė" :Maldoje".

"Todėl, broliai, labiau stenkitės, kad jūsų pašaukimas ir išrinkimas būtų patikimas, nes jei tai darysite, niekada nenukrisite:"
(2 Petro 1:10)

Sužinojau, kad ėjimas į bažnyčią gali suteikti netikro saugumo jausmą. Religija nėra išgelbėjimas. Religija pati savaime gali tik padėti gerai jaustis dėl savo teisumo. Vien Rašto žinojimas neatneša išgelbėjimo. Turite suprasti Šventąjį Raštą studijuodami, gauti apreiškimą per maldą ir trokšti pažinti tiesą. Velnias taip pat pažįsta Šventąjį Raštą ir yra pasmerktas amžinai praleisti ugnimi degančiame ežere. Nepasiduokite suklaidinti vilkų avies kailyje, kurie turi **pamaldumo pavidalą**, bet **neigia *Dievo galią*.** Niekas man niekada nesakė, kad man reikia Šventosios Dvasios su įrodymu, jog reikia kalbėti kalbomis, kaip apie tai kalbama Biblijoje. Kai tikintieji gauna Šventąją Dvasią, įvyksta kažkas stebuklingo. Mokiniai buvo pripildyti Šventosios Dvasios ir ugnies.

*"Bet jūs gausite **galią**, kai ant jūsų nužengs Šventoji Dvasia, ir būsite mano liudytojai Jeruzalėje, visoje Judėjoje, Samarijoje ir iki pat žemės pakraščių." (Apd1,8)*

Jie taip užsidegė skleisti Evangeliją, kad daugelis to meto krikščionių, kaip kai kurie ir šiandien, dėl tiesos Evangelijos prarado gyvybę.

Sužinojau, kad tai yra gilus tikėjimas ir tvirtas mokymas, priešingai nei šiandien kai kuriose bažnyčiose dėstoma doktrina.

Po prisikėlimo Jėzus savo žodyje sako, kad tai bus ženklas, jog žmogus yra Jo mokinys.

"....jie kalbės naujomis kalbomis" (Morkaus 16:17).

Kalba graikų kalboje yra glossa, angliškai - Supernatural gift of language given by God. Kad išmoktumėte šio kalbėjimo būdo, neisite į mokyklą. Štai kodėl sakoma, kad tai **nauja kalba.**

Tai vienas iš ženklų, pagal kuriuos galima atpažinti Aukščiausiojo Dievo mokinį.

Argi Dievas nėra toks nuostabus? Jis padarė taip, kad Jo mokiniai būtų atpažįstami ypatingu būdu.

Garbinimo galia.

Sužinojau, kokią galią turi šlovinimas ir kad šlovinimo metu iš tikrųjų galima pajusti Šventojo buvimą. Kai 1980 m. atvykau į Ameriką, pastebėjau, kad rytų indėnai gėdijasi laisvai garbinti Dievą. Senajame Testamente karalius Dovydas šoko, šokinėjo, plojo ir aukštai iškėlė rankas Viešpaties akivaizdoje. Dievo šlovė ateina tada, kai Dievo tauta garbina su didžiausiu šlovinimu ir išaukštinimu. Dievo tauta sukuria atmosferą, kad Viešpaties buvimas galėtų apsigyventi tarp jų. Mūsų garbinimas siunčia Viešpačiui kvapą, kuriam Jis negali atsispirti. Jis ateis ir apsigyvens savo tautos šlovinime. Po maldos skirkite laiko tiesiog šlovinti ir garbinti Jį visa širdimi, neprašydami Jo jokių dalykų ar malonių. Biblijoje Jis lyginamas su Jaunikiu, ateinančiu pasiimti savo nuotakos (Bažnyčios). Jis ieško aistringos nuotakos, kuri nesigėdintų Jį Garbinti. Sužinojau, kad galėtume pasiūlyti garbinimą, kuris pasiektų Sosto kambarį, jei atsisakytume savo išdidumo. Dėkoju Dievui už pamokslininkus, kurie skelbia Žodį ir neslepia, koks labai svarbus Dievui yra garbinimas.

*"Bet ateis valanda, ir dabar jau yra, kai tikrieji garbintojai
Garbinkite Tėvą dvasia ir tiesa, nes Tėvas ieško tokių, kurie Jį
garbintų."
(Jono 4, 23).*

Kai Dievo buvimas nusileidžia ant Jo vaikų, prasideda stebuklai: išgydymas, išlaisvinimas, kalbų ir aiškinimų kalbėjimas, pranašavimas, Dvasios dovanų apraiškos. Ak, kiek daug Dievo galios galime sutalpinti vienose bažnytinėse pamaldose, jei visi kartu galime susirinkti, aukodami garbinimą, išaukštinimą ir aukščiausią šlovinimą. Kai nebeturite žodžių melstis, garbinkite ir aukokite šlovinimo auką! Velnias nekenčia, kai garbinate jo Kūrėją, Vienintelį Tikrąjį Dievą. Kai jaučiatės vieniši ar jus kamuoja baimė, garbinkite ir sujunkite save su Dievu!

Iš pradžių man buvo labai sunku garbinti ir šlovinti, bet vėliau tai tapo lengva. Pradėjau girdėti Jo balsą, kalbantį man. Jis norėjo, kad būčiau klusnus Jo Dvasiai. Mano religinė praeitis trukdė man laisvai garbinti Dievą. Netrukus mane ėmė laiminti Dvasia, atsirado išgydymų ir buvau išlaisvintas iš dalykų, kurių nelaikiau nuodėme. Visa tai man buvo nauja; kiekvieną kartą, kai pajusdavau Dievo buvimą savo gyvenime, pradėdavau keistis viduje. Augau ir patyriau į Kristų orientuotą asmeninį vaikščiojimą su Dievu.

Tiesos dvasia.

Labai svarbu mylėti tiesą, nes religija gali būti apgaulinga ir blogesnė už priklausomybę nuo alkoholio ar narkotikų.

*"Dievas yra Dvasia, ir tie, kurie jį garbina, turi garbinti jį dvasia ir
tiesa." (Jono 4, 24).*

Kai Šventoji Dvasia mane išlaisvino, nuo manęs nukrito religijos vergovės grandinės. Kai Šventojoje Dvasioje kalbame nežinomomis kalbomis ar kalbomis, mūsų dvasia kalba su Dievu. Dievo meilė yra priblokškianti, o patirtis - antgamtinė. Negalėjau negalvoti apie visus tuos metus prieš tai, kai priėmiau Biblijos doktriną, prieštaraujančią Dievo žodžiui.

Mano santykiuose su Dievu Jis atskleidė daugiau tiesos, nes augau Jo Žodyje ir sužinojau apie **"Jo kelius"**. Tai buvo tarsi žvirblis, kuris maitina savo jauniklius mažomis porcijomis, jie kasdien vis stiprėja ir nuosekliai auga, kol išmoksta pakilti į dangų. Ieškokite Tiesos Dvasios, ir Ji jus ves, kad viską pažintumėte. Vieną dieną ir mes pakilsime į dangų su Viešpačiu.

"Kai ateis tiesos Dvasia, ji jus įves į visą tiesą." (Jono 16:13a)

Šventasis patepimas:

Per didelį sielvartą dėl mano brolio būklės su piktosiomis dvasiomis mes atradome šią nuostabią tiesą. Priėmiau šią tiesą ir Šventoji Dvasia suteikė man galios įveikti kliūtis, trukdančias mano naujam gyvenimui Jėzuje Kristuje, suteikiančią man šventą malonę veikti ir tarnauti mokant žmones. Sužinojau, kad per šį patepimą Dievas judėjo per dvasinį užsidegimą ir išraišką. Jis ateina iš Šventojo, kuris yra pats Dievas, o ne iš religinės apeigos ar formalaus įšventinimo, suteikiančio šią privilegiją.

Patepimas:

Pradėjau jausti Dievo patepimą savo gyvenime ir liudyti tiems, kurie norėjo klausytis. Dėl Dievo patepimo galios tapau Žodžio mokytoju. Buvo metas Indijoje, kai norėjau verstis teisininko praktika, bet Viešpats pavertė mane savo Žodžio mokytoju.

"Bet patepimas, kurį iš jo gavote, pasilieka jumyse, ir jums nereikia, kad kas nors jus mokytų, bet kaip tas patepimas jus moko visko, yra tiesa ir nėra melas, ir kaip jis jus išmokė, taip ir jūs jam padėsite". (1 Jono 2, 27).

"Bet jūs turite Šventojo patepimą ir viską žinote." (1 Jono 2:20)

Aš pasidariau prieinamas Dievui, o Jis padarė visa kita per savo patepimo galią. Koks nuostabus Dievas! Jis nepaliks jūsų bejėgių atlikti Jo darbą. Ėmiau daugiau melstis, nes mano kūnas nusilpo dėl ligų ir negalavimų, bet Dievo Dvasia manyje kasdien vis stiprėjo, nes skyriau laiko ir pastangų savo dvasiniam ėjimui melsdamasis, pasninkaudamas ir nuolat skaitydamas Jo žodį.

Gyvenimo pokyčiai:

Akimirkai atsigręžęs atgal, pamačiau, iš kur Dievas mane atvedė ir kaip mano gyvenime nebuvo Jo kelių. Turėjau kūnišką prigimtį ir neturėjau galios ją pakeisti. Turėjau kitų dvasių, bet ne Šventąją Dvasią. Sužinojau, kad malda viską keičia, tačiau tikrasis stebuklas buvo tas, kad ir aš pasikeičiau. Norėjau, kad mano keliai būtų panašesni į **Jo kelius**, todėl pasninkavau, kad pakeisčiau savo kūnišką prigimtį. Šiame nueitame kelyje mano gyvenimas labai pasikeitė, bet tai buvo tik pradžia, nes mano aistringas troškimas siekti Dievo vis didėjo. Kiti, kurie mane gerai pažinojo, galėjo paliudyti, kad pasikeičiau.

Dvasinė kova:

Stengiausi mokyti tik tiesos, o ne religijos. Mokiau, kad krikštas Jėzaus Kristaus vardu ir Šventoji Dievo Dvasia (Šventoji Dvasia) yra būtinybė. Ji yra Užtarėjas ir jūsų galia įveikti kliūtis ir piktąsias jėgas, kurios stoja prieš tikinčiuosius.

Visada būkite pasirengę ant kelių kovoti už tai, ko norite iš Dievo. Velnias nori sutriuškinti jus ir jūsų šeimą. Mes kariaujame su tamsos jėgomis. Turime kovoti už išgelbėtas sielas; ir melstis, kad nusidėjėlių širdis paliestų Dievas, kad jie nusigręžtų nuo juos valdančių jėgų.

"Mes kovojame ne su kūnu ir krauju, bet su kunigaikštystėmis, valdžiomis, šio pasaulio tamsybių valdovais, su dvasine piktadaryste aukštumose." (Efeziečiams 6:12)

Gyva siela.

Kiekvienas žmogus turi gyvą sielą; ji nėra jūsų nuosavybė, ji priklauso Dievui. Vieną dieną, kai mirsime, siela grįš pas Dievą arba Šėtoną. Žmogus gali nužudyti kūną, bet sielą gali nužudyti tik Dievas.

*"Štai visos sielos yra mano; kaip tėvo siela, taip ir sūnaus siela yra mano; siela, kuri nusideda, **mirs**." (Ezechielio 18:4)*

"Ir nebijokite tų, kurie žudo kūną, bet negali nužudyti sielos, bet bijokite to, kuris gali pragare sunaikinti ir sielą, ir kūną."
(Mato 10, 28).

Meilės dvasia.

Dievui viena gyvybė reiškia tiek daug, nes Jis labai rūpinasi ir myli kiekvieną iš mūsų. Tikintieji, kurie turi šią tiesos Evangeliją, yra atsakingi už tai, kad **Meilės** Dvasioje kitiems pasakotų apie Jėzaus meilę.

*"Aš jums duodu naują įsakymą: kad **mylėtumėte** vieni kitus, kaip aš jus **mylėjau**, kad ir jūs **mylėtumėte** vieni kitus. Iš to visi pažins, kad esate mano mokiniai, jei turėsite **meilę** vieni kitiems."*
(Jono 13:34-35)

Velnias ims prieš mus kovoti, kai tapsime jam grėsme. Jo darbas - mus atbaidyti; tačiau mes turime pažadą, kad jį nugalėsime.

"Bet ačiū Dievui, kuris suteikia mums pergalę per mūsų Viešpatį Jėzų Kristų". (1 Korintiečiams 15:57).

Norėčiau pabrėžti, kad tai, ką šėtonas norėjo paversti blogiu, Dievas pavertė palaiminimu.

Biblijoje sakoma:

"Ir mes žinome, kad viskas išeina į gera tiems, kurie myli Dievą, tiems, kurie pašaukti pagal jo sumanymą." (Romiečio 8:28)

17

Garbė Viešpačiui Jėzui Kristui!

2 skyrius

Galingasis gydytojas

M edicinos mokslo duomenimis, iš viso yra trisdešimt devynios ligų kategorijos. Pavyzdžiui, vėžys: yra labai daug vėžio rūšių. Taip pat yra daugybė karščiavimo rūšių, tačiau visos jos priskiriamos karščiavimo kategorijai. Pagal senuosius romėnų įstatymus ir Mozės įstatymą už bausmę negalima buvo skirti daugiau kaip 40 kirčių. Kad nepažeistų šio romėnų ir žydų įstatymo, jie skyrė tik trisdešimt devynis kirčius. Ar tai sutapimas, kad Jėzus gavo trisdešimt devynis kirčius per nugarą? Aš, kaip ir daugelis, tikiu, kad šis skaičius ir Jėzus yra susiję.

"Keturiasdešimt smūgių jis gali jam suduoti, bet ne daugiau, kad, jei viršytų ir suduotų jam daugiau smūgių, tavo brolis tau neatrodytų bjaurus." (Pakartoto Įstatymo 25, 3)

"Jis pats savo kūnu ant medžio užnešė mūsų nuodėmes, kad mes, mirę nuodėmei, gyventume teisumui; jo žaizdomis jūs buvote išgydyti." (1 Petro 2, 24).

"Jis buvo sužeistas už mūsų nusikaltimus, sutryptas už mūsų kaltes, ant jo užgriuvo mūsų ramybės bausmė, ir jo žaizdomis mes pasveikome." *(Izaijo 53, 5).*

Šioje knygoje skaitysite liudijimus apie Dievo gydomąją galią ir išlaisvinimo iš narkotikų, alkoholio ir demoniško apsėdimo galią. Pradedu nuo savo asmeninių ligų, kai Dievas man anksti parodė, kad Jam nieko nėra per sunku ar per sunku. Jis yra Galingasis Gydytojas. Per skausmingas ligas mano fizinės būklės sunkumas keitėsi iš blogo į dar blogesnį. Tai buvo ir yra Dievo žodis ir Jo pažadai, kurie mane palaiko šiandien.

Lėtinis sinusitas.

Turėjau sinusų problemą, kuri buvo tokia sunki, kad neleido man miegoti. Dieną skambindavau ir prašydavau žmonių melstis už mane. Tą akimirką viskas būdavo gerai, bet naktį ji atsinaujindavo ir aš negalėdavau užmigti.

Vieną sekmadienį nuėjau į bažnyčią ir paprašiau pastoriaus pasimelsti už mane. Jis uždėjo ranką man ant galvos ir meldėsi už mane.

"Ar kas nors iš jūsų serga? Tegul pasišaukia bažnyčios vyresniuosius ir jie tegul meldžiasi už jį, patepdami jį aliejumi Viešpaties vardu." *(Jokūbo 5:14)*

Kai prasidėjo pamaldos, pradėjau šlovinti ir garbinti Dievą, nes Dvasia laisvai atėjo į mane. Viešpats liepė man šokti Jo akivaizdoje. Dvasioje paklusdamas pradėjau šokti priešais Jį, kai staiga mano užsikimšusi nosis atsipalaidavo ir tai, kas trukdė nosies ertmę, išėjo lauk. Akimirksniu pradėjau kvėpuoti ir ši būklė nebegrįžo. Šią sinusų būklę buvau priėmęs savo paties žodžiais ir mintimis. Tačiau galiausiai supratau, kad visada turime išsakyti savo tikėjimą ir niekada neprisipažinti ar negalvoti apie abejones.

Tonzilitas.

Sirgau lėtiniu tonzilitu ir negalėjau užmigti dėl siaubingo nuolatinio skausmo. Šią ligą kentėjau daugelį metų. Po apsilankymo pas gydytoją buvau nukreiptas pas hematologą. Norint atlikti palyginti nedidelę tonzilių šalinimo operaciją, man tai būtų buvusi pavojinga ir ilga operacija dėl kraujo ligos, dėl kurios mano organizmas sunkiai krešėjo. Kitaip tariant, galėjau mirtinai nukraujuoti! Gydytojas sakė, kad niekaip negalėčiau ištverti šios operacijos ar iškęsti skausmo. Meldžiausi už savo išgydymą, taip pat paprašiau bažnyčios melstis už mane. Vieną dieną į mano bažnyčią atvyko vizituojantis pamokslininkas. Jis pasisveikino su susirinkusiaisiais ir paklausė, ar kam nors reikia išgydymo.

Nebuvau tikras, ar sulauksiu išgydymo, bet vis tiek ėjau į priekį, pasitikėdamas Dievu. Kai grįžau į savo vietą, išgirdau balsą, kuris man sakė.

"Jūs nebūsite išgydyti".

Buvau supykęs ant šio balso. Kaip šis balsas galėjo drąsiai kalbėti apie abejones ir netikėjimą? Žinojau, kad tai velnio triukas, kuriuo siekiama sustabdyti mano išgydymą. Aš atsakiau šiam balsui priešingai,

"Aš gausiu savo išgydymą!"

Mano atsakymas buvo tvirtas ir stiprus, nes žinojau, kad tai atėjo iš visų melų tėvo, velnio. Šventoji Dvasia suteikia mums valdžią velniui ir jo angelams. Neketinau leisti jam atimti iš manęs išgydymo ir ramybės. Jis yra melagis ir jame nėra tiesos! Aš kovojau su Dievo žodžiu ir pažadais.

"Jūs esate iš savo tėvo velnio ir savo tėvo geismus vykdysite. Jis nuo pat pradžių buvo žmogžudys ir nepasiliko tiesoje, nes jame nėra tiesos. Kai jis kalba melą, jis kalba iš savęs, nes jis yra melagis ir jo tėvas".(Jn 8, 44).

Akimirksniu mano skausmas išnyko ir aš buvau išgydytas! Kartais turime eiti į prieš ostovyklą, kad kovotume už tai, ko norime, ir atsiimtume tai, ką priešas, velnias, nori iš mūsų atimti. Kai skausmas mane paliko, velnias pasakė: „Tu nebuvai ligonis". Priešas bandė mane įtikinti "abejonių debesiu", kad iš tikrųjų nesirgau. Šio velnio melo priežastis buvo ta, kad nesuteikčiau Dievui šlovės. Tvirtai atsakydamas Šėtonui, pasakiau: "Taip, aš sirgau!". Akimirksniu Jėzus užleido skausmą abiejose mano tonzilių pusėse. Aš atsakiau: "Viešpatie Jėzau, aš žinau, kad sirgau, ir Tu mane išgydai". Skausmas paliko mane visiems laikams! Daugiau niekada nebekentėjau. Tuoj pat pakėliau rankas, šlovinau Viešpatį ir atidaviau Dievui šlovę. Jėzus prisiėmė žaizdas ant savo nugaros, kad tą dieną galėčiau būti išgydytas. Jo žodis taip pat sako, kad ir mano nuodėmės būtų atleistos. Tą pačią dieną atsistojau ir bažnyčioje liudijau, kaip Viešpats mane išgydė. Savo išgydymą priėmiau per prievartą.

"Nuo Jono Krikštytojo dienų iki dabar dangaus karalystė kenčia smurtą, ir smurtautojai ją paima jėga". (Mato 11:12)

"Tikėjimo malda išgelbės ligonį, ir Viešpats jį prikels, o jei jis padarė nuodėmių, jos jam bus atleistos." (Jokūbo 5:15)

"Kuris atleidžia visas tavo kaltes ir gydo visas tavo ligas".
(Psalmių 103:3)

Kai atsistojame ir liudijame apie tai, ką Viešpats padarė, ne tik suteikiame Dievui šlovę, bet ir pakeliame kitų, kuriems reikia tai išgirsti, tikėjimą. Be to, tai šviežias kraujas prieš velnią.

"Jie nugalėjo jį Avinėlio krauju ir savo liudijimo žodžiu, nemylėdami savo gyvybės iki mirties".(Apreiškimo 12:11)

Dievas daro didelius ir mažus stebuklus. Jūs nugalite velnią, kai pasakojate kitiems apie tai, ką Dievas padarė jums. Jūs priverčiate velnią bėgti, kai pradedate garbinti Dievą visa širdimi! Turite tikėjimo ginklus ir Šventosios Dvasios galią, kad nugalėtumėte visų melų tėvą. Turime išmokti jais naudotis.

Regėjimo defektas.

1974 m., prieš atvykdamas į Ameriką, turėjau regėjimo problemų. Negalėjau atskirti atstumo tarp savęs ir kito priešais mane esančio objekto. Dėl to kildavo stiprūs galvos skausmai ir pykinimas. Gydytojas sakė, kad turiu tinklainės ligą, kurią galima ištaisyti pratimais, tačiau man tai nepadėjo ir galvos skausmai tęsėsi.

Lankiau bažnyčią Kalifornijoje, kuri tikėjo gydomąja galia. Paprašiau bažnyčios pasimelsti už mane. Nuolat girdėjau išgydymo liudijimus, kurie padėjo man tikėti išgydymu. Esu labai dėkingas, kad bažnyčios leido liudijimus, kad kiti gali išgirsti pagiriamuosius pranešimus apie stebuklus, kuriuos Dievas šiandien daro paprastų žmonių gyvenimuose. Mano tikėjimą visada pakeldavo liudijimų klausymasis. Per liudijimus daug ko išmokau.

Vėliau nuėjau pas akių gydytoją, nes Dievas manęs prašė apsilankyti pas akių specialistą.

Šis gydytojas apžiūrėjo mano akis ir nustatė tą pačią problemą, tačiau paprašė manęs pasikonsultuoti su kitu gydytoju. Po savaitės paprašiau išmaldos, nes man labai skaudėjo galvą ir nepakeliamai skaudėjo akis.

Kreipiausi dėl antros nuomonės, kuri apžiūrėjo mano akis ir pasakė, kad mano akims nieko blogo nėra. Buvau labai laiminga.

Po šešių mėnesių važiuodama į darbą galvojau apie tai, ką pasakė gydytojas, ir pradėjau tikėti, kad nieko blogo nėra, o kitas gydytojas, diagnozavęs akių netobulumą, klydo. Visus šiuos mėnesius buvau išgydytas ir pamiršau, kaip sirgau.

Dievas pradėjo kalbėti su manimi: "Ar pamenate, kad jus kamavo nepakeliamas skausmas, galvos skausmas ir pykinimas?"

Atsakiau: "Taip". Tada Dievas tarė" :Ar pameni, kai buvai Indijoje ir gydytojas pasakė, kad turi akių ligą, ir tave mokė akių koordinacijos pratimų? Ar prisimeni, kad per pastaruosius šešis mėnesius dėl šios problemos negrįžai namo susirgęs?"

Atsakiau: "Taip."

Dievas man pasakė: "Aš išgydžiau tavo akis!"

Garbė Dievui, tai paaiškino, kodėl trečiasis gydytojas nieko blogo nerado. Dievas leido man išgyventi šią patirtį, kad parodytų man, jog Jis gali giliai įeiti į mano akis ir jas išgydyti. Dievo žodis sako: "Aš pažįstu širdį, o ne tas, kam priklauso širdis". Atidžiai pradėjau mintyse svarstyti šiuos žodžius. Galbūt man priklauso širdis, bet aš nepažįstu savo širdies ir nežinau, ką turiu savo širdyje. Todėl nuolat meldžiuosi, pasninkauju ir skaitau Žodį, kad Dievas mano širdyje rastų tik gerumą, meilę ir tikėjimą. Turime būti atsargūs su tuo, ką galvojame ir kas išeina iš mūsų lūpų. Medituokite apie gerumą, nes Dievas žino pačią mūsų mintį.

"Tegul mano burnos žodžiai ir mano širdies apmąstymai būna malonūs tavo akyse, Viešpatie, mano stiprybe ir mano atpirkėjau."
(Ps 19,14).

"Širdis yra apgaulinga ir beviltiškai pikta: kas gali ją pažinti? Aš, Viešpats, ištiriu širdį, ištiriu vadeles, kad duočiau kiekvienam pagal jo kelius ir pagal jo darbų vaisius" (Jeremijo 17,9-10).

Aš meldžiuosi už save 51 psalme:

"Dieve, sukurk manyje tyrą širdį ir atnaujink manyje teisią dvasią "
(Ps 51, 10).

Nerimas.

Išgyvenau laikotarpį, kai patyriau kažką, ko negalėjau išreikšti žodžiais. Prisimenu, kaip sakiau Dievui, kad nežinau, kodėl mintyse taip jaučiuosi. Meldžiausi ir prašiau Dievo, kad negalėčiau suprasti šio mane užvaldžiusio jausmo, nes tuo metu dėl nieko nesijaudinau. Šis jausmas truko kurį laiką ir dėl jo jaučiausi "ne taip" psichologiškai, bet ne fiziškai - tai geriausias būdas, kaip galiu jį apibūdinti. Vėliau darbe rankoje laikiau šią mažą įkvėpimo knygelę.

Viešpats tarė: "Atverskite šią knygą ir skaitykite".

Radau temą apie "nerimą". Dievas sakė, kad tai, ką jūs turite, yra nerimas. Nebuvau susipažinęs su šiuo žodžiu. Kadangi neturėjau aiškaus šio žodžio supratimo, Jėzus liepė ieškoti žodyne. Radau tikslius simptomus, kuriuos jaučiau. Apibrėžimas buvo toks: susirūpinimas ar nerimas dėl kokio nors būsimo ar neaiškaus dalyko ar įvykio, kuris trikdo protą ir laiko jį skausmingo nerimo būsenoje.

Aš atsakiau: "Taip, Viešpatie, aš jaučiuosi būtent taip!"

Dirbau sūpuoklinėje pamainoje ir laisvą dieną eidavau anksti miegoti. Per tą laiką atsikeldavau anksti ryte melstis ir vieną dieną Dievas liepė man eiti miegoti. Pagalvojau: "Kodėl Dievas taip pasakė?" Šiuo ankstyvuoju ėjimo su Dievu etapu mokiausi atpažinti ir išgirsti Jo balsą. Vėl paklausiau savęs, kodėl Dievas liepia man eiti miegoti? Manau, kad tai velnias.

Tuomet prisiminiau, kad kartais Dievas mums sako dalykus, kurie gali būti beprasmiški, tačiau Jis mums perduoda svarbią žinią. Trumpai tariant, Jo žinia buvo ta, kad mums nereikia būti šventesniems už save.

"Nes mano mintys nėra jūsų mintys ir jūsų keliai nėra mano keliai, - sako Viešpats. Nes kaip dangus aukštesnis už žemę, taip mano keliai aukštesni už jūsų kelius ir mano mintys už jūsų mintis".
(Izaijo 55, 8-9)

Kitaip tariant, malda yra teisingas būdas, tačiau tuo metu ji nebuvo teisinga. Jis jau buvo pasiuntęs savo angelą, kad jis man patarnautų, o man reikėjo būti lovoje. Yra laikas pailsėti ir laikas, kai Dievas per maldą, atnaujindamas Šventąją Dvasią, pripildo mūsų žibintus šviežio aliejaus. Gamtoje mums reikia miego ir poilsio, kad atgaivintume savo kūną ir protą, kaip Dievas norėjo. Esame Dievo šventykla ir turime rūpintis savimi.

*"Bet kuriam iš **angelų** Jis kada nors pasakė: "Sėskis mano dešinėje, kol padarysiu tavo priešus tavo padu? Argi jie visi nėra **tarnaujančios dvasios, pasiųstos tarnauti tiems, kurie bus išgelbėjimo paveldėtojai?** " (Hebrajams 1:13, 14)*

Kai vėl užmigau, sapnavau žmogų be galvos. Vyras be galvos palietė mano galvą. Vėliau pabudau žvalus ir visiškai normalus; žinojau, kad Dievas atsiuntė gydantį angelą paliesti mano galvą ir išlaisvinti mane iš šio nerimo. Buvau toks dėkingas Dievui, kad papasakojau apie tai visiems, kurie norėjo klausytis. Patyriau siaubingus alinančius nerimo simptomus, kurie paveikė mano protą. Kiekvieną dieną atsibundi su juo tvyrančiu; niekada neduodančiu ramybės, nes tavo protas nėra visiškai pailsėjęs, kad galėtų atsipalaiduoti. Nerimas taip pat yra velnio įrankis, kad jus užvaldytų baimė ar panika. Jis pasireiškia įvairiais pavidalais ir jūs galite net nežinoti, kad jį jaučiate. Geriausia būtų pakeisti savo reakciją į stresą ir paklausti savęs, ar kasdien duodate savo kūnui tai, ko jam reikia atsinaujinti. Dievas padarys visa kita, kai rūpinsitės "Jo šventykla".

"Jei kas suterštų Dievo šventyklą, tą Dievas sunaikins, nes Dievo šventykla yra šventa, o jūs esate šventykla". (1 Korintiečiams 3:17)

Jo balsas.

Kai turite Dievą, esate sotūs, nes esate panardinti į Jo meilę. Kuo labiau Jį pažįstate, tuo labiau Jį mylite! Kuo daugiau su Juo kalbėsitės, tuo labiau išmoksite girdėti Jo balsą. Šventoji Dvasia padeda jums atpažinti Dievo balsą Jums tereikia įsiklausyti į tą tylų mažą balsą. Mes esame Jo ganyklos avys, kurios pažįsta Jo balsą.

"Jėzus jiems atsakė: "Aš jums sakiau, bet jūs netikėjote: darbai, kuriuos aš darau savo Tėvo vardu, liudija apie mane. Bet jūs tikite ne, nenesate iš mano avių, kaip jums sakiau. Mano avys girdi mano balsą, ir aš jas pažįstu, ir jos seka paskui mane: Ir aš joms duodu amžinąjį gyvenimą, ir jos nepražus per amžius, ir niekas jų neišplėš iš mano rankos. Mano Tėvas, kuris jas man davė, yra didesnis už visus, ir niekas negali išplėšti jų iš mano Tėvo rankos. Aš ir mano Tėvas esame viena".(Jono 10, 25-30)

Yra tie iš mūsų, kurie save vadina Jo "avimis", ir tie, kurie netiki. Jo avys girdi Dievo balsą. Religiniai demonai yra apgaulingi. Jie verčia mus jaustis taip, tarsi turėtume Dievą. Šventasis Raštas įspėja mus apie klaidingas doktrinas.

"turėdami pamaldumo pavidalą, bet neigdami jo galią"
.(2 Timotiejui3:5)

Dievas sako: "Ieškokite manęs visa širdimi, ir rasite mane". Tai nereiškia, kad reikia rasti mums tinkantį gyvenimo būdą. Sekite tiesa, o ne religine tradicija. Jei trokštate Dievo tiesos, ją rasite. Turite skaityti ir mylėti Dievo žodį, slėpti jį savo širdyje ir rodyti savo gyvenimo būdu. Žodis keičia jūsų vidų ir išorę.

Jėzus atėjo palaužti tradicijos ir religijos galios savo Krauju. Jis atidavė savo gyvybę, kad mums būtų atleistos nuodėmės ir galėtume tiesiogiai bendrauti su Dievu. Įstatymas buvo įvykdytas Jėzuje, tačiau jie neišpažino Jo kaip Viešpaties ir Gelbėtojo, Mesijo.

"Vis dėlto ir tarp vyresniųjų valdininkų daug kas įtikėjo į jį, bet dėl fariziejų jie neišpažino jo, kad nebūtų išvaryti iš sinagogos: Nes jie labiau mylėjo žmonių šlovę negu Dievo šlovę". (Jono 12, 42. 43)

Gripas:

Labai karščiavau ir man skaudėjo kūną. Mano akys ir veidas taip pat buvo labai patinę. Vos galėjau kalbėti ir paskambinau savo bažnyčios vyresniajam, kad šis pasimelstų už mano išgijimą. Mano veido bruožai akimirksniu vėl tapo normalūs ir aš buvau išgydytas. Dėkoju Dievui už tikėjimo vyrus ir užtikrinimą, kurį Jis suteikia tiems, kurie Juo pasitiki.

"Juk mūsų Evangelija atėjo pas jus ne tik žodžiais, bet ir galia, Šventąja Dvasia ir dideliu patikinimu." (1 Tesalonikiečiams 1,5a)

Alergija akims.

Pietų Kalifornijoje turime rimtą smogo problemą. Man dirgino akis, o dėl oro taršos jos dar labiau pablogėjo. Niežėjimas, paraudimas ir nuolatinis skausmas buvo nepakeliamas; norėjosi ištraukti akis iš akių lizdo. Kaip baisu jaustis. Vis dar augau ir mokiausi pasitikėti Dievu. Maniau, kad Dievui neįmanoma to išgydyti, nors praeityje Jis jau buvo mane išgydęs. Man tiesiog buvo sunku tikėti Dievu dėl savo išgydymo. Maniau, kad kadangi Dievas jau žino kiekvieną mano mintį, Jis negali išgydyti mano akių dėl mano netikėjimo, todėl niežulį malšinau akių lašais. Viešpats ėmė kalbėti man, kad nustočiau vartoti akių lašus. Tačiau niežulys buvo labai stiprus, ir aš nenustojau. Jis tai pakartojo tris kartus, kol galiausiai akių lašus nustojau vartoti.

*"O Jėzus, pažvelgęs į juos, tarė: "Žmonėms tai neįmanoma, o **Dievui viskas įmanoma".** (Mato 19:26).*

Po kelių valandų, kai buvau darbe, niežulys mane paliko. Buvau toks laimingas, kad pradėjau visiems darbe pasakoti apie savo išgijimą. Daugiau niekada nebereikėjo nerimauti dėl savo akių. Mes taip mažai žinome apie Dievą ir apie tai, kaip Jis mąsto. Niekada negalime Jo pažinti, nes **Jo keliai** - ne mūsų keliai. Mūsų žinios apie Jį tokios nepaprastai menkos. Štai kodėl tikriems tikintiesiems taip svarbu vaikščioti Dvasioje. Negalime remtis savo žmogiškuoju supratimu. Tą dieną Jėzus buvo malonus, kantrus ir gailestingas man. Jėzus mokė mane didžiulės pamokos. Aš abejojau dėl išgydymo, bet tą dieną paklusau, ir Jis mane išgydė! Jis niekada nepasidavė man ir niekada nepasiduos jums!

Po šios pamokos apie paklusnumą atidėjau visus vaistus. Savo širdyje patikėjau, kad pradėsiu pasitikėti Dievu, kuris išgydys mane nuo visų ligų ir negalavimų. Laikui bėgant išmokau Juo tikėti ir augau Viešpatyje. Jis ir šiandien tebėra mano gydytojas.

Kaklo sužalojimas:

Vieną popietę važiavau į bažnyčią, kai į mane atsitrenkė kita transporto priemonė ir aš patyriau kaklo traumą, dėl kurios reikėjo išeiti iš darbo. Norėjau grįžti į darbą, bet gydytojas nesutiko. Pradėjau melstis: "Jėzau, man nuobodu, prašau, paleisk mane". Jėzus pasakė: "grįžk į darbą ir niekas negalės pasakyti, kad buvai sužeistas".

"Aš tau grąžinsiu sveikatą ir išgydysiu tavo žaizdas, - sako Viešpats."
(Jeremijo 30:17a).

Tada grįžau pas gydytoją, ir jis mane išleido į darbą, nes primygtinai prašiau. Vėl ėmiau jausti skausmą ir buvau papeiktas, kad per anksti grįžau į darbą. Prisiminiau, ką Jėzus man pasakė ir pažadėjo. Pradėjau sau kartoti, kad laikyčiausi Dievo pažado, ir diena iš dienos ėmiau sveikti. Man dar nespėjus susivokti, skausmas išnyko. Tą vakarą vadovas paprašė manęs dirbti viršvalandžius. Aš juokaudamas nusijuokiau ir pasakiau jam, kad nesijaučiu pakankamai gerai, kad galėčiau dirbti viršvalandžius, nes man skauda. Prisipažinau, kad turiu kažką, ko neturiu. Skausmas tuoj pat sugrįžo, o mano veidas labai išblyško, todėl vadovas liepė man eiti namo. Prisiminiau, kad anksčiau Dievas sakė, jog man viskas bus gerai, ir buvau pasiryžęs to laikytis. Pasakiau vadovui, kad negaliu eiti namo dėl Dievo pažado. Kita vadovė buvo krikščionė, todėl paprašiau jos pasimelsti už mane. Ji primygtinai reikalavo, kad vėl grįžčiau namo. Pradėjau priekaištauti dėl skausmo ir tariau tikėjimo žodį. Šventosios Dvasios autoritetu pavadinau velnią melagiu. Akimirksniu mano skausmas pasitraukė.

"Tada jis palietė jų akis ir tarė: "Tebūnie jums pagal jūsų tikėjimą".
(Mato 9,29).

Grįžau pas savo vadovą ir papasakojau, kas nutiko. Ji sutiko, kad velnias yra melagis ir visų melų tėvas. Svarbu niekada neįvardyti ligos ar skausmo. Tą dieną Dievas man davė labai svarbią pamoką apie juokavimą su netiesa.

"O jūsų bendravimas tebūna: "Taip, taip, ne, ne, nes visa, kas yra daugiau negu tai, yra blogis." (Mato 5, 37).

3 skyrius

Galingi Dievo ginklai "Malda ir pasninkas"

O sekmadienio rytą per pamaldas gulėjau ant paskutinio suolo, kentėdamas nepakeliamą skausmą ir vos galėdamas vaikščioti. Staiga Dievas liepė man eiti į priekį ir priimti maldą. Kažkodėl širdyje ir Dvasioje žinojau, kad nebūsiu išgydytas, bet kadangi girdėjau Dievo balsą, paklusau. Kaip skaitome

"1 Samuelio 15:22b. Paklusti yra geriau nei aukotis."

Lėtai ėjau į priekį ir, pradėjęs eiti šonine salyte, pastebėjau, kad žmonės, man einant pro juos, pradėjo atsistoti. Mačiau, kaip Dievo Dvasia krenta ant kiekvieno žmogaus, ir galvojau, kokiu tikslu Dievas pasiuntė mane į priekį.

"Jei uoliai klausysi Viešpaties, savo Dievo, balso ir laikysies bei vykdysi visus jo įsakymus, kuriuos šiandien tau įsakau, Viešpats, tavo Dievas, tave iškeldins virš visų žemės tautų: Ir visi šie palaiminimai

*ateis ant tavęs ir tave aplenks, jei klausysi Viešpaties, savo Dievo,
balso". (Pakartoto Įstatymo 28, 1-2)*

Kai tai įvyko, lankiausi savo vietinėje bažnyčioje, bet kurį laiką
galvojau apie šią dieną. Vėliau, kai nuvykau aplankyti bažnyčios
Uplando mieste. Šioje bažnyčioje taip pat lankėsi sesuo iš mūsų
buvusios bažnyčios. Ji pamatė mano skelbimą ant automobilio,
kuriame siūliau matematikos pamokas, ir norėjo mane įdarbinti. Vieną
dieną, kai mokiau ją savo namuose, ji man pasakė,, :Sesuo, prisimenu
tą dieną, kai mūsų senojoje bažnyčioje jūs sirgote ir ėjote į priekį
priimti maldos. Niekada anksčiau nebuvau patyrusi tokio Dievo
buvimo, nors buvau pakrikštyta Jėzaus vardu ir dvejus metus ėjau į
bažnyčią. Tą dieną, kai praėjai pro šalį, pirmą kartą pajutau Dievo
Dvasią, ir ji buvo tokia stipri. Ar pamenate, kaip visa bažnyčia
atsistojo, nes jums praeinant ant jų krito Dvasia?". Gerai prisiminiau tą
dieną, nes vis dar galvojau, kodėl Dievas pasiuntė mane į priekį, kai
vos galėjau vaikščioti. Jaučiau, kad Dievas ne veltui leido Jai dar kartą
pereiti mano kelią. Per ją Dievas atsakė į mano klausimą apie tą dieną.

Džiaugiausi, kad išgirdau Dievą ir paklusau Jo balsui.

"Juk mes gyvename tikėjimu, o ne regėjimu" (2 Korintiečiams 5:7).

Po 1999 m. rugsėjo mėn. patirtos traumos nebegalėjau vaikščioti, todėl
dieną ir naktį nuolat meldžiausi ir pasninkavau, nes nemiegojau 48
valandas. Dieną ir naktį meldžiausi galvodamas, kad verčiau laikysiu
Dievą mintyse, nei jausiu skausmą. Nuolat kalbėjausi su Dievu. Esame
garbės arba negarbės indai. Kai meldžiamės, melsdamiesi Šventojoje
Dvasioje pripildome savo indą šviežio Dievo aliejaus.

Turime išmintingai naudoti savo laiką ir neleisti, kad gyvenimo
rūpesčiai trukdytų mums užmegzti dvasiškai artimus santykius su
Kūrėju. Galingiausias ginklas prieš velnią ir jo armiją yra malda ir
pasninkas.

"O jūs, mylimieji, remdamiesi savo švenčiausiuoju tikėjimu, melsdamiesi Šventojoje Dvasioje" (Judo 20 eil.).

Blogį nugalėsite, kai melsitės ir nuosekliai melsitės. Nuoseklumas yra visagalis. Pasninkavimas sustiprins Šventosios Dvasios galią ir turėsite valdžią demonams. Jėzaus vardas yra toks galingas, kai tariate žodžius: "Jėzaus vardu". Taip pat atminkite, kad Brangusis "Jėzaus kraujas" yra jūsų ginklas. Paprašykite Dievo, kad Jis padengtų jus savo Krauju. Dievo žodis teigia:

*"Ir nuo Jėzaus Kristaus, kuris yra ištikimasis liudytojas, mirusiųjų pirmagimis ir žemės karalių kunigaikštis. Tam, kuris mus pamilo ir **nuplovė mus nuo mūsų nuodėmių savo krauju.**" (Apreiškimo 1, 5).*

*"Jie išnešdavo ligonius į gatves, guldydavo juos ant gultų ir gultų, kad bent praeinančio Petro **šešėlis** nustelbtų kai kuriuos iš jų."*
(Apd 5, 15).

4 skyrius

Dievas - didysis strategas

W ar gali pažinti Dievo mintis? 1999 m. pašto skyriuje dirbau sūpuoklinėje pamainoje, kai pasilenkiau paimti siuntos ir pajutau stiprų nugaros skausmą. Ieškojau savo viršininko, bet neradau nei jo, nei kitų. Grįžau namo manydamas, kad skausmas pasitrauks pasimeldus prieš miegą. Kai kitą rytą atsibudau su skausmu, paskambinau bažnyčios vyresniajam, kuris meldėsi už mano išgydymą. Melsdamasis išgirdau, kaip Viešpats liepė man paskambinti savo darbdaviui į paštą ir pranešti apie mano sužeidimą. Tada man buvo nurodyta, kad grįžęs į darbą praneščiau savo kuratoriui. Kai grįžau į darbą, buvau pakviestas į biurą užpildyti pranešimo apie traumą. Atsisakiau eiti pas jų gydytoją, nes netikėjau, kad reikia eiti pas gydytoją. Aš pasitikėjau Dievu. Deja, nugaros skausmas tik sustiprėjo. Mano darbdaviui reikėjo gydytojo pažymos, patvirtinančios, kad patyriau traumą, kad būtų galima pateisinti lengvą darbą. Iki to laiko buvau pateikęs kelis prašymus, kad mane apžiūrėtų jų gydytojas, bet dabar jie nebuvo linkę manęs siųsti. Tik tada, kai jie pamatė tam tikrą pagerėjimą, kai vaikščiojau, jie manė, kad pasveikau. Dabar jie nusiuntė mane pas savo gydytoją, gydantį traumas darbe, kuris vėliau nusiuntė mane pas ortopedijos specialistą. Jis patvirtino, kad patyriau nuolatinę nugaros traumą.

Tai labai nuliūdino mano darbdavį. Labai apsidžiaugiau, kad šį kartą sutikau apsilankyti pas jų gydytoją. Nežinojau, kas manęs laukia ateityje, bet Dievas žinojo. Man ne tik buvo suteiktos lengvos pareigos darbe, bet dabar jie žinojo, kad turiu rimtą negalią. Mano būklei blogėjant, man buvo leista dirbti tik šešias valandas, paskui keturias, o vėliau dvi. Mano skausmas tapo toks nepakeliamas, kad važiuoti į darbą tapo sunku. Žinojau, kad turiu pasikliauti Dievu, kuris mane išgydys. Meldžiausi ir klausiau Dievo, koks Jo planas man? Jis atsakė: "*Tu grįši namo.*" Pagalvojau, tikrai mane iškvies į biurą ir išsiųs namo. Vėliau buvau iškviestas į kabinetą ir išsiųstas namo, kaip Viešpats ir buvo kalbėjęs. Laikui bėgant mano būklė blogėjo ir man reikėjo paramos, kad galėčiau vaikščioti. Gydytojas, kuris pripažino mano sužalojimo rimtumą, rekomendavo man kreiptis į gydytoją, atsakingą už kompensacijas dirbantiesiems, kuris imtųsi mano bylos.

Vieną penktadienio vakarą, kai išeidamas iš pašto atidariau duris, išgirdau Dievo balsą, sakantį" :*Daugiau niekada nebegrįši į šią vietą.*" Tie žodžiai mane taip pribloškė, kad ėmiau galvoti, jog galbūt būsiu paralyžiuotas ar net atleistas iš darbo. Balsas buvo labai aiškus ir galingas. Neabejodamas žinojau, kad tai išsipildys, ir aš nebegrįšiu į šią vietą, kurioje dirbau 19 metų. Nebuvo aišku, kaip man seksis finansiškai. Tačiau Dievas viską mato iš tolo, nes Jis dar vieną žingsnį rodė man kelią, kuriuo turėčiau eiti..

Dievas lėtai ir meistriškai klojo pamatus mano ateičiai, tarsi meistriškas strategas, kad galėčiau dirbti ne kam kitam, o Jam. Po savaitgalio susiradau naują gydytoją ortopedą, kuris mane apžiūrėjo. Jis beveik metams suteikė man laikiną nedarbingumą. Paštas nusiuntė mane įvertinti vienam iš savo gydytojų ir jo nuomonė buvo priešinga mano gydytojo nuomonei. Jis teigė, kad man viskas gerai ir kad galiu pakelti iki 100 svarų. Aš negalėjau net vaikščioti, stovėti ar net ilgai sėdėti, jau nekalbant apie tai, kad negalėjau pakelti svorio, prilygstančio mano trapiam kūnui. Mano gydytojas buvo labai nusiminęs. Jis nesutiko su kito gydytojo mano sveikatos ir fizinių gebėjimų vertinimu. Ačiū Dievui, kad mano gydytojas užginčijo tai mano vardu ir prieš darbdavio gydytoją. Tuomet mano darbdavys perdavė šį klausimą trečiajam gydytojui, kuris turėjo veikti kaip tarpininkaujantis "teisėjas". Šis teisėjas buvo chirurgas ortopedas, kuris vėliau nustatė man neįgalumą. Ne dėl sužalojimo darbe, o dėl mano kraujo ligos. Taigi dabar viskas pasisuko kita linkme. Aš gimiau su šia liga. Nieko nežinojau apie neįgalumo pensiją. Su pykčiu širdyje meldžiausi dėl šios situacijos. Žinau, kad jo darbas buvo daryti tai, kas teisinga pacientui, o ne darbdaviui. Regėjime išvydau šį gydytoją visiškai išprotėjusį.

Iš karto paprašiau Jėzaus atleisti jam. Viešpats ėmė kalbėti su manimi, sakydamas, kad gydytojas padarė viską, ką galėjo, tavo labui. Paprašiau Viešpaties parodyti man, nes negalėjau to matyti; tačiau atsakymą gausiu vėliau. Tuo tarpu kreipiausi dėl nuolatinės neįgalumo pašalpos, nes nebegalėjau dirbti. Nebuvau tikras, ar mano prašymas bus patenkintas. Ir darbdavys, ir mano gydytojas žinojo, kad turiu ne tik nugaros traumą, bet ir tris auglius apatinėje nugaros dalyje bei hemongiomą stubure. Turėjau degeneracinę disko ligą ir kraujo ligą. Mano kūno būklė sparčiai ir skausmingiausiai blogėjo.

Skausmingi ligų ir traumų simptomai mane labai vargino. Pasijutau nepajėgus vaikščioti net su palaikančia pagalba. Nebuvo žinoma, kas sukėlė mano kojas kamuojantį paralyžių, todėl buvau nusiųstas atlikti galvos magnetinio rezonanso tomografijos (MRT) tyrimą. Gydytojas ieškojo bet kokios psichologinės būklės. Kas gali žinoti Dievo mintis ir kokius žingsnius Jis žengė dėl mano ateities? Dievas yra didis strategas, nes tada dar mažai žinojau, kad visa tai turėjo priežastį. Man tereikėjo pasitikėti Juo, kad Jis manimi pasirūpins. Nuolatinio neįgalumo išmokos gali būti patvirtintos tik tiems asmenims, kurie turi asmeninę sveikatos būklę, kurią gali mediciniškai pagrįsti asmeninis gydytojas. Kadangi mano naujasis gydytojas neturėjo jokios ligos istorijos, jis atsisakė Neįgalumo departamentui pateikti išsamų medicininį įvertinimą dėl mano negalėjimo dirbti. Taip pat susidūriau su dilema dėl savo finansų. Kreipiausi į vienintelį man žinomą šaltinį, kad sužinočiau atsakymus. Viešpats pasakė" :*Jūs turite daug medicininių ataskaitų, nusiųskite jas visas gydytojui*".

Gydytojui ne tik pateikiau visas savo medicinines ataskaitas, bet jis jau buvo pasiruošęs užpildyti mano prašymą dėl nuolatinės neįgalumo pensijos. Garbė Dievui! Dievas visada pasiruošęs duoti atsakymą, jei Jo nuoširdžiai prašome. Svarbu visada būti ramiems ir klausytis Jo atsakymo. Kartais jis ateina ne iš karto. Laukiau, kol "Didysis strategas" sutvarkys mano gyvenimą pagal savo valią. Keli ateinantys mėnesiai buvo kankinantys ir kupini iššūkių. Ne tik kentėjau fizinį skausmą, bet ir nebegalėjau atsiversti knygos puslapio. Kadangi esu priklausomas nuo Dievo dėl išgydymo, tikėjau, kad tai išgyvenu dėl tam tikros priežasties, bet tikrai nemirsiu. Tuo tikėdamas tiesiog kasdien dėkojau Dievui už kiekvieną akimirką, kurią gyvenau, ir už tai, kokios būklės buvau. Pasinerdavau į maldą ir pasninką, kad išgyvenčiau tuos kankinančio skausmo laikotarpius. Jis buvo vienintelis mano stiprybės šaltinis ir prieglobstis maldoje.

Mano gyvenimas pasisuko į blogąją pusę. Dėl šios alinančios būsenos nebegalėjau dirbti. Kiekvieną dieną daug meldžiausi ir prašiau, tačiau atrodė, kad mano padėtis ne gerėja, o blogėja. Vis dėlto žinojau, kad Dievas yra vienintelis atsakymas. Be jokios abejonės žinojau, kad Jis viską išspręs mano naudai. Jis man pranešė apie savo egzistavimą ir buvimą, ir aš žinojau, kad Jis mane myli. To pakako, kad galėčiau laikytis ir laukti "Pagrindinio stratego", kuris turėjo konkretų planą mano gyvenimui.

Tuo metu su manimi gyveno mano 85 metų mama. Ji taip pat buvo neįgali, todėl jai reikėjo pagalbos ir priežiūros, nes buvo prikaustyta prie lovos. Tuo metu, kai mylinčiai mamai manęs labiausiai reikėjo, negalėjau pasirūpinti jos pagrindiniais poreikiais. Vietoj to mano silpnoji motina turėjo stebėti, kaip jos akivaizdoje blogėja dukters sveikata. Dvi moterys, motina ir dukra, atsidūrusios, regis, beviltiškoje situacijoje, tačiau abi tikėjome "galingu stebuklų Dievu". Vieną dieną mama pamatė, kaip aš nugriuvau ant grindų. Ji šaukė ir verkė, bejėgė ką nors dėl manęs padaryti. Ši scena mano mamai buvo tokia nepakeliama ir siaubinga, matant mane ant grindų, tačiau Viešpats savo gailestingumu pakėlė mane nuo grindų. Apie tai išgirdę mano brolis, sesuo ir artimieji labai susirūpino, kad mano būklė pasiekė tokį kraštutinumą. Mano brangus ir pagyvenęs tėvas, kuris buvo slaugomas kitur, tik verkė ir daug nekalbėjo, aš meldžiau Viešpatį, kad visa tai baigtųsi dėl mūsų visų. Tai buvo ne tik mano asmeninis skausmas ir išbandymas, kurį turėjau iškęsti, dabar tai palietė ir mano artimuosius. Tai buvo tamsiausias mano gyvenimo metas. Nuo pat pradžių žvelgiau į Dievo pažadą:

"Kai eini, tavo žingsniai nebus apsunkinti, ir kai bėgi, nesuklupsi".
(Patarlių 4, 12).

Su dideliu džiaugsmu širdyje galvojau apie Dievo žodį ir pažadą. Ne tik galėsiu žengti žingsnį, bet ir turėsiu galimybę vieną dieną bėgti. Daugiau laiko skyriau maldai, nes nelabai ką daugiau galėjau daryti, tik melstis ir ieškoti Dievo veido. Tai tapo apsėdimu dieną ir naktį. Dievo žodis tapo mano "vilties inkaru" banguojančioje jūroje. Dievas pasirūpina mūsų poreikiais, todėl Jis pasirūpino, kad galėčiau įsigyti motorizuotą neįgaliojo vežimėlį, kuris palengvino mano gyvenimą. Kai atsistodavau, negalėdavau išlaikyti pusiausvyros net su pagalba. Visame kūne jaučiau tik diskomfortą ir skausmą, o bet kokią paguodą man teikė "Užtarėjas", Šventoji Dvasia. Kai Dievo žmonės melsdavosi už mane, mano kūnas patirdavo laikiną skausmo palengvėjimą, todėl visada prašydavau kitų žmonių maldos. Vieną dieną nugriuvau ant grindų ir buvau nuvežtas į ligoninę. Ligoninės gydytojas bandė įtikinti mane vartoti vaistus nuo skausmo. Jis atkakliai to siekė, nes matė, kad mano skausmas buvo itin stiprus jau daug dienų. Galiausiai paklusau jo nurodymams vartoti vaistus, tačiau tai prieštaravo tam, kuo tikėjau.

Man Dievas buvo mano gydytojas ir gydytojas. Žinojau, kad Dievas gali bet kada mane išgydyti, kaip jau buvo padaręs daugybę kartų anksčiau, tad kodėl Jis negalėtų manęs išgydyti dabar? Tvirtai tikėjau, kad Dievas privalo man padėti. Taip maniau ir meldžiausi su tikėjimu, ir niekas negalėjo pakeisti mano mąstymo šiuo klausimu. Negalėjau matyti kitaip, todėl laukiau "Meistro stratego". Mano mąstymo procesas stiprėjo atsiremiant į Dievą. Kuo daugiau meldžiausi, tuo labiau stiprėjo mano santykiai su Juo. Jis buvo toks gilus ir asmeniškas, kad jo neįmanoma paaiškinti žmogui, kuris nežino apie dvasinius Dievo kelius ar patį Jo egzistavimą. Jis yra nuostabus Dievas! Tą dieną, kai išėjau iš ligoninės, paskambinau draugui, kad mane pasiimtų. Ji uždėjo ant manęs ranką, kad pasimelstų, ir aš patyriau laikiną skausmo palengvėjimą. Tai buvo tarsi Dievo išrašyti vaistai. Per tą laiką Dievas atsiuntė moterį, kad ji melstųsi su manimi kiekvieną rytą 4.00. Ji uždėdavo ant manęs rankas ir melsdavosi. Patyriau tik laikiną palengvėjimą, o dabar man buvo duotas maldos partneris. Visa širdimi tikėjau, kad Dievas viską kontroliuoja.

Mano kūno būklė vis blogėjo. Dėl nervų pažeidimo apatinės ir viršutinės galūnės nebuvo pakankamai aprūpinamos krauju ir deguonimi. Be to, į simptomų sąrašą įtraukiau ir šlapimo nelaikymą. Dėl spazmų burnoje ėmiau sunkiai tarti žodžius. Man buvo pažeistas sėdimasis nervas, o simptomų sąrašas vis ilgėjo.

Mano išgijimas nebuvo greitas. Galvojau, kas atsitiko su Jo pažadu iš Patarlių knygos 4:12. Pagalvojau, kad galbūt nusidėjau. Todėl paprašiau: "Viešpatie Jėzau, leisk man sužinoti, ką padariau ne taip, kad galėčiau atgailauti". Paprašiau, kad Dievas pasikalbėtų su manimi arba su mano draugu, atsiųstų man žodį. Nebuvau piktas ant Dievo, bet prašiau Jo nuolankia širdimi. Buvau beviltiškai trokštantis išgydymo.

Vėliau tą pačią dieną suskambo mano telefonas, pagalvojau, ar tai gali būti mano atsakymas? Bet, mano nusivylimui, skambino kažkas kitas. Nuėjau miegoti, o pabudęs ketvirtą valandą ryto ėmiau melstis. Mano maldos partnerė ses. Rena atėjo pasimelsti kartu su manimi. Pažvelgiau į ją ir pagalvojau, kad galbūt Dievas kalbėjo su ja ir ji turi mano atsakymą, bet, mano nusivylimui, jokio atsakymo negavau.

Jai išėjus, nuėjau į savo kambarį atsigulti ir pailsėti. Gulėdamas išgirdau, kaip 9.00 val. ryto atsidarė užpakalinės durys; tai buvo namų tvarkytoja Karmen. Ji įėjo ir paklausė manęs" :*Kaip jautiesi?*" Atsakiau" :*Jaučiuosi siaubingai.*" Tada apsisukau ir grįžau į savo kambarį. Karmen pasakė: "*Turiu tau žodį*". Kai šiandien meldžiausi bažnyčioje, Jėzus priėjo prie manęs ir tarė" :*Sese. Elizabet Das išgyvena išbandymą, tai jos ugningas ilgas išbandymas, ir ji nepadarė nieko blogo. Ji išeis kaip auksas, ir Aš ją labai myliu*". Žinau, kad užvakar buvau su Juo sosto kambaryje, kai prašiau atsakymo į savo klausimą.

"Štai Viešpaties ranka nėra sutrumpėjusi, kad negalėtų išgelbėti, ir Jo ausis nėra sunki, kad negalėtų išgirsti". (Izaijo 59,1)

Tuo metu jaučiausi taip, lyg būčiau išprotėjęs. Aš nebegalėjau nei skaityti, nei prisiminti, nei normaliai susikaupti. Vienintelis mano pasirinkimas ir priežastis gyventi buvo garbinti Dievą ir nepaprastai daug melstis. Kas antrą dieną miegodavau tik trumpai, maždaug po tris-keturias valandas. Kai miegojau, Dievas buvo mano Šalom. Šlovė, šlovė ir garbė Jo šventajam vardui! Savo maldose šaukiausi Viešpaties: "Dieve, aš žinau, kad galiu iš to akimirksniu išeiti, nes tikiu, kad Tu gali ir išgydysi mane". Pradėjau galvoti apie savo išbandymą, kad galbūt negalėčiau iš jo išeiti vien tik savo tikėjimu. Išbandymai turi pradžią ir pabaigą.

"Laikas žudyti ir laikas gydyti, laikas griauti ir laikas statyti"
(Ekleziasto 3:3).

Turėjau tikėti, kad kai visa tai baigsis, turėsiu galingą tikėjimo liudijimą, kuris išliks amžinai. Tikėjimo liudijimą, kuriuo dalinsiuosi su daugeliu kaip Visagalio Dievo nuostabių darbų liudytoju! Visa tai bus verta, - kartojau sau. Turėjau tikėti savo "Vilties inkaru," nes nebuvo kito kelio, tik **Jo kelias**! Būtent **Jo keliu** ir įvyko tai, kad buvau nuvestas pas tą, kuris buvo apdovanotas galinga išgydymo dovana, suteikta Jo vardu. Dievo žodis niekada nesikeičia, todėl ir Dievas nesikeičia. Jis yra tas pats vakar, šiandien ir per amžius. Kaip naujai gimę tikintieji turime išpažinti savo tikėjimą meile ir mylėti Dievo žodį.

"Atgimę iš naujo, ne iš nykstančios sėklos, bet iš nenykstančios, Dievo žodžiu, kuris yra gyvas ir išlieka per amžius." (1 Petro 1, 23).

Biblijos Dievo vyrai taip pat patyrė išbandymų. Kodėl šiandien turėtų būti kitaip, kad Dievas mūsų neišbandytų? Nelyginu savęs su dievobaimingais Šventojo Rašto vyrais, nes esu toli gražu nepalyginamas su šventaisiais mokiniais. Jei prieš šimtus metų Dievas išbandė žmonių tikėjimą, tai Jis išbandys ir šių dienų vyrus bei moteris.

*"Palaimintas žmogus, kuris ištveria išbandymus, nes **išbandytas** jis gaus gyvenimo vainiką, kurį Viešpats pažadėjo tiems, kurie jį myli."*
(Jokūbo 1, 12).

Pagalvojau apie biblinį pasakojimą apie Danielių. Jis atsidūrė situacijoje, kai jo tikėjimas buvo išbandytas. Dievas apsaugojo Danielių liūtų urve, nes jis nepakluso karaliaus Darijaus įstatymui. Jis meldėsi tik Dievui ir atsisakė melstis karaliui Darijui. Dar buvo Jobas, Dievui atsidavęs ir jį mylėjęs vyras, kuris prarado viską, ką turėjo, ir kentėjo kūno ligas, tačiau Jobas nekeikė Dievo. Šventajame Rašte buvo paminėta daugybė kitų vyrų ir moterų. Nesvarbu, ką jie išgyveno, jų išbandymas turėjo pradžią ir pabaigą. Viešpats buvo su jais per visa tai, nes jie pasitikėjo Juo. Laikausi šių biblinių pasakojimų, kurie mums duoti kaip pavyzdys ir įkvėpimas, pamokų. Dievas yra atsakymas į viską. Pasitikėkite tik Juo ir likite ištikimi Jo žodžiui, nes Jo žodis yra ištikimas jums!

"išlaikydamas tikėjimą ir gerą sąžinę, kurią kai kurie palikę dėl tikėjimo sudužo "(1 Timotiejui 1:19).

Kai jūsų tikėjimas bus išbandytas, nepamirškite remtis Dievo žodžiu. Kiekvieną priešo ataką galima laimėti pasitelkus Jo Žodžio galią.

"Viešpats yra mano stiprybė ir giesmė, jis tapo mano išgelbėjimu, jis yra mano Dievas "(Iš 15,2a).

"Jis yra mano uolos Dievas, Juo aš pasitikiu, Jis yra mano skydas, mano išgelbėjimo ragas, mano aukštas bokštas, mano prieglobstis, mano gelbėtojas, Tu gelbsti mane nuo smurto "
(2Sam 22,3).

"Viešpats yra mano uola, mano tvirtovė ir mano gelbėtojas, mano Dievas, mano stiprybė, kuriuo aš pasitikiu, mano ramstis, mano išgelbėjimo ragas ir mano aukštas bokštas." (Ps 18, 2).

"Viešpats yra mano šviesa ir mano išgelbėjimas, kieno turėčiau bijoti, Viešpats yra mano gyvybės stiprybė, kieno turėčiau bijoti?"
(Ps 27, 1).

"Pasitikiu Dievu: Nebijosiu, ką man gali padaryti žmogus."
(Ps 56,11).

"Dieve yra mano išgelbėjimas ir mano šlovė, mano stiprybės uola ir mano prieglobstis - Dievas." (Ps 62,7).

5 skyrius

Kalbėti apie savo tikėjimą

I kurį laiką sirgau alergija dulkėms, todėl man niežėjo veidą. Tikėjau, kad Dievas mane išgydys nuo šios ligos. Vieną dieną bendradarbis pažvelgęs į mane pasakė, kad mano alergija labai stipri. Pasakiau jai, kad alergijos neturiu, paaiškindamas, jog tikiu, kad Dievas jau pasirūpino mano prašymu išgydyti. Tai buvo mano tikėjimas "neįvardyk to" ir "nereikalauk to". Tą pačią dieną Viešpats išpildė mano prašymą, pašalindamas ligą ir visus simptomus. Kokiam nuostabiam Dievui mes tarnaujame! Mes neprivalome išpažinti savo lūpomis ir įvardyti savo simptomų. Kai gaunate maldą, tikėkite, kad ja jau pasirūpinta danguje ir kad angelas buvo atsiųstas atnešti jums išgydymą. Kalbėkite apie savo tikėjimą, o ne apie ligas ir negalavimus. Prisimenu biblinę istoriją apie Jėzų ir šimtininką Kafarnaume:

"Jėzui įžengus į Kafarnaumą, prie Jo priėjo šimtininkas ir maldavo:"Viešpatie, mano tarnas guli namie, serga paralyžiumi ir labai kenčia.Jėzus jam tare:"Aš ateisiu ir jį pagydysiu".Šimtininkas atsakė:"Viešpatie, nesu vertas, kad Tu ateitum po mano stogu, bet tik tark žodį, ir mano tarnas pasveiks". Aš esu valdingas žmogus, turintis sau pavaldžių kareivių, ir sakau šitam: "Eik, ir jis eina", kitam: "Ateik, ir jis ateina", o savo tarnui: "Padaryk tai, ir jis padaro". Tai

išgirdęs, Jėzus nustebo ir tarė einantiems iš paskos: "Iš tiesų sakau jums: tokio didelio tikėjimo neradau nė Izraelyje". (Mt 8, 5-10)

Šimtininkas nuolankiai atėjo pas Viešpatį tikėdamas Jėzaus žodžių galia. Paties šimtininko žodžiai atskleidė Jėzui apie jo tikėjimą "ištartų žodžių" galia, kuri išgydys jo tarną. Mes galime suteikti tikėjimo ir vilties kitiems tuo, ką jiems sakome. Turime leisti Šventajai Dvasiai kalbėti mūsų lūpomis, kai turime galimybę liudyti kitiems.

Tai Jo būdas, kuriuo Jis mus naudoja, kad veiksmingai paliestume kitų gyvenimus ir pasėtume Išganymo sėklą. Tokiomis akimirkomis Dievas suteiks mums žodžius, kuriuos galėsime kalbėti su patepimu, nes Jis žino mūsų širdį ir mūsų troškimą pasiekti nusidėjėlį. Esu labai dėkingas už Dievo Meilę, Gailestingumą ir Malonę, kuri veda mus į atgailą. Jis pasirengęs atleisti mums nuodėmes ir žino mūsų silpnybes, nes žino, kad esame žmonės.

"Jis man tarė: "Užtenka tau mano malonės, nes mano stiprybėyratobula silpnume. Todėl mieliau girsiuosi savo silpnybėmis,kadantmanęs ilsėtųsi Kristaus galybė. Todėl aš gėriuosi silpnybėmis,priekaištais, nepritekliais, persekiojimais, vargais dėl Kristaus, nes kai esu silpnas, tada esu stiprus"
(2 Kor 12, 9-10).

"Jėzus jiems tarė: "Dėl jūsų netikėjimo, nes iš tiesų sakau jums: jei turėsite tikėjimą kaip garstyčios grūdelį, sakysite šiam kalnui: 'Persikelk į kitą vietą', ir jis persikels, ir jums nebus nieko neįmanomo."(Mato 17,20)

Tą vakarą odos alergija buvo visiškai išgydyta, nes nepriėmiau šėtono paketo.

6 skyrius

Dievo ir Jo tarno gydomoji galia

I noriu pradėti šį skyrių pirmiausia papasakodamas apie brolį Džeimsą Miną. Brolis Džeimsas turėjo avalynės taisyklą Deimond Bar, Kalifornijoje, kur jis taip pat liudijo savo klientams apie Dievo galią. Vienu metu jis buvo ateistas, bet priėmė krikščioniškąjį tikėjimą. Vėliau jis pažino apaš talųtiesos doktriną ir dabar yra tvirtai tikintis, pakrikštytas Jėzaus vardu ir gavęs Šventąją Dvasią su įrodymu, kad kalba kitomis kalbomis arba kalbomis. Kai pirmą kartą sutikau brolį Džeimsą, jis papasakojo man apie savo liudijimą ir apie tai, kaip meldėsi prašydamas Dievo panaudoti jį dovanomis, kad kiti įtikėtų ir per stebuklus pažintų Dievą.

Būdami krikščionys, turime naudotis dovanomis ir nebijoti prašyti Dievo, kad jis mus panaudotų. Šios dovanos skirtos ir mums šiandien. Ankstyvoji Naujojo Testamento bažnyčia buvo jautri Dievo Dvasiai ir tarnavo Dvasios dovanomis.

Jėzus sakė:

"Iš tiesų, iš tiesų sakau jums: kas mane tiki, tas darys ir tuos darbus, kuriuos aš darau, ir dar didesnius už juos darys, nes aš einu pas savo Tėvą". (Jono 14, 12)

Melskitės, kad jūsų bažnyčios vadovas padėtų jums suprasti šias dovanas ir palaikytų jūsų dovaną. Prašykite Dievo, kad padėtų jums jomis naudotis, nes jos ateina tiesiogiai iš Dievo. Nebūkite aukštos nuomonės, jei jūsų dovana yra tokia, kuri atvirai veikia bažnyčioje. Naudodamasis kai kuriomis dovanomis, Dievas jus panaudos kaip indą, kad padarytų tai, ko Jis nori. Galbūt turite kelias dovanas ir to nežinote. Dėl kai kurių dovanų nebūsite labai populiarūs, tačiau turėsite paklusti Dievui, kai Jis kalbės. Viskas priklauso nuo dovanos. Melskitės išminties, kad galėtumėte naudoti savo dovaną Jo patepimo galia. Dievas pasirinko jus dėl tam tikros priežasties ir Jis nedaro klaidų. Dovanos skirtos bažnyčios ugdymui.

Yra tik viena tikra Bažnyčia, kuri garbina Jį dvasia ir tiesa.

"Yra dovanų įvairovė, bet ta pati Dvasia. Yra skirtingi valdymo būdai,bet tas pats Viešpats. Ir yra skirtingi veiksmai, bet tas pats Dievas, kuris veikia visuose. Bet Dvasios apraiška duota kiekvienam žmogui, kad iš jos turėtų naudos. Vienam Dvasia duoda išminties žodį, kitam pažinimo žodį ta pačia Dvasia, kitam tikėjimą ta pačia Dvasia, kitam gydymo dovanas ta pačia Dvasia, kitam stebuklų darymą, kitam pranašystę, kitam dvasių atpažinimą, kitam įvairias kalbų rūšis, kitam kalbų aiškinimą: Bet visa tai veikia viena ir ta pati Dvasia, padalydama kiekvienam atskirai, kaip jis nori".
(I Korintiečiams 12,4-11).

Brolis Džeimsas man sakė, kad jis meldėsi šių dovanų, kad galėtų veikti Šventojoje Dvasioje su nuostabių Dievo darbų stebuklų ženklais. Jis nuolat dieną ir naktį skaitė Bibliją. Jis suprato, kad veikiant Dvasios dovanoms netikinčiojo širdyje bus pasėta tikėjimo sėkla. Turime būti tikėjimo pavyzdys, kaip sakė pats Jėzus, kad tikintieji patys darytų šiuos ir dar daugiau stebuklų.

"O tikėjimas - tai tikėtinų dalykų pagrindas, neregėtų dalykų įrodymas." (Hebrajams 11:1).

" Bet be tikėjimo neįmanoma jam patikti, nes kas ateina pas Dievą, turi tikėti, kad jis yra ir kad jis atlygina tiems, kurie uoliai jo ieško". (Hebrajams 11,6).

Brolis Jokūbas turėjo regėjimą, kad Dievas suteiks jam dvasinių dovanų. Šiandien jis naudojasi išgydymo ir išlaisvinimo dovanomis. Per brolio Džeimso tarnystę danguje buvo paskirtas laikas, kai vėl vaikščiojau be jokios pagalbos. Brolis Džeimsas nėra pastorius ar bažnyčios tarnautojas. Jis neužima jokių aukštų pareigų bažnyčioje, nors dėl dvasinių dovanų jam buvo siūlomos pareigos ir pinigai. Jis yra nuolankus dėl dovanos, kurią jam patikėjo Dievas. Mačiau, kaip Dievas naudoja jį išvarinėdamas demonus iš žmonių Jėzaus vardu, o ligoniai išgydomi. Demonai yra Dievo valdžioje Jėzaus vardu, kai brolis Jokūbas juos iššaukia. Jis užduoda demonams klausimus Jėzaus vardu, ir jie atsako broliui Džeimsui. Daug kartų tai mačiau asmeniškai; ypač kai jis prašė demonų išpažinti, kas yra tikrasis Dievas. Demonas atsakys: „Jėzus". Tačiau jiems jau per vėlu atsigręžti į Jėzų. Daug sužinojau apie dvasinį pasaulį, išgyvenęs šį išbandymą ir atsiremdamas į Dievą dėl išgydymo.

"Jis jiems tarė: "Eikite į visą pasaulį ir skelbkite Evangeliją kiekvienakūriniui. Kas tiki ir pasikrikštija, bus išgelbėtas, o kas netiki,bus pasmerktas. Ir šitie ženklai lydės tikinčiuosius: mano vardu jie išvarinės demonus, kalbės naujomis kalbomis, ims gyvates, ir jei išgers kokio nors mirtino daikto, jiems nepakenks, dės rankas ant ligonių, ir jie pasveiks". (Morkaus 16, 15-18)

Dievo malonės dėka brolis Jokūbas yra pasirengęs bet kada ir bet kam liudyti apie Jėzų. Jis atlieka išgydymo ir išlaisvinimo tarnystę namų susirinkimuose arba bažnyčiose, į kurias buvo pakviestas. Brolis Džeimsas cituoja Bibliją:

"Vis dėlto, broliai, rašiau jums drąsiau, norėdamas jums priminti apie Dievo man suteiktą malonę, kad būčiau Jėzaus Kristaus tarnas pagonims, tarnaujantis Dievo Evangelijai, kad pagonių auka būtų priimtina, pašventinta Šventosios Dvasios. Todėl turiu, kuo girtis per Jėzų Kristų tais dalykais, kurie priklauso Dievui. Aš nedrįstu kalbėti apie tai, ko Kristus per mane nepadarė, kad pagonys taptų paklusnūs žodžiu ir darbu, galingais ženklais ir stebuklais, Dievo Dvasios galia; taip kad nuo Jeruzalės ir aplink ją iki pat Ilyriko visiškai paskelbiau Kristaus Evangeliją". (Rom 15, 15-19)

Tą dieną, kai su juo susipažinau, brolis Džeimsas uždavė man keletą klausimų apie mano sveikatą. Papasakojau jam viską ir savo simptomus. Taip pat parodžiau jam, kur turėjau tris auglius. Augliai yra mano stuburo išorėje, o kitas buvo stuburo viduje. Brolis Džeimsas patikrino mano stuburą ir paaiškino, kad mano stuburas nėra tiesus iš vidurio. Jis patikrino mano kojas lygindamas jas vieną šalia kitos ir parodė, kad viena koja buvo beveik 3 coliais trumpesnė už kitą. Viena ranka taip pat buvo trumpesnė už kitą. Jis meldėsi už mano stuburą ir jis sugrįžo į pradinę vietą, kur jis galėjo pravesti pirštą tiesiai inline lygiagrečiai mano stuburui. Jis meldėsi už mano koją, ir ji pradėjo judėti prieš mano akis, paskui nustojo augti, kai susilygino su kita koja. Tas pats nutiko ir su mano ranka. Ji augo tolygiai su kita ranka. Tada brolis Džeimsas paprašė manęs padėti atramą vaikščiojimui ir liepė atsistoti ir vaikščioti Jėzaus vardu. Padariau, kaip jis prašė, ir pradėjau stebuklingai vaikščioti. To liudininku tapęs mano draugas pribėgo šaukdamas: "Liz, laikykis manęs, laikykis atramos, nes kitaip nukrisi!". Žinojau, kad tą pačią akimirką turėjau jėgų eiti, ir žengiau tą žingsnį tikėdama. Buvau tokia pakylėta iš džiaugsmo!

Kojų raumenys buvo silpni, nes ilgai negalėjau vaikščioti, nes trūko fizinio krūvio. Prireikė nemažai laiko, kol raumenys vėl įgavo formą; net ir šiandien neturiu visos raumenų jėgos. Ačiū Dievui, vaikštau ir vairuoju automobilį. Niekas negali man pasakyti, kad Dievas šiandien nedaro stebuklų. Dievui nėra nieko neįmanomo. Su didžiuliu džiaugsmu nuėjau pas gydytoją, kuris žinojo apie mano negalią. Vos tik įžengiau į kabinetą, laisvas nuo bet kokios pagalbos, lazdos ar neįgaliojo vežimėlio, medicinos personalas buvo visiškai nustebęs. Slaugytojos nuskubėjo pas gydytoją, kuris taip pat buvo neįtikėtinai nustebęs, kad net padarė rentgeno nuotraukas. Jis pamatė, kad augliai vis dar yra, bet dėl kažkokios paslaptingos priežasties, nepaisant to, aš galėjau vaikščioti. Garbė Dievui! Tikiu, kad ir šie augliai netrukus išnyks!

Tą dieną, kai Dievas mane išgydė, pradėjau visiems sakyti, kad Dievas yra mūsų gydytojas, o Jo išgelbėjimo planas skirtas tiems, kurie tiki ir seka Juo. Dėkoju Dievui už brolį Džeimsą ir už visas Dievo gėrybes!

Pirmoji mano pažado dalis išsipildė.

"Kai eini, tavo žingsniai nebus apsunkinti, ir kai bėgi, nesuklupsi".
(Patarlių 4, 12).

Daug kartų maniau, kad krisiu, bet taip ir nenukritau.

"Laimink Viešpatį, mano siela, ir neužmiršk visų jo malonių: Jis atleidžia visas tavo kaltes, išgydo visas tavo ligas, išperka tavo gyvybę iš pražūties, vainikuoja tave meilumu ir gailestingumu, sočiai maitina tavo burną gėrybėmis, kad tavo jaunystė atsinaujintų kaip erelio".
(Ps 103, 2-5).

7 skyrius

Nepasiduoti velniui ar velnio dalykams

M vieną ankstų rytą man paskambino draugė Rožė iš Kalifornijos. Ji papasakojo, kad praėjusią naktį jos vyras Raulis nuėjo miegoti, o ji liko svečių kambaryje ir klausėsi populiarios naktinės radijo pokalbių laidos apie "Ouija" lentą. Kambaryje buvo išjungta šviesa ir tamsu. Staiga ji pasakė, kad kambaryje pajuto buvimą. Ji pažvelgė į duris ir pamatė stovintį vyrą, šiek tiek panašų į jos vyrą. Ši figūra greitai pajudėjo kaip žaibas ir prispaudė ją prie lovos, ant kurios ji gulėjo. Tuomet šis "daiktas" ją už rankų pakėlė į sėdimą padėtį, žiūrėdamas jam į akis. Ji aiškiai matė, kad akių vyzdžiuose nėra akių, o tik gili tuščiavidurė juoduma. Rankos, kurios vis dar ją laikė, buvo pilkšvos kaip mirtis, o jo venos kyšojo iš odos. Ji iškart suprato, kad tai ne jos vyras, o nešvarus puolęs angelas.

Kaip žinote, demonas ir puolęs angelas pasižymi visiškai skirtingomis savybėmis. Puolę angelai buvo išmesti iš dangaus kartu su Liuciferiu, jie atlieka visiškai skirtingus darbus. Puolę angelai gali judinti daiktus kaip ir žmonės, tačiau demonui reikia žmogaus kūno, kad galėtų vykdyti savo planą. Demonai yra žmonių, mirusių be Jėzaus, dvasios; jie taip pat turi ribotą galią.

"Ir pasirodė dar vienas stebuklas danguje: štai didelis raudonas drakonas, turintis septynias galvas, dešimt ragų ir septynias karūnas ant galvų. Jo uodega patraukė trečdalį dangaus žvaigždžių ir numetė jas į žemę, o drakonas stovėjo priešais moterį, kuri buvo pasirengusi gimdyti, kad prarytų jos vaiką, kai tik jis gims." (Apreiškimo 12:3,4)

Rožė vis dar buvo bejėgė ir negalėjo kalbėti sustingusi. Ji sakė, kad bandė šauktis Raulio, bet galėjo išleisti tik trumpus kovojančius garsus, tarsi kas nors būtų užspaudęs jos balso stygas. Ji vis dar girdėjo radijo laidos vedėją fone ir žinojo, kad nemiega, nes jos akys buvo visiškai atmerktos, ir kartojo sau, kad jų neužmerktų. Anksčiau ji prisiminė, kad prieš įvykstant šiam incidentui trumpam užmerkė akis ir matė viziją ar sapną, kaip dideli nagų pėdsakai plėšo tapetus.

Rožę pažįstu beveik 30 metų. Rožė paliko Bažnyčią maždaug prieš 10 metų ir nebekeliavo su Viešpačiu. Mes visada palaikėme ryšį ir toliau meldžiausi, kad ji sugrįžtų pas Dievą. Rožė man papasakojo, kad važiuodama iš darbo namo bent kelis kartus be jokios aiškios priežasties labai galingai kalbėjo kalbomis. Ji manė, kad tai labai neįprasta, nes ji visai nesimeldė. Ji suprato, kad Dievas su ja bendravo per Šventąją Dvasią. Jo meilė siekė ją ir ji žinojo, kad Dievas ją kontroliuoja, nes Jis pasirinko apsilankymų laiką. Rožė sakė, kad užmerkė akis ir mintis ir sušuko: "JĖZUS!". Akimirksniu puolęs angelas nušoko nuo jos kūno ir nuėjo tolyn neliesdamas žemės.

Ji nejudėjo, kol vėl galėjo pajudėti. Ji pažadino Raulį, kuris pasakė, kad tai buvo tik blogas sapnas. Jis paguldė ją į lovą šalia savęs ir greitai užmigo. Rožė ėmė verkti ir galvodama apie ką tik įvykusį siaubą pastebėjo, kad yra vaisiaus poza. Staiga ji pradėjo kalbėti kalbomis, nes antgamtinė Šventosios Dvasios galia užvaldė ją ir nuvedė atgal į tą tamsų kambarį. Ji užtrenkė už savęs duris, tiksliai suprasdama, ką turi daryti. Ji ėmė garsiai garbinti Dievą ir aukštinti Jo vardą, kol nukrito ant grindų, jausdamasi išsekusi, bet su didžiule ramybe.

Kai ji atidarė duris, jos nuostabai Raulis stovėjo svetainėje su įjungtomis šviesomis. Ji nuėjo tiesiai prie jų lovos ir užmigo su nuostabia ramybe. Kitą vakarą, ruošdamas vakarienę, Raulis paklausė Rožės, ar tas "daiktas" iš praėjusios nakties sugrįš. Nustebinta jo klausimo, Rožė paklausė, kodėl jis to klausia, nes net netiki, kad tai įvyko. Raulis papasakojo Rožei, kad jai nuėjus į kambarį melstis, kažkas atėjo paskui jį. Štai kodėl jis buvo atsikėlęs su visomis šviesomis. Po to, kai ji pasimeldė ir nuėjo miegoti, jį užpuolė kažkas baisaus, dėl ko jis negalėjo užmigti iki 4 val. ryto. Jis naudojo Om niūniavimo meditaciją kovodamas nuo 23:00 val. iki ryto. Rožė prisiminė, kad Raulio prieškambario spintoje stovėjo Ouija lenta, kurios jis atsisakė atsikratyti, kai ji pirmą kartą atsikraustė į namą. Ji pasakė Rauliui, kad nežino, ar jis sugrįš, bet jis turėtų atsikratyti Ouija lentos. Raulis greitai išmetė ją į šiukšlių dėžę lauke. Rožė pasakė, kad prireikė to siaubingo incidento, kad jis jos atsikratytų!

Kai Rožė man paskambino, pasakiau, kad puolęs angelas vis dar gali būti namuose, todėl mums reikia kartu pasimelsti telefonu. Rožė paėmė alyvuogių aliejaus, kad pateptų namus, o aš kalbėjau per garsiakalbį. Kai ištariau žodį „pasiruošusi", pasakiau jai, kad ji tuoj pat pradės kalbėti Šventosios Dvasios kalbomis. Kai pasakiau "pasiruošęs", Rožė akimirksniu pradėjo kalbėti kalbomis ir padėjo telefoną, kad pateptų. Girdėjau, kaip jos balsas išnyko, kai ji meldėsi po visus namus, patepdama duris ir langus Jėzaus vardu. Rožė jau buvo ištrūkusi iš mano girdimumo zonos, kai kažkas man liepė pasakyti jai, kad eitų į garažą. Tą pačią akimirką Rožė pasakė, kad patepė kambarius ir buvo prie galinių durų, vedančių į garažą. Patepdama duris ji pajuto už jų esantį blogį. Tikėdama Dievo apsauga, Rožė sakė, kad atidarė jas ir įėjo į labai tamsų garažą. Šventosios Dvasios galia stiprėjo, kai ji įžengė į vidų ir pajuto, kad ji ten yra! Ji nuėjo link kitų durų, vedančių į kiemelį, kuriame buvo šiukšlių dėžė. Tai buvo ta pati šiukšliadėžė, kurioje Raulis dieną prieš tai išmetė Ouija lentą. Nesivaržydama Rožė pasakė, kad garsiai ir karštai melsdamasi Šventąja Dvasia užpylė ant Ouija lentos alyvuogių aliejaus, tada uždarė dangtį. Ji grįžo į kambarį ir išgirdo mano balsą, kviečiantį ją" :Eik į garažą, nes ji yra ten". Rožė man pasakė, kad ji jau pasirūpino "juo". Tai patvirtino, kad blogis buvo garaže, kol mes meldėmės.

Rožė pasakė, kad dabar jai viskas suprantama. Dievas dėl savo švelnaus gailestingumo ir meilės ruošė Rožę šiai dienai, nors ji Jam ir netarnavo. Pasak Rožės, būtent ši patirtis ją sugrąžino pas Dievą su tokiu atsidavimu, kokio ji niekada anksčiau nejautė. Dabar ji lanko Apaštališkąjį švyturį Norvalke, Kalifornijoje. Ji buvo labai dėkinga Dievui už Jo meilę ir globą. Dievas padarė ją pasirengusią susidurti su tos nakties puolusiu angelu, turėdama neginčijamus dvasinius Šventosios Dvasios šarvus. Tai, kas nutiko Rožei, buvo antgamtinis Dievo galios pasireiškimas Jėzaus vardu. Tai buvo Jo meilė, kad Rožė grįžtų į Jo kelius. Tikėkite, kad Jo ranka nėra per trumpa išgelbėti ar išgelbėti, net ir dėl tų, kurie priešinasi patys sau, kurie pasirenka netikėti tuo, ko negali matyti ar jausti. Mūsų Gelbėtojas už mus sumokėjo kainą ant kryžiaus savo Krauju. Jis niekada nieko neprivers mylėti Jį. Dievo žodis mums sako, kad turite ateiti kaip mažas vaikas, ir pažada, kad jei ieškosite Jo visa širdimi, Jį rasite. Netikintieji ir skeptikai negali pakeisti to, kas yra ir kas bus. Trokškite Dievo teisumo ir gerkite gyvojo gyvenimo vandens.

"Kodėl, kai atėjau, nebuvo nė vieno žmogaus? Kai šaukiau, ar nebuvo nė vieno, kuris atsilieptų? Ar mano ranka visai sutrumpėjo, kad negali išpirkti?ar aš neturiu jėgų išsigelbėti? Štai, mano įsakymu išdžiūsta jūra, upes paverčiu dykuma; jų žuvys smirdi, nes nėra vandens, ir miršta iš troškulio". (Iz 50, 2).

"Klusniai mokydami tuos, kurie priešinasi, jei Dievas galbūt duos jiems atsiversti ir pripažinti tiesą, ir kad jie, jo valia paimti į nelaisvę, ištrūktų iš velnio pinklių." (2 Timotiejui 2, 25-26).

8 skyrius

Svajonė ir vizija - "Įspėjimas"

O ne rytą vairuodamas automobilį sapnavau artėjantį pavojų. Šiame sapne garsiai sprogo priekinė padanga. Jis buvo toks garsus, kad mane pažadino. Tai buvo taip tikra, kad sapnas atrodė taip, tarsi būčiau pabudęs arba kažkur tarp jų. Savaitę apie tai meldžiausi ir nusprendžiau nuvežti automobilį patikrinti padangų. Deja, mano planai sutriko ir aš tuo nepasirūpinau. Tą pačią savaitę su keliais draugais nuvykome melstis už indų šeimą, kuriai reikėjo maldos. Pakeliui į jų namus greitkelyje prie kapinių sprogo mano automobilio padanga. Akimirksniu prisiminiau sapną taip, kaip jį mačiau. Štai mes buvome mano automobilyje su sprogusia padanga, o šeima primygtinai reikalavo, kad atvažiuotume į jų namus. Kai padanga buvo sutaisyta, grįžome pasiimti kitos transporto priemonės ir toliau važiavome pas šeimą. Šeima buvo susidūrusi su savo vieninteliu sūnumi, kuris buvo įsivėlęs į teisinę bylą ir kuriam grėsė kalėjimas. Jie nerimavo, kad jis taip pat bus deportuotas į gimtąją šalį. Jaunuolio motina anksčiau tą dieną verkdama paskambino man ir paaiškino, kokie kaltinimai jam gresia. Galvodama apie blogiausią scenarijų, ji buvo įsitikinusi, kad jis bus pripažintas kaltu, o tada deportuotas ir daugiau niekada nebematys savo sūnaus. Ji sakė negalinti dirbti, nes nuolat verktų pacientų akivaizdoje. Kai ji verkė, telefonu su ja pradėjau melstis už šią situaciją. Pradėjau kalbėti Šventąja Dvasia nežinia kokia kalba ar kalbomis, nes Dievo Dvasia pajudėjo. Meldžiausi tol, kol ji pasakė, kad jos širdies nebeslegia našta ir ji jaučiasi paguosta.

"Taip pat ir Dvasia padeda mūsų silpnybėms, nes mes nežinome, koturėtume melsti, kaip turėtume, bet pati Dvasia užtaria mus neišsakomais dejonėmis, o tas, kuris tiria širdis, žino, ką galvoja Dvasia, nes ji užtaria šventuosius pagal Dievo valią."
(Romiečiams 8:26-27).

Motina paklausė, ar galėtų man paskambinti prieš kitą rytą eidama į teismo posėdį. Pasakiau jai, kad taip ir kad melsiuosi, jog Dievas įsikiš. Paprašiau jos paskambinti man po teismo, nes norėjau sužinoti, kokį stebuklą padarė Dievas. Kitą dieną jaunuolio motina su dideliu džiaugsmu man paskambino ir pasakė" :*Nepatikėsite, kas nutiko?*". Atsakiau: "*Tikėsiu, nes štai kokiam Dievui mes tarnaujame*"! Ji toliau pasakojo, kad jie neturi jokių įrašų apie mano sūnų. Advokatė sakė, kad teismas nerado tokios pavardės ar kokių nors kaltinimų jo atžvilgiu, nors ji ir advokatė rankose turėjo tai patvirtinančius dokumentus.

Dievas atsakė į mūsų maldas. Jos tikėjimas taip pakilo, kad nuo tos dienos ji suprato, kokiam galingam Dievui tarnaujame ir kaip Dievas rūpinasi, jei mes visa širdimi meldžiamės. Ji tapo veikiančių Dievo stebuklų liudytoja ir liudijo, ką Viešpats jiems padarė. Kalbant apie nuleistą padangą, tai buvo tik nedidelė nesėkmė, kuri neturėjo įvykti, jei būčiau ja pasirūpinęs iš anksto. Nepaisant to, Viešpats sudarė sąlygas mums pasiekti šią šeimą, nes jie atkakliai prašė, kad atvažiuotume pas juos pasimelsti. Visada turime būti pasirengę atremti tas jėgas, kurios trukdo mums vykdyti Dievo valią. Turime atkakliai eiti prieš kiekvieną priešo, mūsų priešininko, velnio, planą, ypač kai matome tas kliūtis kelyje.

Prisimenu, kad atvykę į šeimos namus meldėmės ir liudijome visai šeimai. Labai džiaugėmės nuostabiu pamokslavimo ir Dievo žodžio mokymo laiku. Tą dieną Viešpaties džiaugsmas buvo ir tebėra mūsų stiprybė! Jis laimins tuos, kurie vykdo Jo valią.

9 skyrius

Visos nakties maldos susirinkimas

O ne naktį su keliais draugais nusprendėme melstis visą naktį. Tada sutarėme, kad kartą per mėnesį melsimės "Visos nakties maldos susitikime". Per šiuos visos nakties maldos susirinkimus patiriame nuostabių išgyvenimų. Mūsų vieningos namų maldos laikas tapo toks galingas, kad vėliau prie mūsų prisijungę žmonės iškart pajuto skirtumą savo maldose. Tai buvo nebe religinė rutina, o malda Šventojoje Dvasioje su Dvasios dovanų apraiškomis. Mums meldžiantis kai kurie pradėjo patirti, ką reiškia kovoti su velniu. Prieš mus ėmė veržtis jėgos, nes pasiekėme aukštesnį maldų lygį, vedantį mus per dvasinių kovų laukus. Mes kariavome su velniu ir pradėjome skelbti pasninko dienas. Pasinaudojome kažkuo, kas buvo dvasiškai galinga ir vertė mus dar labiau ieškoti Dievo.

Per vieną tokį maldos susirinkimą 3.30 val. ryto mano draugė Karen atsikėlė pasiimti patepimo aliejaus. Ji pradėjo tepti aliejų ant mano rankų ir kojų, o tada pradėjo pranašauti sakydama, kad turiu eiti į daugelį vietų nešti Dievo žodį ir kad Dievas panaudos mane savo tikslui. Iš pradžių labai supykau ant Karen, nes tai buvo neįmanoma ir neturėjo jokios prasmės. Tuo metu savo gyvenime beveik 10 metų niekur nebuvaųė jęs, nes negalėjau vaikščioti. Mano kojų raumenys vis dar buvo silpni, o prie stuburo spaudė tie skausmingi augliai. Svarstydamas Karen žodžius, Dievas prabilo į mane: "Aš esu Viešpats, kalbantis su tavimi." Tada supratau, kad tai nebuvo vien Karen entuziazmas, kalbantis su manimi. Atsiprašiau ir paprašiau Dievo atleisti man už mano mintis.

Po kelių dienų man paskambino žmogus iš Čikagos, Ilinojaus valstijos, kuriam reikėjo dvasinės pagalbos, todėl nusprendėme kitą savaitę vykti į Čikagą. Tai savaime buvo didelis stebuklas, nes tuo metu nė negalvojau apie išvyką. Dėl pranašiškos žinios į Čikagą keliavau grynu tikėjimu. Be pranašiškos žinios tikrai nebūčiau važiavęs. Tą savaitę mano fizinė sveikata pablogėjo, negalėjau pakilti iš lovos. Taip pat išgirdau, kad Čikagoje gerokai pasnigo. Supratau, kad mano tikėjimas buvo išbandytas. Tuo gyvenimo laikotarpiu man reikėjo neįgaliojo vežimėlio, kad galėčiau judėti. Šeima Čikagoje patyrė demoniškų jėgų antpuolį prieš juos. Jie neseniai atsigręžė į Dievą ir nustojo praktikuoti raganavimą. Daugelis jų šeimos narių taip pat atsigręžė į mūsų Viešpatį Jėzų Kristų. Viešpats juos išgydė ir išvadavo iš tų demoniškų jėgų, kurios laikė juos nuodėmės vergijoje. Supratau, kad Dievas turės suteikti man ištvermės ištverti tokioje kelionėje, ir greitai tapo aišku, kad tai buvo Dievo valia. Patyriau du sapnus, kuriuose Dievas man sakė, kad turiu paklusti Jo balsui. Nepaklusau Dievui ir išmokau Juo neabejoti. Greitai sužinojau, kad Jo keliai man neturi turėti jokios prasmės. Tą dieną, kai atvykome į Čikagą, oras buvo karštas. Man taip pat neskaudėjo. Mes vaikštome tikėjimu, o ne regėjimu, kaip sakoma Šventajame Rašte. Kai dalykai mums atrodo neįmanomi, turime tikėti, kad „Dievui viskas įmanoma". Jis viskuo pasirūpino ir suteikė man energijos vykdyti Jo valią Čikagoje. Taip pat turėjome laiko aplankyti ir patarnauti kitoms šeimoms jų namuose.

Išvykstant namo prasidėjo perkūnija, daug skrydžių buvo atšaukta, bet, ačiū Dievui, nors mūsų skrydis ir vėlavo, spėjome grįžti į Kaliforniją. Garbė Dievui! Jis tikrai yra mano "Uola ir skydas", mano gynėjas nuo dvasinių ir gamtos audrų. Ši kelionė mums visiems buvo tikėjimo ir palaiminimų liudijimas. Jei nebūčiau paklusęs, nebūčiau patyręs Dievo rankų darbo palaiminimų. Dievas nenustoja manęs stebinti tuo, kaip Jis kalba mums šiandien. Visagalis Dievas, vis dar kalbantis tokiems paprastiems žmonėms kaip aš. Kokia privilegija tarnauti mūsų Kūrėjui ir matyti Jo galingus darbus, šiandien paliečiančius tikinčių ir Jo besišaukiančių žmonių gyvenimus. Prireikė pranašiškos žinios ir dviejų sapnų, kol Dievas atkreipė visą mano dėmesį. Primenu, kad mes iki galo nesuprantame Dievo minčių ir kokių planų Jis gali turėti kam nors. Tą akimirką privalome paklusti, net jei mums tai gali būti beprasmiška ar nepagrįsta. Ilgainiui išmokau girdėti Jo balsą ir atpažinti dvasias. Jis niekada nesakys jums daryti to, kas prieštarauja Jo žodžiui. Paklusnumas yra geriau nei auka.

"Samuelis tarė: "Argi Viešpačiui taip pat patinka deginamosios aukos ir aukos, kaip ir paklusnumas Viešpaties balsui? Štai paklusti yra geriau už aukas ir klausyti - už avinų taukus".
(1 Samuelio 15:22)

Nes mano mintys nėra jūsų mintys ir jūsų keliai nėra mano keliai, - sako Viešpats. Nes kaip dangus aukštesnis už žemę, taip mano keliai aukštesni už jūsų kelius ir mano mintys - už jūsų mintis."
(Izaijo 55, 8 ir 9).

10 skyrius.

Pranašiška žinia

I palaiminimas turėti draugų, kuriuos vienija tas pats tikėjimas ir meilė Dievui. Turiu draugę Karen, kuri kadaise buvo mano bendradarbė, kai dirbau JAV pašte. Karen pažino Viešpatį, kai aš jai liudijau. Vėliau ji priėmė ankstyvosios Bažnyčios apaštališkąjį tiesos mokymą. Karen yra malonus žmogus, kurio širdis aukoja misionieriškam darbui Mumbajuje, Indijoje. Ji nuoširdžiai mylėjo ten vykstančią tarnystę ir paaukojo savo pinigus bažnyčios statybai Mumbajuje.

Vieną dieną, kai gyvenau Vakarų Kovinoje, Karen į mano namus atsivedė savo draugę Angelą. Jos draugė buvo tokia susijaudinusi ir užsidegusi dėl Dievo. Ji papasakojo man savo liudijimą apie tai, kad praeityje bandė nusižudyti, kelis kartus pjaustydamasi, ir apie savo praeitį, susijusią su prostitucija. Man patiko jos miela dvasia ir paklausiau, ar ji nepriekštarautų melstis už mane. "*Čia*"? Ji paklausė. "*Taip, čia*", - atsakiau. Jai pradėjus melstis už mane, ją aplankė Pranašystės Dvasia. Ji ėmė kalbėti Viešpaties žodį: "*Dievas liepia tau užbaigti pradėtą knygą. Ji bus palaiminimas daugeliui žmonių. Per šią knygą bus išgelbėta daugybė žmonių*". Buvau toks laimingas, nes nei ji, nei Karen neturėjo nė menkiausio supratimo, kad prieš daugelį metų buvau pradėjęs rašyti savo atsiminimus. Pirmą kartą parašyti šią knygą prieš metus mane įkvėpė ponia Saroj Das ir draugė. Vieną dieną sesuo Viešpatyje iš vietinės bažnyčios priėjo prie manęs su rašikliu rankoje ir liepė" :*Rašyk dabar*!".

Pradėjau rašyti, kol turėjau daugiau sveikatos problemų, o paskui nustojau, nes man tai buvo per didelė užduotis. Dabar vėl iškilo knygos klausimas. Niekas nežinojo apie mano bandymą parašyti knygą. Mano patirtis būtų surinkta ir užrašyta, kad kiti gautų įkvėpimo. Turėjau paklusti, bet kaip visa tai įvyks, man vis dar buvo didelė paslaptis. Fiziškai negalėjau jos parašyti dėl daugelio priežasčių, bet vėlgi, Dievas turėjo rasti būdą, kaip tai padaryti. Išgirdęs žinią turėjau noro ir būtinybės tai padaryti, tačiau visa kita turėjo padaryti Dievas. Mano pradinė kelionė buvo surasti Gyvąjį Dievą, ir Jis surado mane! Jei nerašysiu apie savo patirtį su Dievu, šie tikri pasakojimai bus amžiams prarasti. Tiek daug žmoni ųgyvenimų buvo paveikti ir nuostabiai paliesti, kad į šią knygą neįmanoma sutalpinti visų įvykių ir stebuklų. Dievo stebuklai tęsis net tada, kai manęs nebebus šiame kūne ir būsiu su Viešpačiu. Tikėjimas kažkur prasideda. Jis turi pradžią ir yra beribis, nes yra skirtingi tikėjimo matai. Kai tikėjimas pasėjamas, jis laistomas Dievo žodžiu ir maitinamas kitų žmonių liudijimais. Pagalvojau apie Raštų ištrauką, kurioje sakoma, kad jei turime tikėjimą kaip garstyčios grūdelį, galime perkelti kalnus. Kaip galėjau žinoti, kad ši kelionė į Ameriką nuves mane per gyvenimą keičiančių patirčių labirintą arba kad vieną dieną rašysiu apie Jo kelių pagerbimą? Vieną dieną savo draugei Rožei užsiminiau apie Dievo žinią ir Jo planą dėl šios knygos. Rožė klausėsi ir pažvelgė į mano užrašus. Ji pažinojo mane daugelį metų ir jau daug žinojo apie mano gyvenimą Amerikoje. Rašymas įgavo tokią formą, kokios negalėjo įsivaizduoti du nepatyrę žmonės. Viešpats nutiesė kelią ir per daugybę sunkumų ir labai "keistų" nutikimų knyga bus baigta. Viešpats kalbėjo ir dabar Jo planas išsipildė.

Karen draugė toliau pranašavo. Ji man pasakė: "*Dievas tau kažką padarys iki šio mėnesio pabaigos*". Ir daug kitų dalykų, kuriuos Dievas man kalbėjo per jos pranašiškas žinutes. Pradėjau prisiminti, kaip dėl šios tiesos išgyvenau daugybę sunkumų. Tą dieną, kai Dievas man kalbėjo per šią merginą, Dievas atsakė į mano širdies klausimą. Turėjau vykdyti Jo valią, ir padrąsinimo žodžiai sklido toliau. Žodžiai, kuriuos man reikėjo išgirsti. Ji pranašavo, kad esu "*aukso indas*". Tai mane labai nuolankiai nuteikė. Tikėjimu mes darome viską, ką galime, kad vaikščiotume darnoje su Dievu ir su nežinomybe, ar tikrai Jam patinkame. Tą dieną Jis palaimino mane, leisdamas suprasti, kad Jam patinku. Mano širdis prisipildė didžiulio džiaugsmo. Kartais pamirštame, ko prašome, bet kai mūsų malda būna išklausyta, nustembame.

Turime tikėti, kad Jis negerbia žmonių, kaip sakoma Biblijoje. Nesvarbu, koks jūsų statusas ar luomas, nes pas Dievą gyvenime nėra luomo ar statuso sistemos. Dievas mus visus myli vienodai ir nori, kad su Juo užmegztume asmeninius santykius, o ne daugelio kartų perduotas religines tradicijas, kurios tarnavo stabams ir žmogui. Stabai nemato ir negirdi. Religija negali pakeisti jūsų gyvenimo ar širdies. Religija tik laikinai leidžia jums gerai jaustis dėl jos savęs patenkinimo. Tikrasis Dievas laukia, kad galėtų jus apkabinti ir priimti. Jėzus buvo Dievo Avinėlis, paaukotas prieš pasaulį. Miręs ant kryžiaus, Jis prisikėlė ir gyvena šiandien ir per amžius. Dabar galime tiesiogiai bendrauti su Dievu per Jėzų Kristų, mūsų Viešpatį ir Gelbėtoją. Mūsų ėjime su Dievu yra skirtingi lygiai. Turime trokšti daugiau Jo ir toliau augti meile, tikėjimu ir pasitikėjimu. Ši patirtis mane labai nuolankiai nuteikė. Visas mano troškimas ir tikslas yra patikti Jam. Egzistuoja dvasinio augimo ir brandos Dievui lygiai. Jūs bręstate laikui bėgant, tačiau viskas priklauso nuo to, kiek laiko ir pastangų įdedate į savo santykius su Juo. Mėnesio pabaigoje aplinkybės privertė mane palikti bažnyčią, kurią lankiau 23 metus. Dievas uždarė vienas duris ir atvėrė kitas. Nuo to laiko Jis uždaro ir atveria duris, kaip ir laipteliai, kuriuos pirmą kartą paminėjau šios knygos pradžioje. Dievas visą laiką manimi rūpinosi. Trumpai lankiau bažnyčią Vakarų Kovinoje, tada plačiai atsivėrė kitos durys.

Po kelerių metų ta pati mergina vėl pranašavo ir liepė man susikrauti daiktus" :*Tu kraustaisi*". Buvau labai nustebęs, nes mano mama buvo labai senyvo amžiaus, o mano būklė vis dar nebuvo pagerėjusi. Aš patikėjau Viešpačiu. Po metų tai įvyko, aš tikrai persikrausčiau iš Kalifornijos į Teksasą. Vietos, kurioje niekada nebuvau buvusi ir nieko nepažinojau. Tai buvo dar vieno nuotykio mano gyvenimo kelionėje pradžia. Būdama vieniša moteris, buvau pavaldi Dievo balsui ir turėjau paklusti. Dievas niekada nieko iš manęs neatėmė. Jis tik pakeitė daiktus ir vietas ir vis atnešdavo naujų draugysčių bei žmonių į mano gyvenimą. Ačiū Tau, Viešpatie, mano gyvenimas šiandien toks palaimintas!

11 skyrius

Tikėjimo žingsnis

I 2005 m. balandį persikėliau į Teksaso valstiją. Dievas naudojo įvairius žmones per pranašiškas žinutes. Persikėlimas buvo patvirtintas, ir man tereikėjo žengti tikėjimo šuolį. Pirmą kartą viskas prasidėjo dar 2004 m., kai brolis Džeimsas ir Viešpaties draugė Andžela meldėsi su manimi telefonu. Sesuo Andžela pradėjo pranašauti sakydama man: *"Iki šių metų pabaigos tu persikraustysi"*. Nuo tų metų sausio iki rugpjūčio nieko nevyko, o rugsėjo mėnesį vieną popietę mama pasikvietė mane į savo miegamąjį. Ji man pasakė, kad sesers šeima kraustosi į kitą valstiją ir nori, kad aš persikelčiau su jais. Sprendimas, kur persikelti, nebuvo priimtas, bet buvo galima rinktis Teksasą, Arizoną arba apskritai palikti Ameriką ir persikelti į Kanadą. Tada paskambinau seseriai Angelai ir papasakojau, kas nutiko. Pasakiau jai, kad tikrai nenoriu vykti į Teksasą. Man niekada nekilo mintis kada nors ten vykti, todėl net nebuvo galimybės ten gyventi. Mano nusivylimui sesuo Andžela pasakė, kad Teksasas yra Teksaso valstija. Iš paklusnumo buvo nuspręsta, ir būtent dėl to galiausiai persikėlėme į Teksasą. Tuo metu dar nežinojau, kad ta kryptimi jau buvo padėti Dievo pakopos akmenys. Po pokalbio su seserimi Andžela užsisakiau lėktuvo bilietus, kad po dviejų savaičių būčiau Teksase.

Man nežinant, sesers šeima jau buvo nuvykusi į Teksasą apžiūrėti Plano apylinkių.

Sesuo Andžela meldėsi už mane ir sakė, kad nesijaudink, Jėzus pasiims tave iš oro uosto. Brolis ir sesuo Blakiai buvo tokie malonūs ir kantrūs, kad man priminė sesers Angelės pranašystę. Jie mielai pasiėmė mane oro uoste ir su tokia meile ir rūpesčiu padėjo išspręsti visus mano poreikius.

Sesuo Andžela toliau sakė, kad pirmas namas, kurį pamatysiu, man patiks, bet tai nebus mano namas. Internetu pradėjau skambinti į tame rajone esančias Jungtines Sekminių bažnyčias ir susisiekiau su pastoriumi Konkliu, kuris yra Jungtinės Sekminių bažnyčios Aleno mieste, Teksaso valstijoje, pastorius. Paaiškinau pastoriui Konkliui, ką veikiu Teksase. Po to jis paprašė manęs paskambinti Nensi Konklei. Nežinojau kodėl ir pamaniau, kad galbūt ji yra jo žmona arba sekretorė. Paaiškėjo, kad Nensė Konkle yra šeimos matriarchė, šeimą ir bažnyčią puoselėjanti motina. Sesuo Konklė pati užaugino šešis vaikus ir padėjo auklėti savo brolius ir seseris, kurių iš viso buvo vienuolika! Po pokalbio su Nensi Konkle supratau, kodėl pastorius Konkle liepė man pasikalbėti su šia stipria ir rūpestinga moterimi, kuri iš karto privertė mane pasijusti laukiamą. Tada sesuo Konklė sujungė mane su kitu savo broliu, Džeimsu Blakiu, kuris yra nekilnojamojo turto agentas, ir jo žmona Alisa Blakija (Alice Blakey). Jie gyvena nedideliame Vilio miestelyje Teksase, vos kelios minutės kelio nuo Aleno, važiuojant užkampio lygumų keliais.

Susipažinęs su šia vietove, išskridau atgal į Kaliforniją, kad galėčiau parduoti savo namą. Mano namas buvo parduotas per du mėnesius. Tada išskridau atgal į Teksasą ir pradėjau namų medžioklę. Meldžiausi, kuriame mieste Dievas nori, kad gyvenčiau, nes ten buvo tiek daug mažų miestų ir miestelių. Dievas pasakė: "Wylie". Prieš priimant svarbius sprendimus svarbu melstis ir klausti Dievo Jo valios, nes ji visada bus teisinga.

Elizabeth Das

> *"Nes geriau, jei tokia yra Dievo valia, kad kentėtumėte už gerus darbus, negu už blogus." (1 Petro 3, 17).*

Vėliau broliui ir seseriai Bleikiams paaiškinau apie pranašiškas žinutes ir kad noriu paklusti Dievui. Jie labai stengėsi gerbti mano norus ir išklausė viską, ką jiems sakiau, kad Dievas man kalbėjo. Taip pat papasakojau jiems, kad per pirmąją kelionę į Teksasą Dievas pasakė : *"Tu nežinai, ką tau esu* paruošęs". Jie buvo tokie kantrūs su manimi, kad visada būsiu jiems labai dėkingas už jų jautrumą Dievo dalykams. Blakių šeima suvaidino svarbų vaidmenį išsipildant šiai pranašiškai žiniai ir mano naujam gyvenimui Teksase. Tris dienas pradėjome apžiūrinėti namus Vilyje, o trečią dieną vakare turėjau grįžti į Kaliforniją. Jie nuvedė mane apžiūrėti pavyzdinio namo naujame trakte ir tada sesuo Blakėja pasakė: "Tai tavo namas". Iškart supratau, kad jis tikrai toks. Greitai pradėjau tvarkyti pirkimo dokumentus, tada iškart išvykau į oro uostą, nes žinojau, kad viskas kaip nors bus padaryta. Tuo pačiu metu Dievas man liepė vykti į Indiją trims mėnesiams. Aš Jo neklausiau, todėl daviau įgaliojimą broliui Blakiui tęsti namo pirkimo darbus Teksase, o savo sūnėnui Stivui, kuris užsiima nekilnojamuoju turtu, daviau įgaliojimą rūpintis mano finansais Kalifornijoje. Po dešimties metų grįžau į savo gimtąją šalį Indiją. Dėkoju Dievui už savo išgijimą, nes nebūčiau galėjęs to padaryti be judrių kojų. Skridau į Indiją ir pirkau namą Teksase. Mano gyvenime viskas sparčiai keitėsi.

Grįžti į Indiją.

Atvykęs į Indiją greitai pastebėjau, kad per palyginti trumpą laiką viskas pasikeitė. 25 metus meldžiausi ir pasninkavau, kad šioje šalyje įvyktų atgimimas. Indija yra labai religinga šalis, kurioje vyrauja stabmeldystė, garbinamos akmeninės, medinės ir geležinės statulos. Religinių atvaizdų, kurie nemato, nekalba ir negirdi ir neturi jokios galios. Tai religinės tradicijos, kurios nesuteikia permainų nei protui, nei širdžiai.

"Aš paskelbsiu savo nuosprendžius jiems dėl visų jų nedorybių, nes jie mane paliko, degino smilkalus kitiems dievams ir garbino savo rankų kūrinius." (Jeremijo 1:16)

Krikščionybė buvo mažuma šioje šalyje, kurioje buvo tiek daug persekiojimų ir neapykantos tarp religijų, o ypač prieš krikščionis. Krikščionių priespauda tik sustiprino jų tikėjimą, nes buvo liejamas nekaltas kraujas, deginamos bažnyčios, mušami ar žudomi žmonės. Deja, motinos ir tėvai atstumdavo savo vaikus, jei šie atsigręždavo į Jėzų ir palikdavo savo šeimos religiją. Galbūt atstumtieji, bet ne beteisiai, nes Dievas yra mūsų dangiškasis Tėvas, kuris nušluostys ašaras nuo mūsų akių.

"Manote, kad aš atėjau duoti taikos žemėje? Aš jums sakau: ne, betveikiau susiskaldymą: Nes nuo šiol viename name bus penki susiskaldę: trys prieš du ir du prieš tris. Tėvas bus suskirstytas priešsūnų, o sūnus prieš tėvą; motina prieš dukterį, o duktė prieš motiną;uošvė prieš uošvę, o uošvė prieš uošvę".
(Luko 12, 51-53)

Buvau labai nustebęs, kai visur pamačiau žmones, kurie vaikščiojo su Biblija, ir išgirdau apie maldos susirinkimus. Buvo daug vienybės bažnyčių ir tikinčiųjų į vieną Dievą. Dievas atėjo gyventi tarp mūsų kūne, Jėzaus Kristaus kūne. Toks yra ir vieno tikrojo Dievo pamaldumo slėpinys.

*"Ir be ginčų didis yra pamaldumo slėpinys: **Dievas apsireiškė kūne**, Dvasioje **buvo** išteisintas, angelų matytas, pagonims paskelbtas, pasaulyje įtikėtas, į garbę priimtas."(1 Timotiejui 3:16)*

"Pilypas jam tarė" :Viešpatie, parodyk mums Tėvą, ir mums užteks.Jėzus jam tarė: "Argi aš jau tiek laiko esu su tavimi, o tu manęsnepažįsti, Pilypai? Kas matė mane, tas matė Tėvą; o kaipgi tusakai:Parodyk mums Tėvą? Argi netiki, kad aš esu Tėve ir Tėvas manyje? Žodžius, kuriuos jums kalbu, kalbu ne iš savęs, bet Tėvas,

kuris gyvena manyje, jis daro darbus. Tikėkite manimi, kad aš esu Tėve ir Tėvas manyje, arba tikėkite manimi dėl pačių darbų".
(Jono 14, 8-11)

"Tu tiki, kad yra vienas Dievas, ir gerai darai; velniai taip pat tiki ir dreba." (Jokūbo 2:19).

Buvo taip džiugu matyti žmones, ištroškusius Dievo. Jų šlovinimas buvo toks galingas. Tai buvo visiškai kitokia Indija nei ta, kurią palikau prieš dvidešimt penkerius metus. Jauni ir seni žmonės troško Jehovos Dievo dalykų. Buvo įprasta matyti jaunus žmones, siūlančius krikščioniškus lankstinukus religinėse induistų šventėse. Dieną jie eidavo į bažnyčią, o po pamaldų nuo 14.30 val. grįždavo maždaug 3 val. nakties. Hinduistai ir musulmonai taip pat ateidavo į mūsų pamaldas, kad gautų išgydymą ir rastų išlaisvinimą. Žmonės buvo atviri klausytis Dievo žodžio pamokslų ir gauti mokymą iš Šventojo Rašto. Sužinojau apie šias indų bažnyčias ir bendravau su jų pastoriais telefonu bei elektroniniu paštu. Užmezgiau ryšius su Jungtinėmis penkiasdešimtininkų bažnyčiomis ieškodamas amerikiečių pamokslininkų, kurie Indijos pastorių vardu norėtų vykti į Indiją ir kalbėti jų metinėse konferencijose. Su Dievo pagalba mums labai pasisekė. Džiaugiausi, kad pamokslininkai Amerikoje turėjo naštą mano šaliai; teikė savo dvasinę paramą Indijos pamokslininkams. Susipažinau su indų pastoriumi iš labai mažos ir kuklios bažnyčios. Ten buvo tiek daug skurdo ir žmonių poreikiai buvo tokie dideli, kad aš asmeniškai įsipareigojau siųsti pinigų. Mes Amerikoje esame tokie palaiminti. Tikėkite, kad "Nėra nieko neįmanomo". Jei norite duoti, darykite tai džiugiai, su tikėjimu ir duokite slapta. Daugelį metų niekas nežinojo apie mano įsipareigojimą. Niekada nesitikėkite duoti dėl asmeninės naudos ar norėdami sulaukti šlovės ar pagyrimo iš kitų. Duokite tyra širdimi ir nesiderėkite su Dievu.

"Todėl, kai duodi išmaldą, neskleisk prieš save trimito, kaip daro veidmainiai sinagogose ir gatvėse, kad turėtų žmonių šlovę. Iš tiesų sakau jums: jie turi savo atlygį. Bet kai tu duodi išmaldą, tegul tavo kairė ranka nežino, ką daro dešinė: Kad tavo išmaldos būtų slaptos, o

tavo Tėvas, kuris mato slaptoje, pats tau atlygins atvirai". (Mato 6, 2-4)

Dievas leido, kad mano gyvenime įvyktų dalykų, dėl kurių galėjau likti namuose. Su nuostaba žiūriu atgal, kaip mano ligos progresavo, kad nebegalėjau normaliai vaikščioti, mąstyti ar jaustis, kol tą dieną brolis Džeimsas pasimeldė ir Dievas pakėlė mane iš invalido vežimėlio. Vis dar laikomas neįgaliu dėl auglių ir kraujo ligos, gyvenau iš menkos mėnesinės neįgalumo išmokos. Mano čekis nebuvo svarbus, nes Dievas atėmė iš manęs darbą, mano rūpestis buvo, kaip apmokėsiu sąskaitas. Jėzus man du kartus kalbėjo sakydamas: "Aš tavimi pasirūpinsiu". Gyvenant Kalifornijoje arba Teksase, Jėzus patenkins visus mano poreikius. Dievas tai padarė iš savo turtų ir gausos. Pasitikėjau Dievu dėl visų savo kasdienių poreikių.

"Bet pirmiausia ieškokite Dievo karalystės ir jo teisumo, o visa tai jums bus pridėta." (Mt 6, 33)

Prieš man išvykstant iš Indijos, kai kurios bažnyčios moterys man pasakojo, kad nebeperka sau prabangos prekių. Jos buvo patenkintos viskuo, ką turėjo apsirengti, nes gaudavo daug pasitenkinimo duodamos vargšams.

"Bet pamaldumas su pasitenkinimu yra didelis laimėjimas. Juk mesnieko neatnešėme į šį pasaulį ir tikrai nieko negalime išnešti. O turėdami maisto ir drabužių, būkime tuo patenkinti." (1 Tim 6, 6-8)

Į meilės projektus taip pat buvo įtraukti pagyvenę žmonės ir maži vaikai. Jie kartu gamino dovanų paketus, kuriuos išdalijo vargšams. Jie buvo labai patenkinti dovanojimo palaima.

"Duokite, ir jums bus duota; gerą matą, suspaustą, suplaktą, suplaktą ir perpildytą, žmonės duos į jūsų glėbį. Nes tuo pačiu matu, kuriuo matavote, jums bus pamatuota dar kartą". (Luko 6, 38).

Elizabeth Das

Tik įsivaizduokite, kas įvyko per tokį palyginti trumpą laiką. Pardaviau savo namą ir įsigijau naują namą kitoje valstijoje. Mačiau, kaip mano šalį pakeitė žmonės, ištroškę Viešpaties Jėzaus Kristaus. Dabar laukiu naujo gyvenimo pradžios Teksase. Kai Dievui teikiame pirmenybę, Šlovės Viešpats taip pat bus mums ištikimas.

Atgal į Ameriką.

Po trijų mėnesių grįžau iš Indijos. Į Teksasą išskridau, kai mano namas buvo paruoštas. 2005 m. balandžio 26 d., lėktuvui besileidžiant Dalaso ir Fort Vorto oro uoste, verkiau, nes nuo pat atvykimo į šią šalį buvau visiškai atskirtas nuo visos savo šeimos ir draugų. Tuomet Dievas man davė šią Raštų eilutę:

Bet dabar taip sako Viešpats, kuris tave sukūrė, Jokūbai, ir tas, kuris tave suformavo, Izraeli: "Nebijok, nes aš tave atpirkau, tave pašaukiau tavo vardu, tu esi mano. Kai eisi per vandenis, aš būsiu su tavimi, ir per upes, jos tavęs neužtvenks; kai eisi per ugnį, nesudegsi, ir liepsna tavęs neužlies. Aš esu Viešpats, tavo Dievas, Izraelio Šventasis, tavo Gelbėtojas: Aš atidaviau Egiptą už tavo išpirką, Etiopiją ir Sebą už tave. Kadangi buvai brangus mano akyse, buvai garbingas, ir aš tave mylėjau, todėl atiduosiu žmones už tave ir tautas už tavo gyvybę. Nebijok, nes aš esu su tavimi: atvesiu tavo palikuonis iš rytų ir surinksiu tave iš vakarų; šiaurėms sakysiu: 'Atiduokite', o pietums: 'Nesilaikykite atgal'; atvesiu savo sūnus iš toli ir savo dukteris iš žemės pakraščių; (Izaijo 43:1-6)

Tą dieną, kai atvažiavau, tame dideliame naujame name atsidūriau vienas. Realybė mane užplūdo, kai atsistojau viduryje svetainės ir pamačiau, kad mano namai visiškai tušti. Atsisėdau ant grindų ir pradėjau verkti. Jaučiausi toks vienišas ir norėjau grįžti namo į Kaliforniją, kur palikau savo brangią mamą. Mes taip ilgai gyvenome kartu ir ji buvo didelė mano dalis. Mane taip užvaldė šis išsiskyrimo jausmas, kad norėjau vykti į oro uostą ir skristi atgal į Kaliforniją. Daugiau nebenorėjau šių namų. Mano sielvartas buvo didesnis už mano realybę. Kol išgyvenau šiuos jausmus, Dievas man priminė, kad turiu paskambinti broliui Blekiui. Brolis Bleikas nežinojo, kaip jaučiuosi būtent tą akimirką, bet Dievas žinojo. Nustebau, kai jis pasakė" :Dabar, sese Das, žinokite, kad esate tik per vieną skambutį nuo mūsų". Jo žodžiai buvo visiškai patepti, nes mano skausmas ir visa neviltis akimirksniu išnyko. Pajutau, kad turiu šeimą, kad nesu viena ir kad viskas bus gerai. Nuo tos dienos Blakių šeima priėmė mane į savo šeimą tuo metu, kai aš neturėjau niekieno.

Vėliau mano sesuo su šeima persikėlė į Plano miestą Teksase, esantį vos už kelių mylių nuo Vilio. Blakių šeimą sudaro vienuolika brolių ir seserų. Visi jų vaikai ir anūkai elgėsi su manimi kaip su šeima. Jų buvo beveik 200 ir visi žino apie Blakių šeimą Vilyje. Jie man buvo didžiulė parama, o aš visada jaučiausi kaip "Blakey" irgi! Įsikūręs savo namuose, turėjau susirasti bažnyčią. Paklausiau Dievo, kokios bažnyčios Jis man nori. Aplankiau daugybę bažnyčių. Galiausiai aplankiau bažnyčią Garlando mieste, Šiaurės miestų jungtinę penkiasdešimtininkų bažnyčią. Dievas aiškiai pasakė: "Tai tavo bažnyčia". Čia vis dar renkuosi. Myliu savo bažnyčią ir radau nuostabų pastorių, kunigą Hargrovą. Blakių šeima tapo mano išplėstine šeima, kviečiančia mane pietų ar vakarienės po bažnyčios. Jie taip pat įtraukė mane į savo šeimos susitikimus ir šeimos šventes. Dievas nuostabiai pasirūpino viskuo, ko man reikia.

Dėkoju Dievui už savo naująjį pastorių, bažnyčią ir Blakių šeimą, kuri priėmė mane į savo šeimą. Dabar patogiai gyvenu savo naujuose namuose. Dievas ištesėjo savo pažadą" :Aš tavimi pasirūpinsiu." Dievas visa tai pasirinko man pagal savo valią mano gyvenimui. Dabar dirbu Jam nuo tada, kai atsikėlęs 3.50 val. ryto pradedu melstis. Pusryčiauju ir ruošiuosi Viešpaties darbui iš savo kabineto namuose. Mano draugai jums pasakys" :Niekada nesakykite seseriai Liz, kad ji neturi tikro darbo". Ką atsakysiu? Dirbu Viešpačiui, dirbu ilgas valandas, nespausdama darbo laiko laikrodžio, ir negaunu atlyginimo. Dievas manimi rūpinasi, o mano atlygis bus danguje.

Vertinu savo darbą ir myliu tai, ką darau!

12 skyrius

Demoniškas išlaisvinimas ir gydomoji Dievo galia

O ne sekmadienio popietę man paskambino ponas Patelis ir paprašė, kad nueitume pasimelsti už jo tėvą, kurį užpuolė demoniškos dvasios. Ponas Patelis yra inžinierius, Amerikoje gyvenantis daugiau nei 30 metų. Jis buvo girdėjęs apie mano išgydymą ir norėjo išgirsti apie Viešpatį Jėzų Kristų. Kitą dieną nuvykome į jo brolio namus, kur susitikome su ponu Patelu ir jo šeima (broliu, brolio žmona, dviem sūnumis, tėvu ir motina). Kol visi klausėsi, kitas brolis, kuris taip pat buvo krikščionis, pradėjo pasakoti apie tai, kaip jis pažino Jėzų. Tėvas, vyresnysis ponas Patelis, pasakojo, kad jis garbino stabų dievus, bet visada jautėsi blogai, kai atlikdavo garbinimą. Jis sakė, kad jautėsi taip, tarsi į pilvą būtų įsmigusi lazda, sukelianti jam skausmą, o eidamas jautėsi taip, tarsi po kojomis turėtų akmenų. Pradėjome melstis už jį Viešpaties Jėzaus Kristaus vardu. Meldėmės tol, kol jis išsilaisvino iš demoniškos dvasios ir pradėjo jaustis daug geriau. Prieš išvykdamas jis gavo Biblijos studijas, kad suprastų Viešpaties vardo galią ir žinotų, kaip išlikti laisvam nuo sugrįžtančių demoniškų atakų.

Džiaugėmės, kai sūnus ir vienas iš anūkų primygtinai reikalavo, kad vyresnysis ponas Patelis ištartų Jėzaus vardą, bet jis to nepadarė, nors jam nebuvo jokių problemų sakyti "Dievas" (Bhagvan). Sūnūs primygtinai reikalavo" :Ne, sakykite Jėzaus vardą", kai sūnūs išsirikiavo į eilę priimti maldos. Vienas iš anūkų, kuriam buvo apie dvidešimt ,metuanksčiau buvo patekęs į automobilio avariją. Jis lankėsi pas daugybę chirurgų dėl kelio problemos. Tą dieną Viešpats Jėzus išgydė jo kelį, o jaunesnįjį pono Patelo brolį labai palietė Dievo Dvasia. Visi sulaukė maldos ir liudijo, kaip tą dieną juos sujaudino Dievo Dvasia, daranti išgydymo ir išlaisvinimo stebuklus. Kai Viešpats Jėzus vaikščiojo tarp žmonių, Jis mokė ir skelbė ateinančios Karalystės Evangeliją bei gydė įvairias žmonių ligas ir negalavimus. Jis išgydė ir išvadavo apsėstuosius ir demonų kankinamuosius, pamišėlius (bepročius) ir sergančiuosius paralyžiumi (Mt 4, 23-24). Kaip Dievo mokiniai šiandien mes ir toliau vykdome Jo darbą ir mokome kitus apie išgelbėjimą mūsų Viešpaties Jėzaus vardu.

*"Ir niekur kitur nėra išgelbėjimo, nes nėra po dangumi kito **vardo**, duoto žmonėms, kuriuo galėtume būti išgelbėti." (Apd 4, 12).*

Tarnavimas Gyvajam Dievui teikia daug naudos. Vietoj uolos ar akmens dievo, kuris nemato ir negirdi, mes turime tikrąjį ir gyvąjį Dievą, kuris tyrinėja vyrų ir moterų širdis. Atverkite savo širdį ir protą, kad klausytumėtės Jo balso. Melskitės, kad Jis paliestų jūsų širdį. Melskitės, kad Jis atleistų jums už tai, kad Jį atmetėte. Melskitės, kad pažintumėte Jį ir Jį įsimylėtumėte. Darykite tai dabar, nes durys netrukus užsidarys.

13 skyrius

Išpažintis ir švari sąžinė

O vieną dieną pas mane atėjo indų pora ir kartu su manimi meldėsi. Kai ruošėmės melstis, žmona pradėjo garsiai melstis. Vyras pasekė ja. Pastebėjau, kad jie abu meldėsi vienodai religingai, bet vis tiek man patiko klausytis jų iškalbingų žodžių. Nuoširdžiai paprašiau Dievo: "Noriu, kad melstumeisi mano lūpomis". Kai atėjo mano eilė melstis garsiai, Šventoji Dvasia perėmė mano valdžią ir meldžiausi Dvasioje.

Taip pat ir Dvasia padeda mūsų silpnybėms, nes mes nežinome,koturėtume melsti, kaip turėtume, bet pati Dvasia užtaria mus neišsakomudejavimu. O tas, kuris tiria širdis, žino, ką galvoja Dvasia, nes ji užtaria šventuosius pagal Dievo valią". (Romiečiams 8:26, 27).

Aš meldžiausi Dvasioje su Dievo galia taip, kad atskleisčiau nuodėmę. Vyras, nebegalėdamas daugiau pakęsti, ėmė išpažinti savo nuodėmę žmonai, kuri buvo sukrėsta. Vėliau kalbėjau su jais apie apvalymą per jo nuodėmės išpažinimą.

"Jei išpažįstame savo nuodėmes, Jis ištikimas ir teisingas, kad atleistų mums nuodėmes ir apvalytų mus nuo visų neteisybių. Jei sakome, kad nesame nusidėję, mes darome Jį melagiu, ir Jo žodžio nėra mumyse". (1 Jono 1:9, 10).

Paaiškinau vyrui, kad, kadangi jis prisipažino, Dievas jam atleis.

Taip pat nepamirškite išpažinti savo nuodėmių tik tiems, kurie gali melstis už jus.

"Išpažinkite vieni kitiems savo kaltes ir melskitės vieni už kitus, kad būtumėte išgydyti. Veiksminga karšta teisiojo malda daug duoda."
(Jokūbo 5:16)

Paaiškinau, kad kai jis pasikrikštys, Dievas pašalins jo nuodėmes ir jis turės švarią sąžinę.

"Panašiai, kaip ir dabar krikštas mus gelbsti (ne kūno nešvarumų pašalinimas, bet geros sąžinės atsakas Dievui) per Jėzaus Kristaus prisikėlimą." (1 Petro 3:21)

Po kelių dienų vyras ir žmona pasikrikštijo Viešpaties Jėzaus vardu. Vyras buvo visiškai išlaisvintas ir jam buvo atleistos nuodėmės. Jie abu tapo tokiu palaiminimu Dievo karalystei.

"Atsiverskite ir kiekvienas būkite pakrikštytas Jėzaus Kristaus vardu nuodėmėms atleisti, ir gausite Šventosios Dvasios dovaną".
(Apd 2, 38).

Dievas ieško tų, kurie nusižemins prieš Jį. Nesvarbu, kokie iškalbingi ir gražūs yra jūsų maldos žodžiai, svarbu, kad melstumėtės visa širdimi. Jis taip pat žino, kas yra širdyje, kai meldžiatės. Pašalinkite nuodėmę prašydami Dievo atleidimo, kitaip jūsų maldoms trukdys Šventoji Dvasia. Kaip tikintieji, kasdien tyrinėjame savo širdis ir teisiame save. Dievas visada yra šalia, kad atleistų ir apvalytų mus, kai nusidedame.

14 skyrius.

Mirties pakraštyje

B brolis Jokūbas, apie kurį kalbėjau anksčiau, turi išgydymo dovaną per Dievo patepimo galią. Jis buvo pakviestas melstis už korėjietę, kuri gulėjo Karalienės slėnio ligoninės intensyviosios terapijos skyriuje. Pasak gydytojų, ji buvo arti mirties. Jos šeima jau ruošėsi jos laidotuvėms. Tą dieną lydėjau brolį Džeimsą ir pamačiau jos kūną, prijungtą prie gyvybę palaikančių aparatų; ji buvo be sąmonės ir arti mirties slenksčio. Kai pradėjau melstis, pajutau, kad kažkas nori mane paimti už kojos ir išmesti iš kambario, tačiau Šventosios Dvasios galia buvo labai stipri manyje ir neleido šiai dvasiai įsigalėti.

"Jūs esate iš Dievo, vaikeliai, ir juos nugalėjote, nes tas, kuris yra jumyse, yra didesnis už tą, kuris yra pasaulyje." (1 Jono 4, 4)

Po maldos Viešpats kalbėjo per mane ir aš pasakiau šiuos žodžius" :Ši mašina pasikeis." Tai buvo susiję su gyvybę palaikančia įranga, kuri buvo pritvirtinta prie jos kūno. Išgirdau save tariant šiuos žodžius, kaip Dievas kalbėjo apie šios labai sergančios moters likimą. Brolis Džeimsas meldėsi už ją, o paskui kalbėjomės su šios moters šeima apie maldos ir Dievo žodžio galią. Jie klausėsi, kai pasakodavau jiems apie savo paties išgydymą ir apie tai, kaip Dievas mane iš invalido vežimėlio vėl perkėlė į vaikščiojimą. Jų sūnus, kuris buvo oro linijų pilotas, taip pat dalyvavo, tačiau nekalbėjo korėjietiškai. Su juo kalbėjau angliškai, o likusieji šeimos nariai kalbėjo korėjietiškai. Įdomu tai, kad jis man paaiškino, jog jo motina turėjo keliauti į Kanadą tą pačią dieną, kai labai susirgo. Jis paaiškino, kad ji šaukėsi vyro pagalbos ir buvo nuvežta į ligoninę, nors atsisakė vykti. Sūnus sakė, kad motina jiems sakydavo" :Ligoninėje mane nužudys". Ji buvo įsitikinusi, kad nuvežta į ligoninę mirs. Jos sūnus mums toliau aiškino, kad ji jiems pasakojo, jog kiekvieną naktį į namus ateidavo juodai apsirengę žmonės. Kiekvieną naktį motina šaukdavo ir ant jo, ir ant tėvo, ir piktai mėtydavo į juos indus be jokios aiškios priežasties. Ji taip pat pradėjo rašyti čekius jiems nesuprantama kalba. Jos elgesys buvo labai keistas. Paaiškinau jam apie demoniškas dvasias, kurios gali užvaldyti ir kankinti žmogų. Tai jį pribloškė, nes, kaip jis mums paaiškino, jie visi eina į bažnyčią ir ji duoda tiek daug pinigų, tačiau jie niekada anksčiau apie tai nebuvo girdėję. Demonai paklūsta tikriems tikintiesiems, turintiems Šventąją Dvasią; nes ant jų gyvybių yra Jėzaus Kraujas ir jie tarnauja Jėzaus Vardo galia.

Pasakiau jaunuoliui, kad mes su broliu Jokūbu galime melstis Jėzaus vardu, kad išvarytume demoną, ir jis sutiko melstis už savo motinos išlaisvinimą. Kai gydytojas atėjo aplankyti savo pacientės, jis nustebo, kad ji reaguoja, ir negalėjo suprasti, kas nutiko jo pacientei. Šeima jam papasakojo, kad naktį kažkas atėjo melstis už ją ir ji ėmė reaguoti taip, kaip jiems buvo pasakyta. Po kelių dienų turėjome dar vieną galimybę melstis už tą pačią moterį. Kai įėjome į kambarį, ji šypsojosi. Tada uždėjau ranką jai ant galvos ir pradėjau melstis; ji atstūmė mano ranką ir pakėlė galvą aukštyn, rodydama į lubas, nes negalėjo kalbėti. Jos veido išraiška pasikeitė ir ji atrodė tokia išsigandusi. Mums išėjus, jos būklė dar labiau pablogėjo. Jos vaikai stebėjosi, ką ji matė, ir klausė, ar ji nematė kažko blogo. Ji ranka parodė "taip". Vėl sugrįžome už ją melstis, nes ji buvo išsigandusi savo kankintojo, demoniškos dvasios, esančios jos kambaryje. Šį kartą pasimeldusi ji pergalingai išsilaisvino iš savo kankintojų. Ačiū Dievui, kuris atsako į maldas. Vėliau išgirdome, kad ji buvo išleista iš ligoninės, pradėjo reabilitacijos programą ir buvo išsiųsta namo, kur jai ir toliau gerai sekasi. Ji išsikapstė iš mirties slenksčio.

Eikite liudyti pasauliui:

"Jis įsakė jiems, kad niekam apie tai nesakytų, bet kuo labiau jis juos įsakė, tuo labiau jie tai skelbė; (Morkaus 7:36)

"Grįžk į savo namus ir parodyk, kokių didžių dalykų Dievas tau padarė. Jis nuėjo ir po visą miestą skelbė, kokių didžių dalykų Jėzus jam padarė." (Luko 8:39)

Biblijoje sakoma, kad turime eiti ir liudyti. Ši korėjiečių šeima liudijo kitoms šeimoms apie šį stebuklą. Vieną dieną brolis. Džeimsui paskambino kita korėjietė. Šios šeimos vyras elgėsi agresyviai ir nežinojo, ką daro. Jo žmona buvo labai smulki ir miela moteris. Kai kuriomis dienomis jis bandydavo ją nužudyti. Daug kartų jiems teko ją vežti į ligoninę, nes jis ją negailestingai mušdavo. Kadangi ji išgirdo apie šį stebuklą, pakvietė mus ir paprašė manęs. Nuvykome pas ją ir jos vyrą. Į susitikimą atvyko brolis. Džeimsas paprašė manęs kalbėti, o pats meldėsi. Visi buvome palaiminti. Po kelių savaičių paskambino jo žmona ir paklausė, ar vėl atvažiuosime, nes jos vyrui sekasi geriau. Taigi mes vėl nuvykome ir aš daviau savo liudijimą apie atleidimą, o br. Džeimsas meldėsi už visus.

Papasakojau jiems apie tai, kaip dirbau ir kaip viena moteris prižiūrėjo mane; ji negailestingai priekabiavo prie manęs, todėl naktimis negalėjau užmigti. Vieną dieną nuėjau į savo kambarį pasimelsti už ją. Jėzus pasakė: "Tau reikia jai atleisti". Iš pradžių tai atrodė sunku ir pagalvojau, kad jei jai atleisiu, ji ir toliau darys man tą patį. Kadangi išgirdau Jėzų kalbant su manimi, pasakiau,, :Viešpatie, aš jai visiškai atleidžiu", ir Dievas savo gailestingumu padėjo man ją pamiršti. Kai jai atleidau, pradėjau gerai miegoti, ir ne tik tai, bet kai ji pasielgdavo blogai, manęs tai nebetrikdydavo.

Biblijoje sakoma.

"Vagis ateina ne vogti, žudyti ir naikinti, bet vogti, žudyti ir naikinti;
aš atėjau, kad jie turėtų gyvenimą ir kad jo turėtų gausiau "
(Jono 10, 10).

Buvau laimingas, kad šio liudijimo išklausyti atvyko uošvė, nes jos širdis buvo sunki iš liūdesio. Buvo taip nuostabu matyti, kaip Dievo ranka įžengė ir pakeitė visą šią situaciją, kaip atleidimas užliejo jų širdis ir meilė įsiliejo į jų vidų.

*"Bet jei jūs **neatleisite**, ir jūsų Tėvas, kuris yra danguje, **neatleis** jūsų*
nusižengimų." (Morkaus 11:26)

Neatleidimas yra labai pavojingas dalykas. Prarasite sveiką protą ir kūną. Atleidimas yra skirtas ne tik priešui, bet ir jums. Dievas prašo mūsų atleisti, kad galėtume geriau miegoti. Atkeršyti yra Jo, o ne mūsų reikalas.

"Nespręskite ir nebūsite teisiami: Nesmerkite, ir nebūsite pasmerkti;
atleiskite**, ir jums **bus atleista" (Lk 6, 37).

"Tikėjimo malda išgelbės ligonį, ir Viešpats jį prikels, o jei jis padarė
nuodėmių, jos jam bus atleistos. Išpažinkite vienas kitam savo kaltes
ir melskitės vienas už kitą, kad būtumėte išgydyti. Veiksminga karšta
teisiojo malda daug duoda." (Jokūbo 5:15, 16)

Antroje šios istorijos dalyje girdėjome, kad jos vyras visiškai pasveiko nuo psichikos problemų ir buvo toks geras bei mylintis savo žmoną.

Šlovinkite Viešpatį! Jėzus atnešė ramybę į jų namus.

15 skyrius

Ramybė Dievo akivaizdoje

T Dievo buvimas gali suteikti sielai ramybę. Kartą meldžiausi už vieną nepagydomai sergantį vyrą, kuriam buvo paskutinė vėžio stadija. Jis buvo vienos bažnyčios darbuotojos vyras. Ši ponia ir jos sūnus vienu metu apsistojo pas mane namuose.

Jie priklausė bažnyčiai, kuri netikėjo, kad jų gyvenimas gali pasikeisti, kol nepasižiūrėjo vaizdo įrašo apie laikų pabaigą. Jie abu gavo apreiškimą apie krikštą Viešpaties Jėzaus vardu ir pradėjo ieškoti bažnyčios, kuri juos pakrikštytų Jėzaus vardu. Tuomet jie rado bažnyčią, kurią aš lankau. Šėtonas nenori, kad kas nors pažintų tiesą, nes ji veda į išgelbėjimą. Jis nori, kad būtumėte tamsoje, manydami, jog esate išgelbėti, nors tikite klaidingomis doktrinomis ir žmonių tradicijomis. Jis stos prieš jus, kai ieškosite tiesos. Šioje situacijoje priemonė, panaudota prieš šią motiną ir sūnų, buvo netikintys vyras ir tėvas, kurie nuolat juos persekiojo ir tyčiojosi dėl jų tikėjimo Dievu. Daug kartų jie galiausiai ateidavo į mano namus melstis ir galiausiai pasilikdavo. Vieną dieną sūnus išgirdo Viešpatį sakant: „Jo dienos suskaičiuotos". Tėvas buvo Bailoro ligoninėje, Dalase, Teksaso valstijoje, intensyviosios terapijos skyriuje. Jis labai aiškiai leido suprasti, kad nenori, jog pas jį ateitų melstis ar ateitų kokie nors bažnyčios žmonės. Vieną dieną paklausiau žmonos, ar galėčiau aplankyti ir pasimelsti už jos vyrą. Ji man paaiškino, kaip jis jaučiasi, ir atsisakė. Mes toliau meldėmės, kad Dievas suminkštintų jo užkietėjusią širdį.

Vieną dieną nuvykau į ligoninę kartu su sūnumi ir jo žmona ir patikėjau, kad Dievas jį pakeitė. Sūnus paklausė tėvo: "*Tėti, ar nori, kad sesuo Elžbieta pasimelstų už tave? Ji yra maldos karė.* Kadangi tėvas nebegalėjo kalbėti, jis paprašė tėvo atmerkti akis, kad galėtų su juo bendrauti. Tada jis paprašė jo mirktelėti, kad duotų mums ženklą, ar jis nori, kad už jį melsčiausi, jis mirktelėjo. Pradėjau melstis prašydamas, kad jo nuodėmės būtų nuplautos Jėzaus krauju. Pastebėjau, kad jis šiek tiek pasikeitė, ir toliau meldžiausi, kol kambaryje pasijuto Šventosios Dvasios buvimas. Po mano maldos tėvas bandė bendrauti rodydamas į lubas, tarsi kažką rodydamas. Jis bandė rašyti, bet negalėjo. Sūnus paprašė tėvo mirktelėti, ar tai, ką jis mato, yra kažkas gero. Jis mirktelėjo! Tada jis paprašė tėvo mirktelėti, jei tai yra šviesa, bet jis nemirktelėjo. Tada jis paprašė jo, kad jis mirktelėtų, jei tai, ką mato, yra angelai. Bet jis nemirktelėjo. Galiausiai sūnus paklausė, ar tai Viešpats Jėzus. Tada jo tėvas mirktelėjo akimis.

Kitą savaitę vėl nuvykau į ligoninę jo aplankyti. Šį kartą jis buvo visai kitoks ir atrodė ramus. Po kelių dienų jis ramiai mirė. Dievas savo gailestingumu ir meile suteikė jam ramybę prieš mirtį. Mes nežinome, kas vyksta tarp taip sunkiai sergančio žmogaus ir jo Kūrėjo. Viešpaties buvimas buvo tame kambaryje. Mačiau žmogų, kuris buvo užkietėjęs prieš Dievą ir savo šeimą, tačiau prie mirties slenksčio Viešpats jam apsireiškė, suteikdamas žinojimą apie savo egzistavimą.

"Dėkokite Viešpačiui, nes jis geras, nes jo gailestingumas amžinas.Dėkokite dievų Dievui, nes jo gailestingumas amžinas. Dėkokite viešpačių Viešpačiui, nes jo gailestingumas amžinas. Tam, kuris vienas daro didžius stebuklus, nes jo gailestingumas tęsiasi per amžius. "(Ps 136, 1-4)

16 skyrius.

Pasiaukojantis gyvenimo būdas gyvenant

Dtuo metu studijavau Bibliją apie plaukus, drabužius, papuošalus ir makiažą. Sakiau sau: "Šie žmonės yra senamadiški." Širdyje žinojau, kad myliu Dievą, todėl tai, ką dėviu, neturėtų būti svarbu. Laikas bėgo ir vieną dieną išgirdau, kaip (Rymo) Dievo Dvasia prabilo į mano širdį" :Daryk tai, ką jauti savo širdyje". Tą akimirką man atsivėrė akys. Supratau, kad širdyje myliu pasaulį ir prisitaikau prie pasaulio madų. (Rimas yra apšviestas ir pateptas Dievo žodis, kuris jums buvo pasakytas konkrečiu metu ar konkrečioje situacijoje).

"Viešpatie, Tu mane ištyrei ir pažįsti. Tu žinai mano nuopuolius ir mano sukilimus, Tu iš tolo supranti mano mintis. Tu matai mano keliir mano gulėjimą, pažįsti visus mano kelius." (Ps 139, 1-3)

Papuošalai:

Nemėgau papuošalų, todėl buvo nesunku atsikratyti tų kelių, kuriuos turėjau.

*"Taip pat ir jūs, žmonos, būkite klusnios savo vyrams, kad, jei kas nepaklūsta žodžiui, ir be žodžio galėtų būti įtikinti žmonų pokalbių, kai jie mato jūsų skaistų ir baimės kupiną bendravimą. Kurių puošmena tegul būna ne **išorinis** plaukų pynimas, aukso dėvėjimas ar drabužių dėvėjimas, bet paslėptas širdies žmogus, t. y. tai, kas nesugadinama, - klusnios ir ramios dvasios **puošmena**, kuri Dievo akyse yra labai brangi. Juk taip senovėje puošėsi ir šventos moterys, kurios pasitikėjo Dievu, būdamos pavaldžios savo vyrams: Kaip Sara pakluso Abraomui, vadindama jį savo valdovu: jo dukterys esate, jei tik gerai elgiatės ir nebijote jokios nuostabos." (1 Petro 3, 1-6)*

Taip pat ir moterys turi puoštis kukliais drabužiais, gėdingai ir blaiviai, ne puošniais plaukais, ne auksu, ne perlais ar brangiais drabužiais, bet (kaip dera dievobaimingoms moterims) gerais darbais. (1 Timotiejui 2:9, 10)

Plaukai

*"Argi net pati gamta nemoko, kad jei žmogus turi ilgus plaukus, jam gėda? Bet jei moteris turi ilgus plaukus, tai jai yra garbė, nes plaukai jai duoti kaip **apdangalas**." (1 Korintiečiams 11:14, 15)*

Jaunystėje visada turėjau ilgus plaukus. Būdamas dvidešimties pirmą kartą nusikirpau plaukus ir kirpausi tol, kol jie tapo labai trumpi. Taigi mokymą apie nenukirptus plaukus iš pradžių man buvo sunku priimti. Nenorėjau leisti plaukams augti, nes man patiko trumpi plaukai. Juos buvo lengva prižiūrėti. Pradėjau prašyti Dievo, kad leistų man nešioti trumpus plaukus. Tačiau mano nuostabai Dievas pakeitė mano mąstymą, įdėdamas savo žodį į mano širdį, ir man nebebuvo sunku leisti plaukams augti.

Tuo metu mano motina gyveno su manimi. Kadangi nemokėjau prižiūrėti savo ilgų plaukų, mama prašydavo, kad juos nukirpčiau, nes jai nepatiko, kaip jie atrodė. Pradėjau daugiau mokytis apie plaukus iš Biblijos. Gavau geresnį supratimą ir žinių, kurios padėjo mano širdyje sustiprėti įsitikinimams.

Meldžiausi ir klausiau Viešpaties" :Ką man daryti su mama, nes jai nepatinka mano ilgi plaukai?" Jis kalbėjo su manimi ir tarė: "Melskis, kad jos mąstymas pasikeistų".

"Pasitikėk Viešpačiu visa širdimi ir nepasikliauk savo supratimu. Visuose savo keliuose pripažink Jį, ir Jis nukreips tavo kelius."
(Patarlių 3:5, 6)

Viešpats yra mano patarėjas, todėl toliau meldžiausi, kad jos mąstymas pasikeistų.

Jėzus yra mūsų Patarėjas;

*"Mums gimė kūdikis, mums duotas sūnus, ir valdžia bus ant jopečių,ir jo vardas bus Nuostabusis, **Patarėjas**, Galingasis Dievas,Amžinasis Tėvas, Amžinasis Tėvas, Ramybės Kunigaikštis."*
(Izaijo 9,6)

Daugiau nebekirpau plaukų. Mano plaukai toliau augo ir vieną dieną mama man pasakė" :Tu gražiai atrodai su ilgais plaukais!" Labai apsidžiaugiau išgirdusi šiuos žodžius. Žinojau, kad Viešpats nukreipė mane maldoje ir išklausė mano maldą. Žinau, kad mano nenukirpti plaukai yra mano šlovė ir kad dėl angelų man buvo suteikta galia ant galvos.

Aš žinau, kad kai meldžiuosi, yra galios. Garbė Viešpačiui!!!

*"Bet kiekviena moteris, kuri meldžiasi ar pranašauja **nepridengta** galva, daro gėdą savo galvai, nes ji yra lygiai tokia pati, lyg būtų*

*nusiskutusi. Bet jei moteris turi ilgus plaukus, tai jai yra garbė, **nes plaukai jai duoti apsiaustui.** "(1 Korintiečiams 11:5,15)*

Šioje Šventojo Rašto vietoje labai aiškiai pasakyta, kad nenukirpti plaukai yra mūsų apsiaustas, o ne skarelė, skrybėlė ar šydas. Tai reiškia mūsų paklusnumą Dievo valdžiai ir Jo šlovei. Visame Dievo žodyje rasite, kad angelai saugojo Dievo šlovę. Visur, kur buvo Dievo šlovė, ten buvo angelai. Mūsų nenukirpti plaukai yra mūsų šlovė, ir angelai visada yra šalia, kad mus saugotų dėl mūsų paklusnumo Dievo žodžiui. Šie angelai saugo mus ir mūsų šeimą.

"Dėl šios priežasties moteris turi turėti valdžią ant savo galvos dėl angelų." (1 Korintiečiams 11:10)

1 Korintiečiams 11 - tai tvarkingas Dievo sumanymas ir veiksmas, kuriuo siekiama išlaikyti nedviprasmišką skirtumą tarp moters ir vyro.

Naujajame Testamente rašoma, kad moterys turėjo ilgus nenukirptus plaukus.

*"Ir štai viena miesto moteris, nusidėjėlė, sužinojusi, kad Jėzus sėdi prie stalo fariziejaus namuose, atnešė alabastrinę dėžutę su tepalu, atsistojo prie Jo kojų iš paskos ir verkdama ėmė plauti Jam kojas, **šluostė jas savo galvos plaukais**, bučiavo Jo kojas ir patepė tepalu."*
(Luko 7:37, 38)
jis Valdovai sako

"Nusikirpk savo plaukus, Jeruzale, išmesk juos ir raudok aukštumose, nes Viešpats atmetė ir paliko savo rūstybės kartą." (Jeremijas 7, 29)

Nukirpti plaukai yra gėdos, gėdos ir gedulo simbolis. Plaukų kirpimas simbolizuoja bedievišką ir gėdingą nuo Dievo atsimetusių žmonių veiksmą. Tai ženklas, kad Viešpats juos atmetė. Atminkite, kad esame Jo nuotaka.

Encyclopedia Britannica, V, 1033, teigia, kad po Pirmojo pasaulinio karo "plaukai buvo sušukuoti". Plaukų kirpimas buvo pritaikytas beveik visoms moterims visur.

Dievo žodžiai įtvirtinti amžinybei. Dievas reikalauja, kad moterys turėtų nenukirptus ilgus plaukus, o vyrai - trumpus.

Drabužiai

Dievo žodis mums taip pat nurodo, kaip apsirengti. Kai buvau naujai atsivertęs ir mokiausi, kaip turėtume rengtis, nebuvau įsitikinęs dėl savo drabužių. Dėl savo darbo pobūdžio dėvėdavau kelnes. Maniau sau" :*Būtų gerai, jei ir toliau dėvėčiau kelnes tik darbe*". Nusipirkau naujas kelnes ir sulaukiau daug komplimentų, kaip gražiai atrodau. Jau žinojau, kad moterys neturėtų dėvėti vyriš kųdrabužių. Kelnės visada buvo vyriški, o ne moteriški drabužiai. Kai Dievo žodis bus pasodintas jūsų širdyje, gausite įsitikinimą dėl tinkamų drabužių dėvėjimo.

"Moteris neturi dėvėti to, kas priklauso vyrui, ir vyras neturi vilkėti moteriš kųdrabužių, nes visi, kurie taip daro, yra **bjaurybė** *Viešpačiui, tavo Dievui." (Pakartoto Įstatymo 22:5)*

Sumaištis kilo, kai vyrai ir moterys pradėjo dėvėti vienspalvius drabužius. Kitas žingsnis jus nuves, kaip Dievas sakė, į:

"Kunigų knyga 18:22 Nemylėk su žmonėmis kaip su moterimis, nes tai **bjauru.**_"_

Tai, ką dėvime, turės įtakos mums. Žodžiu "bjaurastis" apibūdinama moteris, kuri dėvi "tai, kas priklauso vyrui", ir vyras, kuris vilki "moterišką drabužį". Dievas žino kiekvieną seksualinės painiavos žingsnį. Dievas abi lytis sukūrė visiškai skirtingas, turėdamas skirtingą paskirtį. Ar pastebėjote, kad būtent moterys pirmosios pradėjo dėvėti kelnes? Tai lygiai taip pat, kaip tada, kai Ieva nepakluso Edeno sode! Ši painiava yra šiandienin ėsvisuomenės, kurioje gyvename, įrodymas. Kartais neįmanoma atskirti vyrų ir moterų.

Daugiau nei prieš 70 metų moterų apranga nebuvo problema, nes jos iš esmės dėvėjo ilgas sukneles arba ilgus sijonus. Jokios painiavos. Kai moterys pradėjo dėvėti vyriškus drabužius, jos pradėjo elgtis kaip vyrai, o vyrai - kaip moterys. Tai yra netvarka.

*"Jie turės linines kepures ant galvos ir lininius **švarkelius** ant šlaunų; jie nesipuoš niekuo, kas sukelia prakaitą" (Ezechielio 44:18).*

Šiandienos iškrypėliška nepaklusni žiniasklaidos valdoma karta mokosi iš oro kunigaikščio, kuris yra šėtonas. Jie nežino Biblijos tiesos. Be to, jų šalininkai yra netikri mokytojai, mokantys ne Dievo, o žmogaus doktrinos ir įsakymų.

"Štai tu mano dienas padarei kaip rankos plaštaką, ir mano amžius yra niekas prieš tave; iš tiesų kiekvienas žmogus geriausioje savo būklėje yra tuštybė. Sela. Tikrai kiekvienas žmogus vaikšto veltui, tikrai veltui jie nerimauja: kaupia turtus, bet nežino, kas juos surinks." (Ps 39, 5-6)

Kai Adomas ir Ieva nepakluso Viešpačiui ir suvalgė uždrausto medžio vaisių, jie suprato, kad nusidėjo, ir jiems atsivėrė akys, kad yra nuogi.

"Jiems abiem atsivėrė akys, ir jie suprato, kad yra nuogi; jie susiuvo figų lapus ir pasidarė prijuostes "(Pr 3, 7).

Adomas ir Ieva prisidengė figų lapais. Jie pasidarė prijuostes iš figų lapų, bet to nepakako. Dievas turi apsiaustų standartą, todėl Jis nepritarė jų netinkamam apsiaustui iš figų lapų..... Todėl Jis aprengė juos odos apsiaustais.

"Adomui ir jo žmonai Viešpats Dievas padarė odinius apsiaustus ir juos aprengė." (Pradžios 3, 21)

Mūsų sielos priešas, velnias, mėgsta nepadoriai apnuoginti kūną.

"Luko 8:35 "Tada jie išėjo pažiūrėti, kas padaryta, ir priėjo prie

*Jėzų ir rado žmogų, iš kurio buvo išėję velniai, sėdintį prie Jėzaus kojų, **apsirengusį** ir sveiko proto, ir jie išsigando."*

Kai žmogus nedengia savo kūno, tai įrodo, kad jis yra paveiktas blogos dvasios, kuri sukuria blogus motyvus.

Labai svarbu, kad visada skaitytume Dievo žodį, nuolat melstumės ir pasninkautume, kad geriau suprastume Dievo dvasią ir ja vadovautume. Perkeitimas vyksta per Dievo žodį, kuris pirmiausia ateina iš vidaus, o paskui pasikeičia išorė.

"Šita įstatymo knyga neišnyks iš tavo burnos, bet tu ją apmąstysi dieną ir naktį, kad laikytumeisi visko, kas joje parašyta, nes tada tavo kelias bus sėkmingas ir tau gerai seksis." (Jozuės 1,8)

Šėtonas puola Dievo žodį. Prisimenate Ievą? Velnias žino, ką ir kada pulti, nes yra subtilus ir gudrus.

"Būkite blaivūs ir budrūs, nes jūsų priešininkas velnias kaip riaumojantis liūtas vaikšto ir ieško, ką praryti" (1 Pt 5, 8).

"Kas turi mano įsakymus ir jų laikosi, tas mane myli, o kas mane myli, bus mylimas mano Tėvo, ir aš jį mylėsiu ir jam apsireikšiu."
(Jono 14, 21)

"Jei laikysitės mano įsakymų, pasiliksite mano meilėje, kaip aš laikiausi savo Tėvo įsakymų ir pasilikau jo meilėje." (Jono 15, 10)

Tą vakarą, kai buvau darbe, į galvą atėjo mintis. Pagalvojau, kaip atrodau Dievo akyse. Staiga mane apėmė gėda ir negalėjau pakelti akių. Jaučiausi taip, tarsi stovėčiau prieš Viešpatį, mūsų Dievą. Kaip žinote, mes girdime ausimis, bet aš girdėjau Jo balsą, tarsi Jis kalbėtų per kiekvieną mano kūno ląstelę ir sakytų,, :Nuoširdžiai tave myliu". Kai išgirdau šiuos gražius Dievo žodžius,, :Aš tave nuoširdžiai myliu", man tai labai daug reiškė. Vos galėjau sulaukti, kada išeisiu iš darbo ir grįšiu namo, kad galėčiau visiškai išvalyti savo spintą nuo visų žemiškų drabužių.

Porą savaičių vis girdėjau Jo balso aidą: "Nuoširdžiai tave myliu". Vėliau jis išnyko.

Gyvenimas dėl Dievo yra ne tik tai, ką kalbame, bet ir gyvenimo būdas. Kai Dievas kalbėjo Mozei, Jis kalbėjo labai aiškiai. Mozė neabejotinai žinojo Dievo balsą.

Iš graikų kalbos išverstas žodis "gėdingumas" reiškia gėdos ar kuklumo jausmą arba vidinį padorumą, kai suvokiama, kad drabužių trūkumas yra gėdingas. Tai reiškia, kad mūsų išorinė išvaizda atspindi mūsų vidinę būtį ne tik mums patiems, bet ir kitiems. Štai kodėl Biblijoje sakoma, kad kuklūs drabužiai yra panašūs į gėdingumą

> *"Patarlė 7,10 Ir štai jį pasitiko moteris, apsirengusi paleistuvės drabužiais ir klastinga širdimi. "*

> *"Taip pat ir moterys tegul puošiasi kukliais rūbais, **gėdingai irsantūriai**, ne su šukuosenomis, auksu, perlais ar brangiais drabužiai" (1 Timotiejui 2:9).*

Drabužiai turi dengti žmogaus nuogumą. Blaivumas neleistų dėvėti to, kas turi atrodyti seksualiai arba yra apnuoginanti mada. Šiandienos drabužių stilius sukirptas taip trumpai, kad primins prostitutės drabužius. Viskas priklauso nuo to, kaip seksualiai žmogus atrodo. Drabužių dizaineriai drabužių stilių daro vis labiau atskleidžiantį ir provokuojantį.

Dėkokite Dievui už Jo žodį, kurį Jis įtvirtino amžiams; Jis žino visų amžių kartas. Žodis neleis jums prisitaikyti prie šio pasaulio.

Kuklumo apibrėžimas kinta priklausomai nuo šalies, laikmečio ir kartos. Azijos moterys dėvi laisvas kelnes ir ilgas palaidines, vadinamas Pandžabio suknelėmis, kurios yra labai kuklios. Arabų moterys dėvi ilgus apsiaustus su šydu. Vakarų krikščionių moterys dėvi sukneles žemiau kelių.

Mes vis dar turime Dievą bijančių krikščionių moterų, kurios mėgsta būti kuklios ir laikosi Dievo pamokslo bei mokymo.

"Viską įrodykite, laikykitės to, kas gera." (1 Tesalonikiečiams 5:21)

Gyvename sukrečiančiu laiku, kai nebėra Dievo baimės.

"Jei mane mylite, laikykitės mano įsakymų." (Jono 14:15)

Paulius sakė,

*"Juk esate brangiai nupirkti, todėl šlovinkite Dievą savo **kūnu** ir dvasia, kurie yra* Dievo.*" (1 Korintiečiams 6, 20).*

Drabužiai neturėtų būti aptempti, trumpi ar žemo kirpimo. Ant kai kurių marškinėlių ir palaidinių dažnai netinkamai uždedami atvaizdai.

Dievo idėjos, verčiančios mus dėvėti drabužius, yra būti apsirengusiems. Prisiminkite, kad Ieva ir Adomas buvo nuogi. Mes nebesame nekalti. Žinome, kad tai yra pagunda žmogaus akiai. Dovydas pamatė Batšebą be drabužių ir puolė svetimauti.

Šių laikų jaunų moterų ar mergaičių aprangos mada yra nemadinga. Kelnės aptemptos. Biblijoje sakoma, kad mokykite vaikus Dievo teisumo. Užuot mokę mergaites kuklumo, tėvai perka nemadingus drabužius.

Dievobaiminga ir sąmoninga krikščionė moteris rinksis drabužius, kurie patiktų Kristui ir jos vyrui. Ji nebenorės dėvėti to, kas "madinga".

Nesaikingi drabužiai, papuošalai ir makiažas skatina akių geismą, kūno geismą ir gyvenimo išdidumą.

*"Nemylėkite nei pasaulio, nei to, kas yra pasaulyje. Jei kas myli pasaulį, jame nėra Tėvo meilės. **Juk visa, kas yra pasaulyje, - kūno geismas, akių geismas ir gyvenimo išdidumas**, - nėra iš Tėvo, bet iš*

pasaulio. Pasaulis ir jo geismas praeina, o kas vykdo Dievo valią, tas pasilieka per amžius." (1 Jono 2, 15-17)

Šėtonas žino, kad žmogus yra orientuotas į vaizdą. Moterys nemato šėtono ketinimų. Nemadingumas yra galinga pagunda ir vilionė vyrams. Nemadingi drabužiai, papuošalai ir makiažas sukelia vyrams susijaudinimą. Išdidumas ir tuštybė didina žmogaus ego. Moteris jaučiasi galinga, nes gali pritraukti geidulingą vyrų dėmesį. Šie dalykai verčia moterį didžiuotis savo išorine išvaizda.

"Todėl prašau jus, broliai, Dievo gailestingumu, kad savo kūnus atiduotumėte kaip gyvą, šventą, Dievui patinkančią auką, kuri yra jūsųprotinga tarnystė. Ir nepritapkite prie šio pasaulio, bet pasikeiskite atnaujindami savo protą, kad įrodytumėte, kokia yra ta gera, priimtina ir tobula Dievo valia." (Romiečiams 12:1, 2)

Makiažas

Biblijoje **neabejotinai** kalbama **prieš** makiažą. Biblijoje makiažas visada siejamas su bedievėmis moterimis. Biblijoje Jezabelė buvo nedora moteris, kuri dažydavosi veidą.

Per savo Žodį Dievas mums, krikščionims, davė rašytinius nurodymus, kaip dažyti veidą, kuris dabar vadinamas makiažu. Dievas mus informavo apie kiekvieną smulkmeną, pateikdamas net istorines nuorodas. Biblija mus laiko šio pasaulio šviesa; jei esame tokia šviesa, mums nereikia dažytis. Niekas nedažo lemputės. Negyvą daiktą reikia dažyti. Galima nudažyti sieną, medį ir pan.

Šiais laikais dauguma moterų ir mažų mergaičių naudoja makiažą, neturėdamos jokių žinių apie istoriją ar Bibliją. Anksčiau makiažas buvo naudojamas tik veidui, o dabar jos mėgsta dažytis ir dažyti įvairias kūno dalis, pavyzdžiui, rankas, plaštakas, pėdas ir t. t. Ar makiažas yra nuodėmingas? Dievui rūpi, ką darote su savo kūnu. Dievas aiškiai pasisako prieš kūno dažymą ir auskarų vėrimą, makiažo naudojimą ir tatuiruotes.

"Nedarykite savo kūnuose jokių išpjovų mirusiesiems ir nepažymėkite **savęs** *jokiais* **ženklais**: *Aš esu Viešpat"(Kunigų 19:28).*

Niekada nenaudojau makiažo, bet dažydavau lūpas, nes man tai patiko. Kai išgirdau pamokymus apie makiažą, pradėjau nešioti mažiau lūpų dažų, o vėliau visiškai nustojau. Širdyje vis dar troškau jį nešioti, bet to nedariau.

Maldos metu paklausiau Dievo, ką Jis mano apie lūpų dažus. Vieną dieną dvi moterys ėjo link manęs ir aš pastebėjau, kad jos dažosi lūpdažiu. Tą akimirką Jo dvasinėmis akimis pamačiau, kaip jos atrodo.... Man pasidarė taip bloga nuo pilvo. Buvau stipriai nuteistas savo širdyje ir daugiau niekada nebeturėjau noro nešioti lūpų dažų. Mano troškimas buvo patikti Jam ir paklusti Jo žodžiui.

"Taip kalbėkite ir taip darykite, kaip tie, kurie bus teisiami pagal laisvės įstatymą" (Jokūbo 2:12).

Nors turime laisvę daryti, ką norime, ir gyventi taip, kaip norime, mūsų širdis yra apgaulinga ir mūsų kūnas siekia šio pasaulio dalykų. Žinome, kad mūsų kūnas yra priešiškas Dievui ir Dievo dalykams. Turime visada vaikščioti dvasia, kad neišsipildytume kūno geidulių. Velnias nėra problema. Mes patys esame savo problema, jei vaikštome pagal kūną.

"Juk visa, kas yra pasaulyje, - kūno geismas, akių geismas ir gyvenimo puikybė, - nėra iš Tėvo, bet iš pasaulio. Pasaulis ir jo geismas praeina, o kas vykdo Dievo valią, tas pasilieka per amžius. "(1Jono 2,16-17)

Šėtonas nori būti visko centre. Jis buvo tobulo grožio ir kupinas išdidumo. Jis žino, kas lėmė jo nuopuolį, ir naudojasi tuo, kad priverstų ir jus nupulti.

"Žmogaus sūnau, pasiskųsk Tyro karaliui ir sakyk jam: 'Taip sako Viešpats Dievas: 'Tu užantspauduoji sumą, pilną išminties ir ***tobulo***

grožio. *Tu buvai Edene, Dievo sode; kiekvienas brangakmenis buvo tavo danga: sardis, topazas ir deimantas, berilis, oniksas ir jaspis, safyras, smaragdas, karbunkulas ir auksas; tavo taburečių ir vamzdžių apdaila buvo paruošta tavyje tą dieną, kai buvai sukurtas "(Ezechielio 28,12,13).*

Kai gyvename kūnu, taip pat siekiame būti dėmesio centre. Tai matyti iš mūsų aprangos, pokalbių ir veiksmų. Lengvai pakliūname į Šėtono spąstus, prisitaikydami prie pasaulio ir jo žemiškų madų.

Leiskite pasidalyti, kaip ir nuo ko prasidėjo makiažas ar tapyba. Makiažas pradėtas naudoti Egipte. Karaliai ir karalienės makiažą naudojo aplink akis. Egiptiečių akių makiažas buvo naudojamas siekiant apsisaugoti nuo piktosios magijos, taip pat kaip naujo gimimo reinkarnacijos metu simbolis. Jį taip pat naudojo tie, kurie aprengdavo mirusiuosius. Jie norėjo, kad mirusieji atrodytų taip, tarsi tiesiog miegotų.

Turite žinoti, ką Biblija aiškiai sako šiuo klausimu. Jei makiažas Dievui svarbus, apie tai turi būti kalbama Jo Žodyje - ir konkrečiai, ir iš esmės.

"Jehuvui atėjus į Jezreelį, Jezabelė, išgirdusi apie tai, pasidažė veidą, nusibrozdino galvą ir pažvelgė pro langą." (2 Karalių 9:30)

Tada jaunuolis Jehuvas iš karto nuvyko į Jezreelį įvykdyti nuosprendžio Jezabelei. Išgirdusi, kad jai gresia pavojus, ji pasidarė makiažą, tačiau jos makiažas Jehuvo nesugebėjo suvilioti. Išsipildė tai, ką Dievo pranašas pranašavo Jezabelei ir jos vyrui karaliui Ahabui. Jos bjaurastis baigėsi, nes Dievo pranašas pranašavo apie juos. Kai Jehuvas liepė ją išmesti pro langą, šunys suėdė jos mėsą, kaip Dievas buvo paskelbęs! Makiažas yra save naikinantis ginklas.

"Nesižavėk jos grožiu savo širdyje ir neleisk jai tavęs pagauti savo vokais." (Patarlių 6:25).

"Ką darysi, kai būsi sugadintas? Nors apsivilksi margaspalviais drabužiais, nors pasipuoši auksiniais papuošalais, nors ir išdažytum savo veidą dažais, veltui pasidarysi graži; tavo meilužiai tave niekins, ieškos tavo gyvybės."(Jeremijo 4:30)

Istorija byloja, kad prostitutės dažydavosi veidus, kad jas būtų galima atpažinti kaip prostitutes. Laikui bėgant makiažas ir veido dažymas tapo įprastu dalyku. Tai nebėra laikoma netinkamu dalyku.

"Be to, kad iš tolimų kraštų siuntėte vyrus, pas kuriuos buvo pasiųstas pasiuntinys, ir štai jie atvyko; dėl jų tu nusiplovei, nusidažei akis ir pasipuošei papuošalais." (Ezechielio 23:40)

Makiažas - tai "produktai, kurių niekam nereikia", tačiau jų norėti yra žmogaus prigimtis. Daugelis moterų makiažą naudoja dėl puikybės ir tuštybės, kad galėtų pritapti pasaulyje. Tokia yra žmogaus prigimtis. Visi norime pritapti!

Holivudo žvaigždės yra atsakingos už tokius drastiškus moterų mąstymo apie išorinę išvaizdą pokyčius. Makiažą naudojo tik arogantiškos ir pasipūtusios išdidžios moterys. Visi nori atrodyti gražiai, net ir vaikai, kurie naudoja makiažą.

Puikybė ir tuštybė skatino makiažo pramonę, nes priimdamos makiažą jos tapo tuščios. Kur tik nueisi, visur rasi makiažo. Nuo skurdžiausio iki turtingiausio - visi nori atrodyti gražiai. Šiuolaikin ėvisuomenė per daug dėmesio skiria išorinei išvaizdai; dėl vidinio nesaugumo įvairaus amžiaus moterys naudoja makiažą.

Daugelį slegia depresija dėl išvaizdos, jie net bando nusižudyti. Grožis yra vienas iš dalykų, kuriais ši karta labiausiai žavisi. Kai kurie žmonės makiažą naudoja vos tik atsibudę. Jiems nepatinka jų natūrali išvaizda. Makiažas juos taip apsėdo, kad be jo jie jaučiasi nepageidaujami. Dėl to mūsų jaunoji karta ir net maži vaikai kenčia nuo depresijos.

Dabar pagalvokite apie žinomiausias teisias moteris Senajame ar Naujajame Testamente. Nerasite nė vienos, kuri būtų naudojusi makiažą. Nėra nė žodžio apie tai, kad Sara, Rūta, Abigailė, Naomė, Marija, Debora, Estera, Rebeka, Feibė ar bet kuri kita dorybinga ir klusni moteris būtų naudojusi makiažą.

"Jis pagražins klusniuosius Išgelbėjimu "(Psalmių 149:4b).

Iš tikrųjų Dievo žodyje vieninteliai pavyzdžiai, kai žmonės dėvėjo makiažą, buvo svetimautojos, paleistuvės, maištininkės, atsimetėliai ir netikros pranašės. Tai turėtų būti didelis įspėjimas visiems, kuriems rūpi Dievo žodis ir kurie nori sekti bibliniu teisiu pavyzdžiu, užuot pasirinkę sekti bedievių moterų pavyzdžiu.

*"Taigi, kaip Dievo išrinktieji, šventieji ir mylimieji, apsivilkite gailestingumo, gerumo, nuolankumo, klusnumo, kantrybės, pakantumo **drabužiais"** (Kolosiečiams 3,12).*

Ne, bet, žmogau, kas tu esi, kad piktiniesi Dievu? Argi suformuotas daiktas sakys tam, kuris jį suformavo: "Kodėl tu mane taip padarei?" (Romiečiams 9:20).

Mūsų kūnas yra Dievo šventykla; turėtume trokšti siekti teisingų Dievo kelių. Tai pasiekiame, kai moterys šventai apsirengusios, atviru veidu (švariu veidu) ir savo kūnu atspindėdamos Dievo brangiąją šlovę.

"Argi nežinote, kad jūsų kūnas yra šventykla Šventosios Dvasios,kuriyra jumyse, kurią turite iš Dievo, ir kad jūs nesate savi?"(1 Korintiečiams 6,19)

Jūs ir aš esame nupirkti už kainą, be to, Dievas mus sukūrė pagal savo atvaizdą. Dievo įstatymai turi mus saugoti ir turėtų būti įrašyti mūsų širdyse. Jūs ir aš turime taisykles ir gaires, kurių turime laikytis, kaip ir mes, tėvai, turime taisykles ir gaires savo vaikams. Kai pasirenkame paklusti Dievo įstatymams ir gairėms, būsime palaiminti, o ne nubausti.

*"Šią dieną šaukiuosi dangaus ir žemės liudijimą prieš tave, kad tau
skyriau gyvenimą ir mirtį, palaiminimą ir prakeikimą, todėl pasirink
gyvenimą, kad gyventum tu ir tavo palikuonys"
(Pakartoto Įstatymo 30:19).*

Išdidumas ir maištas atneš mums ligas, finansus, priespaudą ir demonų
apsėdimą. Kai dėl puikybės ir maišto siekiame šio pasaulio dalykų, mes
ruošiame save nesėkmei. Velnias trokšta sugadinti mūsų gyvenimą
puikybės nuodėme. Tai nėra Dievo valia mūsų gyvenimui!

Mačiau, kaip keičiasi pasaulietės moterys, kai jos tampa
dievobaimingomis. Jos pasikeičia ir iš pasenusių, prislėgtų, prislėgtų,
prislėgtų, kankinamų ir nelaimingų moterų tampa jaunatviškesnėmis,
gražesnėmis, gyvybingesnėmis, ramesnėmis ir švytinčiomis.

Turime gyventi vieną gyvenimą! Todėl atstovaukime Abraomo,
Jokūbo ir Izaoko Dievui.... pateikdami savo kūnus kaip gyvą, šventą ir
Jam patinkančią auką. Tai mūsų protinga vidinė ir išorinė tarnystė,
nepriekaištinga visuose dalykuose!

Kai nepaklūstame Dievo Žodžiui dėl išdidumo ir maišto, užsitraukiame
prakeiksmus ant savęs, savo vaikų ir savo vaikų vaikų. Tai matome iš
Ievos nepaklusnumo ir maišto; dėl to žemę užliejo tvanas ir viskas buvo
sunaikinta. Samsonas ir Saulius savo nepaklusnumu užtraukė pražūtį
sau ir savo šeimai. Elijo nepaklusnumas atnešė mirtį jo sūnums ir
pašalinimą iš kunigystės.

Istorija per Dievo žodį mums sako, kad prieš sunaikinimą žmonių rasės
mentalitetas buvo išdidus, egocentriškas ir jie ieškojo savo malonumų.

*"Be to, Viešpats sako: "Kadangi **Siono dukterys** yra pasipūtusios,
vaikšto ištempusiomis kaklais ir bejausmėmis akimis, eidamos
vaikštinėja ir skambina kojomis: Todėl Viešpats nuplaus Siono
dukterų galvos vainiką, ir Viešpats aptiks jų slaptąsias vietas. Tą
dieną Viešpats atims iš jų drąsą skambančių papuošalų apie kojas, jų
kaulelius ir apvalias padangas, panašias į mėnulio, grandinėles,*

apyrankes ir apavas, kaukes ir kojų papuošalus, galvos apdangalus,
plokšteles ir auskarus, žiedus ir nosies papuošalus, keičiamus
drabužius, apsiaustus, peteliškes ir spygliuotus smeigtukus, akinius,
drobinius audinius, gaubtus ir skliautus. Ir bus taip, kad vietoj
saldaus kvapo bus smarvė, vietoj diržo - plyšys, vietoj gerai
sutvarkytų plaukų - plikė, vietoj pilvo - maišo apsiaustas, vietoj
grožio - deginimas. Tavo vyrai kris nuo kardo, o tavo galingieji -
kare. Jos vartai verks ir liūdės, ir ji, būdama apleista, sėdės ant
žemės." (Izaijo 3:16-26)

Mūsų pasirinkimai gyvenime yra labai svarbūs. Pasirinkimai, pagrįsti
Biblija ir vedami Dvasios, atneš palaiminimą mums ir mūsų vaikams.
Jei pasirinksite maištauti prieš Dievo žodį ir ieškoti savanaudiškų
malonumų, tuomet pakartosite istoriją:

1. Nepaklusni Ieva, kuri sukėlė tvaną.

Dievas matė, kad žmogaus nedorybė žemėje buvo didelė ir kad
kiekviena jo širdies mintis buvo vien tik pikta. Viešpats gailėjosi, kad
sukūrė žmogų žemėje, ir Jam buvo liūdna širdyje. Ir Viešpats tarė:
"Aš išnaikinsiu žmogų, kurį sukūriau, nuo žemės paviršiaus: ir žmogų,
ir gyvulį, ir šliaužiojantį gyvūną, ir padangių paukščius, nes man
gaila, kad juos sukūriau". (Pradžios 6:5-7)

2. Sodomos ir Gomoros maištas:

*"Tada Viešpats iš dangaus pylė ant **Sodomos** ir Gomoros sierą ir*
ugnį nuo Viešpaties" (Pradžios 19:24).

Tai keli pavyzdžiai iš Biblijos. Jūs žinote, kad keičiate šį pasaulį.
Nenorite atgaivinti blogos senovės istorijos.

Štai ką Dievas sako apie maištininkus ir nepaklusniuosius:

"Aš siųsiu jiems kalaviją, badą ir marą, kol jie išnyks iš žemės,
kurią daviau jiems ir jų tėvams" (Jeremijo 24:10).

Elizabeth Das

Bet paklusniesiems:

Grįžęs klausyk Viešpaties balso ir vykdyk visus jo įsakymus, kuriuos šiandien tau įsakau. Ir Viešpats, tavo Dievas, padarys tave gausų visuose tavo rankų darbuose, tavo rankų darbo vaisiuose ir tavo vaisiuose. "tavo kūnu, tavo gyvulių ir tavo žemės vaisiais, nes Viešpats vėl džiaugsis tavimi, kaip džiaugėsi tavo tėvais: Jei klausysi Viešpaties, savo Dievo, balso ir laikysiesi jo įsakymų bei nuostatų, surašytų šioje Įstatymo knygoje, ir jei atsigręši į Viešpatį, savo Dievą, visa širdimi ir visa siela. Nes šis įsakymas, kurį tau šiandien įsakau, nėra nuo tavęs paslėptas ir nėra tolimas."
(Pakartoto Įstatymo 30,8-11)

17 skyrius

Kelionių ministerija: Pašaukti mokyti ir skleisti Evangeliją

I nesu dvasininkas ta prasme, kad vadinčiau jį reverendu, pastoriumi ar pamokslininku. Kai gauname Šventąją Dvasią ir ugnį, tampame Jo žodžio tarnais, skleidžiančiais Gerąją Naujieną. Kad ir kur eičiau, prašau Dievo galimybės būti Jo Žodžio liudytoju ir mokytoju. Visada naudoju KJV Bibliją, nes tai vienintelis šaltinis, gaivinantis žmogaus širdį ir protą. Pasėjus sėklą, šėtonui neįmanoma jos išrauti, jei nuolat laistysime ją malda.

Kai žmonės priima šią nuostabią tiesą, aš juos sujungiu su vietine bažnyčia, kad jie būtų pakrikštyti ***Jėzaus vardu***; jie gali būti mokomi pastoriaus, kuris su jais palaikys ryšį. Svarbu turėti Pastorių, kuris juos maitintų (mokytų) Dievo žodžiu ir juos prižiūrėtų.

*"Tad eikite ir mokykite visas tautas, krikštydami jas **vardan** Tėvo, Sūnaus ir Šventosios Dvasios". (Mato 28, 19).*

"Ir aš jums duosiu ganytojų pagal savo širdį, kurie jus maitins žinojimu ir išmanymu". (Jeremijo 3:15).

Kai Viešpats duoda mums nurodymus vykdyti Jo valią, tai gali būti bet kur ir bet kada. Kartais Jo keliai gali būti beprasmiški, bet iš patirties išmokau, kad man tai nesvarbu. Nuo tada, kai pabundu, iki tada, kai išeinu iš namų, niekada nežinau, ką Dievas man yra paruošęs. Kaip tikintieji, turime augti savo tikėjime studijuodami Žodį, kad taptume brandžiais mokytojais. Aukštesnio brandos lygio toliau siekiame nepraleisdami progos liudyti kitiems; ypač tada, kai Dievas atveria duris.

"Nes, kai jūs turėjote būti mokytojais, jums reikia, kad kas nors vėl jus mokytų, kokie yra pirmieji Dievo Raštų principai, ir jūs tapote tokie, kuriems reikia pieno, o ne stipraus maisto. Nes kiekvienas, kuris vartoja pieną, yra neišprusęs teisumo žodyje, nes jis yra kūdikis. O stipri mėsa priklauso pilnamečiams, tiems, kurie dėl vartojimo turi išlavintus pojūčius, kad įžvelgtų ir gera, ir bloga".
(Hebrajams 5:12-14)

Šiame skyriuje dalijuosi su jumis keliais savo kelionių įspūdžiais ir keliais svarbiais istoriniais momentais, kurie buvo įterpti siekiant paaiškinti ankstyvosios Bažnyčios ir vėlesnių doktrinų įsitikinimus.

"Nelogiško skrydžio plano" dėka Dievas sugrąžino mane į Kaliforniją. Dėl sveikatos problemų visada renkuosi tiesioginius skrydžius. Šį kartą nusipirkau skrydį iš Dalaso (Teksaso valstija) į Ontariją (Kalifornija) su persėdimu Denveryje (Kolorado valstija). Negaliu paaiškinti, kodėl taip pasielgiau, bet vėliau tai pasidarė prasminga. Skrisdamas lėktuvu pranešiau stiuardesei, kad jaučiu skausmą ir sėdžiu netoli poilsio kambario. Skrydžio pabaigoje paklausiau stiuardesės, ar ji negalėtų rasti vietos, kur galėčiau atsigulti. Ji nuvedė mane į lėktuvo galą. Vėliau skausmas atslūgo. Stiuardesė grįžo pažiūrėti, kaip jaučiuosi, ir pasakė, kad meldėsi už mane.

Viešpats atvėrė man duris pasidalyti tuo, ką Jis dėl manęs padarė. Papasakojau jai apie savo sužeidimus, ligas ir išgydymus. Ji labai stebėjosi, kad visa tai ištvėriau be vaistų ir tik pasitikėdamas Dievu. Kai kalbėjomės apie Bibliją, ji man pasakė, kad niekada nebuvo girdėjusi, jog kas nors gali gauti Šventąją Dvasią. Paaiškinau, kad, pasak Šventojo Rašto, ji mums skirta ir šiandien. Papasakojau jai savo priežastį, dėl kurios išvykau iš namų Indijoje; kai visa širdimi ieškome Dievo, Jis atsako į mūsų maldas. Ji buvo labai maloni ir rūpestinga su manimi, kaip ir daugelį kitų kartų, kai esu skridęs lėktuvu, visada atrodo, kad skrydžio metu atsirasdavo kas nors, kas man parodydavo tokį gerumą ir rūpestį. Toliau jai pasakodavau apie Šventąją Dvasią ir kalbėjimo kalbomis įrodymus. Ji tvirtai pasakė, kad netiki. Kalbėjau jai apie krikštą Viešpaties Jėzaus vardu, ir ji prisipažino, kad apie tai taip pat niekada nėra girdėjusi. Apaštalų krikštas, apie kurį kalbama Apaštalų darbų knygos 2 skyriuje, nėra skelbiamas daugumoje bažnyčių, nes dauguma jų priėmė Trejybės doktriną apie tris Dievuje esančius asmenis ir kreipiasi į titulus: Krikštijant kalbama apie tris asmenis: Tėvą, Sūnų ir Šventąją Dvasią.

*"Jėzus atėjo ir kalbėjo jiems: "Man duota visa valdžia danguje ir žemėje. Tad eikite ir mokykite visas tautas, krikštydami jas **vardan** Tėvo, ir Sūnaus, ir Šventosios Dvasios" (Mt 28, 18-19).*

Kai mokiniai krikštijo Jėzaus vardu, jie vykdė Tėvo, Sūnaus ir Šventosios Dvasios krikštą, kai žmogus visiškai pasinerdavo į vandenį. Tai nebuvo kažkokia painiava; jie vykdė tai, ką Jėzus jiems įsakė daryti, kaip rodo Raštai.

*"Juk danguje yra trys, kurie liudija: Tėvas, Žodis ir Šventoji Dvasia, ir šie **trys yra viena**." (1 Jono 5,7).*

(Ši Šventojo Rašto eilutė išbraukta iš NIV ir visų šiuolaikinių Biblijos vertimų)

*"Tai išgirdę, jie susigraudino širdyje ir tarė Petrui bei kitiems apaštalams: "Vyrai ir broliai, ką mums daryti? Petras jiems atsakė: "Atsiverskite ir kiekvienas iš jūsų pasikrikštykite **Jėzaus Kristaus**

vardu *nuodėmėms atleisti, ir gausite Šventosios Dvasios dovaną".*
(Apd 2, 37-38).

*"Tai išgirdę, jie buvo **pakrikštyti Viešpaties Jėzaus vardu**. Pauliui*
uždėjus ant jų rankas, ant jų nužengė Šventoji Dvasia, ir jie kalbėjo
kalbomis bei pranašavo. Visų tų vyrų buvo apie dvylika".
(Apd 19, 5-7).

"Jie girdėjo juos kalbant kalbomis ir šlovinant Dievą. Tada
Petrasatsakė: "Ar gali kas nors uždrausti vandenį, kad šie
nebūtųpakrikštytieji, kurie gavo Šventąją Dvasią kaip ir mes? Ir
*jisįsakė jiems **krikštytis Viešpaties vardu**. Tada jie meldė jį pasilikti*
keletą dienų". (Apd 10, 46-48)

Apaštalai neatsisakė paklusti Jėzui. Sekminių diena buvo Bažnyčios
amžiaus pradžia po to, kai Jėzus prisikėlė iš numirusių ir buvo priimtas
į šlovę. Jis buvo pasirodęs apaštalams, papeikęs juos už netikėjimą ir
buvęs su jais keturiasdešimt dienų. Per tą laiką Jėzus juos daug ko
mokė. Biblijoje sakoma, kad tikintieji turi būti pakrikštyti.

"Vėliau jis pasirodė vienuolikai, kai jie sėdėjo prie stalo, ir
papriekaištavo jiems dėl jų netikėjimo ir širdies kietumo, nes jie
netikėjo tais, kurie matė jį prisikėlusį. Jis jiems tarė: "Eikite į visą
pasaulį ir skelbkite Evangeliją kiekvienam kūriniui". Kas įtikės ir
pasikrikštys, bus išgelbėtas, o kas netikės, bus pasmerktas".
(Morkaus 16, 14-16)

Vėliau žmogus priėmė kitokią krikšto formulę, įskaitant
"apšlakstymą", o ne visišką panardinimą. (Kai kurie argumentuoja tuo,
kad Biblijoje nesakoma, jog negalima purkšti, o Romos bažnyčia
krikštijo kūdikius). Krikštą Jėzaus vardu pakeitė Romos bažnyčia, kai
priėmė trejybės požiūrį.

Prieš tęsdamas norėčiau pasakyti, kad neabejoju daugelio nuostabių
tikinčiųjų, siekiančių asmeninio kelio su Viešpačiu, mylinčių Dievą ir
tikinčių tuo, ką jie laiko ankstyvuoju Biblijos mokymu, nuoširdumu.
Štai kodėl taip svarbu patiems skaityti ir studijuoti Raštus, įskaitant

ankstyvosios apaštališkosios Bažnyčios Biblijos mokymo istoriją. "Bažnyčios doktrina eina į apaštalavimą".

Apostazė reiškia atkritimą nuo tiesos. Apostatas yra tas, kuris kažkada tikėjo, o paskui atmetė Dievo tiesą.

312 m. po Kristaus, kai imperatoriumi tapo Konstantinas, Roma priėmė krikščionybę kaip privilegijuotą religiją. Konstantinas atšaukė Diokletiano (lot. Gajus Aurelijus Valerijus Diokletianas Augustas ;) persekiojimo dekretus, pradėtus 303 m. po Kr. Diokletianas buvo Romos imperatorius 284-305 m. po Kr. Persekiojimo dekretais buvo atimtos krikščionių teisės ir pareikalauta laikytis "tradicinių religinių papročių", tarp kurių buvo ir aukojimas romėnų dievams. Tai buvo paskutinis oficialus krikščionybės persekiojimas, kartu su žudynėmis ir bauginimais tų, kurie nenorėjo paklusti. Konstantinas "sukrikščionino" Romos imperiją ir padarė ją valstybės religija, t. y. oficialia religija. Jam valdant, Romoje buvo skatinamos ir pagoniškos religijos. Tai sustiprino Konstantino planus suvienyti savo imperiją ir užtikrinti joje taiką. Taip "sukrikščioninta Roma" ir politinė bažnyčia tapo valdžia. Visa tai darydamas, šėtonas sukūrė galingiausią planą, kaip sugadinti bažnyčią iš vidaus, o ankstyvoji bažnyčia niekur nebuvo pripažinta. Krikščionybė buvo pažeminta, užkrėsta ir susilpninta pagoniškos sistemos, prisijungusios prie to meto pasaulio politinės sistemos. Pagal šią sistemą krikštas kiekvieną padarė krikščioniu, o į bažnyčią jie atnešė savo pagonišką religiją, šventuosius ir atvaizdus. Vėliau jų susirinkime buvo įtvirtinta ir Trejybės doktrina. Atsimetusi bažnyčia nebepripažino, nebeskelbė ir nebegalvojo apie Šventosios Dvasios ar kalbėjimo kalbomis svarbą. 451 m. Chalkedono Susirinkime, popiežiui pritarus, kaip autoritetingas buvo nustatytas Nikėjos / Konstantinopolio tikėjimo išpažinimas. Niekam nebuvo leista diskutuoti šiuo klausimu. Kalbėti prieš Trejybę dabar buvo laikoma šventvagyste. Nepaklususiems buvo skelbiamos griežtos bausmės - nuo suluošinimo iki mirties. Tarp krikščionių kilo tikėjimo skirtumų, dėl kurių tūkstančiai žmonių buvo suluošinti ir išžudyti. Tikriesiems tikintiesiems neliko nieko kito, kaip tik slapstytis nuo persekiotojų, kurie žudė krikščionybės vardu.

Aš jai pasakiau, kad tikėjimas trejybe kilo iš pagonių, kurie nežinojo apie Dievo apeigas, įstatymus ir įsakymus, ir buvo įtvirtintas 325 m. po Kristaus, kai Nikėjos pirmasis susirinkimas nustatė, kad trejybės doktrina yra ortodoksinė, ir priėmė Romos Bažnyčios Nikėjos tikėjimo išpažinimą.

Trejybė buvo sudaryta susirinkus 300 vyskupų, kurie ją pasiūlė po šešių savaičių.

Niekas niekada negali pakeisti įsakymo! Ankstyvoji bažnyčia Apaštalų darbų knygoje prasidėjo nuo Senojo Testamento tikėjimo absoliučia Dievo vienybe ir Naujojo Testamento apreiškimo apie Jėzų Kristų, kaip vieną įsikūnijusį Dievą. Naujasis Testamentas buvo užbaigtas, o paskutiniai apaštalai mirė baigiantis pirmajam šimtmečiui. Iki IV a. pradžios pagrindinė krikščionybės doktrina apie Dievą nuo biblinės Dievo vienybės perėjo prie akivaizdaus tikėjimo trinitarizmu.

"Stebiuosi, kad jūs taip greitai nutolote nuo to, kuris jus pašaukė į Kristaus malonę, prie kitos evangelijos: Bet yra tokių, kurie jus vargina ir nori iškreipti Kristaus evangeliją. Bet jei mes ar angelas iš dangaus jums skelbtų kitokią evangeliją, negu tą, kurią mes jums paskelbėme, tebūnie prakeiktas. Kaip anksčiau sakėme, taip ir dabar kartoju: jei kas jums skelbtų kitokią evangeliją, negu jūs esate priėmę, tebūnie prakeiktas. "(Galatams 1:6-9)

Poapaštališkojo amžiaus (90-140 m. po Kr.) rašytojai buvo ištikimi Biblijos kalbai, jos vartojimui ir mąstymui. Jie tikėjo monoteizmu, t. y. absoliučia Jėzaus Kristaus dieviškumu ir Dievo apsireiškimu kūne.

"Klausykis, Izraeli: Viešpats, mūsų Dievas, yra vienas Viešpats "(Pakartoto Įstatymo 6:4).

*"Ir be ginčų didis yra pamaldumo slėpinys: **Dievas apsireiškė kūne**, Dvasioje **buvo** išteisintas, angelų matytas, pagonims paskelbtas, pasaulyje įtikėtas, į garbę priimtas".(1 Timotiejui 3:16)*

Jie teikė didelę reikšmę Dievo vardui ir tikėjo krikštu Jėzaus vardu. Ankstyvosios Bažnyčios konvertitai buvo žydai; jie žinojo, kad Jėzus buvo "Dievo Avinėlis". Dievas apsivilko kūną, kad galėtų pralieti kraują.

*"Taigi rūpinkitės savimi ir visa kaimenė, kurios prižiūrėtojais jus paskyrė Šventoji Dvasia, **kad maitintumėte Dievo bažnyčią**, kurią jis įsigijo **savo krauju"** (Apd 20, 28).*

Vardas Jėzus reiškia: Jėzus: hebrajiškas Yeshua, graikų Yesous, anglų Jesus. Štai kodėl Jėzus sakė.

"Jėzus jam tarė: "Pilypai, argi aš taip ilgai buvau su tavimi, o tu manęs nepažįsti?" Kas matė mane, matė ir Tėvą, o kaipgi tu sakai: "Parodyk mums Tėvą!" (Jono 14:9)

Jie nepalaikė jokios trejybės idėjos ar trejybinės kalbos, kurią vėliau perėmė Romos Bažnyčia. Nors šiandien dauguma krikščionių bažnyčių laikosi Trejybės doktrinos, ankstyvojoje Bažnyčioje vis dar vyrauja apaštališkoji Sekminių dienos doktrina. Dievas mus įspėjo, kad nenusigręžtume nuo tikėjimo. Yra vienas Dievas, vienas tikėjimas ir vienas krikštas.

*"Vienas Viešpats, vienas tikėjimas, **vienas krikštas**, vienas Dievas ir visų Tėvas, kuris yra virš visų, per visus ir jumyse visuose"(Efeziečiams 4, 5-6).*

*"Jėzus jam atsakė" :Pirmasis iš visų įsakymų yra: 'Klausyk, Izraeli,**Viešpats, mūsų Dievas, yra vienas Viešpats**" (Morkaus 12,29).*

*"Tačiau aš esu Viešpats, tavo Dievas iš Egipto šalies, ir tu nepažįsti kito dievo, išskyrus mane, nes **nėra kito gelbėtojo, išskyrus mane."** (Oz 13, 4).*

Krikščionybė nukrypo nuo Dievo vienybės sampratos ir priėmė painią trejybės doktriną, kuri iki šiol yra ginčų šaltinis krikščionių religijoje.

Trejybės doktrina teigia, kad Dievas yra trijų dieviškųjų asmenų - Tėvo, Sūnaus ir Šventosios Dvasios - sąjunga. Nukrypo nuo tiesos ir ėmė klaidžioti.

Kai prasidėjo Trejybės doktrinos praktikavimas, buvo paslėptas "Jėzaus vardas" nuo krikšto. Jėzaus vardas yra toks galingas, nes šiuo vardu esame išgelbėti:

Taip pat nėra išgelbėjimo jokiame kitame varde, tik Jėzaus:

> *"Nėra išgelbėjimo nė viename kitame, nes **nėra** po dangumi **kito vardo,** duoto žmonėms, kuriuo galėtume būti išgelbėti."*
> *(Apaštalų darbų 4:12)*

Buvo žydų ir pagonių krikščionių, kurie nesutiko priimti šio krikšto su titulu (Tėvas, Sūnus ir Šventoji Dvasia). Bažnyčios amžiuje prasidėjo apostazė. (Ką tai reiškė? atkritimas nuo tiesos).

Apostazė yra maištas prieš Dievą, nes tai maištas prieš tiesą.

Palyginkime, ką šiuo svarbiu klausimu sako NASB ir KJV Biblija.

Pabrauktas sakinys išbrauktas iš NIV, NASB ir kitų Biblijos vertimų.

> *"Tegul niekas jūsų neapgaudinėja, nes jis [Jėzaus sugrįžimas] neateis, jei pirma neateis **apostazė** ir neatsiras neteisybės žmogus, pražūties sūnus" (2 Tesalonikiečiams 2:3).*

> *"Tegul niekas jūsų niekaip neapgauna, nes ta diena (Jėzaus sugrįžimas) neateis, **jei pirma neateis nuopuolis ir neatsiras** nuodėmės žmogus, pražūties sūnus." (2 Tesalonikiečiams 2:3)*

Stiuardesė labai domėjosi, ko ją mokau. Tačiau dėl laiko stokos paaiškinau Dievo vienybę, kad per trumpą laiką, kurį turėjau, ji viską suprastų.

"Saugokitės, kad kas nors jūsų nesugadintų filosofija ir tuščia apgaule pagal žmonių tradiciją, pagal pasaulio pradmenis, o ne pagal Kristų. Juk jame kūniškai gyvena visa dievystės pilnatvė".
(Kolosiečiams 2:8-9)

Šėtono buveinė (dar žinoma kaip Pergamas, Pergos arba Pergemonas):

Taip pat paaiškinau stiuardesei, kokį svarbų vaidmenį Turkijos šalis atlieka mūsų dienomis ir mūsų laikų pabaigoje. Pergamonas arba Pergamas buvo senovės graikų miestas dabartinėje Turkijoje, kuris helenizmo laikotarpiu, valdant Attalidų dinastijai, 281-133 m. pr. m. e. tapo Pergamono karalystės sostine. Miestas stovi ant kalvos, kur yra jų vyriausiojo dievo Asklepijaus šventykla. Čia stovi sėdinčio Asklepijaus statula, laikanti lazdą, aplink kurią sukasi gyvatė. Apreiškimo knygoje kalbama apie Pergamą, vieną iš septynių bažnyčių. Apreiškimo Jonui iš Patmo knygoje ji vadinama "Šėtono buveine".

"Pergamo bažnyčios angelui rašyk: "Šitai sako tas, kuris turi aštrų dviašmenį kalaviją: "Aš žinau tavo darbus ir kur gyveni, kur yra ***šėtono buveinė***, *ir tu tvirtai laikaisi mano vardo ir neišsižadėjai mano tikėjimo net tomis dienomis, kai tarp jūsų buvo nužudytas mano ištikimas kankinys Antipa, kur gyvena šėtonas. Tačiau turiu keletą dalykų prieš tave, nes tu ten turi tuos, kurie laikosi Balaamo mokymo, kuris mokė Balaką mesti kliūtį izraelitams, valgyti stabams aukojamus dalykus ir ištvirkauti". (Apreiškimo 2, 12-14).*

Kodėl šis miestas šiandien toks svarbus? Kai 457 m. pr. m. e. Kyras Didysis užėmė Babiloną, karalius Kyras privertė pagoniškąją Babilono dvasininkiją bėgti į vakarus, į PERGAMOS miestą dabartinėje Turkijoje.

{Pastaba: Turime žvelgti į Izraelį ir pranašystės išsipildymą. Argi nenuostabu, kad 2010 m. liepos 6 d. Madride, Ispanijoje, Sirijos

prezidentas Asadas perspėjo, jog Izraelis ir Turkija yra arti karo?
Dievo mylimas Izraelis ir Šėtono (Sėdynės) sostas suartėja šiandienos
naujienose

Po pokalbio apie Pergamą su lėktuvo palydove pradėjau mokyti apie naująjį gimimą. Ji niekada nebuvo girdėjusi, kad kas nors kalbėtų kalbomis (Šventąja Dvasia). Pateikiau jai visą informaciją, Šventojo Rašto vietas ir sąrašą, kur ji galėtų rasti Bibliją tikinčią bažnyčią. Ji buvo tokia susijaudinusi dėl šios tiesos ir apreiškimo. Dabar supratau, kodėl nepaaiškinamu būdu nusipirkau ne tiesioginį skrydį į Kaliforniją. Dievas visada žino, ką daro, ir aš išmokau, kad ne visada žinau Jo ketinimus, bet vėliau galiu atsigręžti atgal ir pamatyti, kad Jis visą laiką turėjo planą. Kai tik atskridau į Kaliforniją, iš lėktuvo išlipau be skausmo ir karščiavimo.

Klausimas: Kas yra apaštališkasis?

Skridau kitu reisu iš Dalaso-Ft. Vurto į Ontarijo miestą Kalifornijoje. Trumpai užsnūdęs pastebėjau, kad šalia manęs sėdinti moteris skaito. Ji sunkiai bandė pažvelgti į lauką, todėl pakėliau lango užuolaidą ir ji apsidžiaugė. Ieškojau progos su ja pasikalbėti, tad šiuo gestu prasidėjo mūsų pokalbis, trukęs beveik valandą. Pradėjau jai pasakoti apie savo liudijimą.

Ji pasakė, kad jį peržiūrės, kai apsigyvens viešbučio kambaryje. Pradėjome kalbėtis apie bažnyčią, kai ji prisipažino, kad į ją eina tik retkarčiais. Ji taip pat papasakojo, kad yra ištekėjusi ir turi dvi dukteris. Tuomet pasakiau jai, kad einu į apaštališkąją penkiasdešimtininkų bažnyčią. Tuomet pastebėjau, kad jos akys plačiai atsivėrė. Ji papasakojo, kad neseniai su vyru pamatė reklaminį stendą apie Apaštališkąją bažnyčią. Ji sakė, kad mes nežinojome, ką reiškia šis žodis (apaštališkasis). Paaiškinau jai, kad tai Jėzaus Jono 3,5 eilutėje įtvirtinta ir Apaštalų darbų knygoje taikoma doktrina, apibūdinanti ankstyvąją apaštališkojo amžiaus bažnyčią. Tvirtai tikiu, kad Dievas pastatė mane šalia šios ponios, kad atsakyčiau būtent į šį klausimą. Tai buvo pernelyg didelis sutapimas, kad būtų atsitiktinumas.

Apaštališkasis amžius:

Manoma, kad Kristus gimė prieš 4 m. pr. m. e. arba po 6 m. e. m. e., o nukryžiuotas buvo tarp 30 ir 36 m. e. m., būdamas 33 metų amžiaus. Taigi, manoma, kad krikščionių Bažnyčios įkūrimas įvyko per Sekminių šventę 30 m. po Kr. gegužės mėn.

Apaštalų amžius apima maždaug septyniasdešimt metų (30-100 m. po Kr.) nuo Sekminių dienos iki apaštalo Jono mirties.

Nuo pat Jono laiškų parašymo pirmasis amžius tolsta nuo tiesos. Pirmajame amžiuje į bažnyčias įsiviešpatavo tamsa. Be to, apie šį bažnyčios istorijos laikotarpį žinome labai nedaug. Apaštalų darbų knygoje (2, 41) rašoma apie trijų tūkstančių žmonių atsivertimą per Sekmines Jeruzalėje per vieną dieną. Istorija byloja apie masines žudynes valdant Neronui. Atsivertusieji krikščionys daugiausia buvo iš viduriniosios ir žemesnės klasės žmonių, pavyzdžiui, neraštingi, vergai, prekybininkai ir kt. Apskaičiuota, kad Konstantino atsivertimo metu krikščionių skaičius pagal šį Romos dekretą galėjo siekti daugiau kaip vienuolika milijonų, t. y. dešimtadalį visų Romos imperijos gyventojų, o tai yra didžiulė ir greita krikščionybės sėkmė. Tai lėmė žiaurų elgesį su krikščionimis, gyvenusiais priešiškame pasaulyje.

Jėzus mokė, kad turime mylėti vienas kitą kaip save pačius ir kad išgelbėjimas bei atgaila už nuodėmes ateis Jo vardu.

"Ir kad jo vardu būtų skelbiama atgaila ir nuodėmių atleidimas visoms tautoms, pradedant nuo Jeruzalės." *(Luko 24:47)*

Apaštalai perėmė Jėzaus mokymą ir pritaikė jį Sekminių dieną, tada išėjo skelbti Jėzaus pirmiausia žydams, paskui pagonims.

*"Taigi rūpinkitės savimi ir visa kaimenė, kurios prižiūrėtojais jus paskyrė Šventoji Dvasia, **kad maitintumėte Dievo bažnyčią, kurią jis įsigijo savo krauju**. Nes žinau, kad man pasitraukus, tarp*

jūsųįžengspikti vilkai, negailėdami kaimenės. Taip pat iš jūsų pačiųatsirasžmonių, kalbančių iškrypėliškus dalykus, kad patrauktų paskuisavemokinius. Todėl budėkite ir atsiminkite, kad per trejus metus aš nenustojau kiekvieną dieną ir naktį su ašaromis įspėti".
(Apd 20, 28-31)

Ne visi pakluso Romos imperijos Konstantino dekretui.

Buvo tokių, kurie laikėsi pirminio apaštalų mokymo ir nesutiko su Konstantino dekrete nurodytu "atsivertimu". Į dekretą buvo įtrauktos religinės tradicijos, sukurtos per Romos Bažnyčios susirinkimus, kartu su pakeitimais, iškreipiančiais ankstyvosios Bažnyčios tiesą. Tie žmonės, kurie sudarė Konstantino dekretą sukūrusius susirinkimus, nebuvo tikri atgimę tikintieji.

Štai kodėl daugelis bažnyčių šiandien vadinasi apaštališkosiomis arba penkiasdešimtinėmis, sekančiomis apaštalų mokymu.

"Ne daug išmintingų pagal kūną, ne daug galingų, ne daug kilnių buvo pašaukta, bet Dievas išsirinko pasaulio kvailybes, kad sugėdintų išmintinguosius; Dievas išsirinko pasaulio silpnuosius, kad sugėdintų stipriuosius; Dievas išsirinko pasaulio padugnes ir paniekintus dalykus, taip, ir tai, ko nėra, kad sugėdintų tai, kas yra, kad joks kūnas negalėtų girtis Dievo akivaizdoje." (1 Kor 1, 26-29)

Tarpreliginis

Šiandien turime naują grėsmę Dievo principams. Ji vadinasi "tarpreliginė". "Interfaith" teigia, kad svarbu gerbti **visus dievus**. Padalyta ištikimybė ir padalyta pagarba yra priimtini tarpreligiams. Mes galime gerbti vienas kitą kaip asmenybes ir mylėti vienas kitą, net kai nesutariame; tačiau Biblijoje kaip krištolas aišku, kad "pavydas Dievui", reikalaujantis išskirtinio atsidavimo Jam ir atiduodantis pagarbą kitiems dievams, yra spąstai.

"Saugokis savęs, kad nesudarytum sandoros su krašto, į kurį eini,gyventojais, kad tai netaptų spąstais tarp tavęs: "Bet jūs

*sunaikinsitejų aukurus, sudaužysite jų atvaizdus ir išnaikinsite jų
giraites: Negarbink kito dievo, nes Viešpats, kurio vardas
pavydus,yra pavydus Dievas: Kad nesudarytum sandoros su krašto
gyventojais, ir jie nesektų paskui savo dievus ir neaukotų aukų savo
dievams, ir vienas jų nepasikviestų tavęs, o tu nevalgytum jo aukos"*
(Iš 34, 12-15).

Velnias sugalvojo apgaulingą tikėjimą "tarp- tikėjimu", kad apgautų
pačius išrinktuosius. Jis žino, kaip manipuliuoti šiuolaikiniu žmogumi,
pasitelkdamas savo politinio korektiškumo priemonę, kai iš tiesų
sandora sudaroma pripažįstant arba atiduodant pagarbą jų netikriems
dievams, stabams ir atvaizdams.

18 skyrius

Tarnystė Mumbajuje, Indijoje "Didelio tikėjimo žmogus"

S kažkada prieš 1980 m. nuvykau į Mumbajų Indijoje gauti vizos, kad galėčiau išvykti už šalies ribų. Važiuodamas traukiniu per Mumbajų pastebėjau, kad važiuojame per lūšnyną, kuriame gyvena labai skurdūs žmonės ir stovi nameliai. Niekada nebuvau matęs tokių apgailėtinų gyvenimo sąlygų, kai žmonės gyveno siaubingame skurde.

Pradžioje sakiau, kad augau griežtai religingoje šeimoje. Mano tėvas buvo gydytojas, o motina - slaugytoja. Nors buvome religingi ir aš daug skaičiau Bibliją, tuo metu neturėjau Šventosios Dvasios. Mano širdis liūdėjo, kai Viešpaties našta užgriuvo mane. Nuo tos dienos nešiau šią naštą už žmones, kurie šiuose lūšnynuose neturėjo vilties. Nenorėjau, kad kas nors matytų mano ašaras, todėl nuleidau galvą žemyn, slėpdamas veidą. Norėjau tiesiog užmigti, bet mano našta dėl šių žmonių atrodė didesnė už tautą. Meldžiausi klausdamas Dievo: "Kas eis skelbti Evangelijos šiems žmonėms?" Galvojau, kad pats bijočiau atvykti į šią vietovę. Tuo metu nesupratau, kad Dievo ranka tokia didelė, jog Jis gali pasiekti bet kurį žmogų, bet kur. Tada dar nežinojau, kad ateinančiais metais Dievas mane vėl atves į šią vietą. Grįžus į Ameriką ir praėjus 12 metų, mano širdyje tebebuvo našta dėl žmonių, gyvenančių Mumbajaus lūšnynuose.

Indėnų ir mūsų šeimos paprotys buvo visada priimti dvasininkus į savo namus, pamaitinti juos, patenkinti jų poreikius ir duoti jiems auką. Anksčiau buvau metodistas, bet dabar gavau tiesos apreiškimą ir jokių kompromisų nebuvo. Mano šeima laukė atvykstant Amerikoje viešėjusio indų ministro. Laukėme, bet jis laiku neatvyko. Turėjau eiti į darbą ir praleidau progą su juo susitikti, tačiau vėliau mama pasakojo, kad jis buvo labai nuoširdus. Kitais metais, 1993-iaisiais, tas pats ministras antrą kartą atvyko į mūsų namus Vakarų Kovinoje, Kalifornijoje. Šį kartą mano brolis jam pasakė, kad jam reikia susitikti su seserimi, nes ji yra ištikima Dievo žodžiui, o šeima gerbia jos tikėjimą ir tikėjimą Dievu. Tai buvo diena, kai susipažinau su pastoriumi Čačko. Pradėjome kalbėtis apie krikštą ir jo tikėjimą Dievo žodžiu. Pastorius Čačko man pasakė, kad jis krikštija visiškai panardintas į vandenį Jėzaus vardu ir kad nesileis į jokius kompromisus su jokia kita krikšto rūšimi. Labai apsidžiaugiau ir susijaudinau sužinojęs, kad šis Dievo vyras tai daro bibliniu apaštališkuoju ankstyvosios Bažnyčios būdu. Tuomet jis pakvietė mane apsilankyti Mumbajuje, Indijoje, kur gyvena.

Papasakojau savo pastoriui apie pastoriaus Čačko tvirtą įsitikinimą Dievo žodžiu ir jo apsilankymą mūsų namuose. Tą vakarą pastorius Čačko atvyko aplankyti mūsų bažnyčios, mano pastorius paprašė jo pasakyti keletą žodžių prieš susirinkusiuosius. Darbas, kurį pastorius Čačko dirbo Mumbajuje, sulaukė didelio susidomėjimo, todėl mano bažnyčia pradėjo jį remti finansiškai ir savo maldomis. Mūsų bažnyčia buvo nusiteikusi misionieriškai. Visada mokėjome už misiją, kaip mokame dešimtinę. Buvo nuostabu, kaip viskas ėmė dėliotis į savo vietas, ir dabar Mumbajus sulaukė paramos iš mano vietinės bažnyčios Kalifornijoje.

Kitais metais Dievas pasiuntė mane į Indiją, todėl priėmiau pastoriaus Chaco pasiūlymą aplankyti bažnyčią ir jo šeimą Mumbajuje. Kai atvykau pirmą kartą, pastorius Čako atvyko manęs pasiimti iš oro uosto. Jis nuvežė mane į viešbutį. Ten pat, kur jie rinkdavosi į bažnyčią, ir tame pačiame lūšnyne, pro kurį 1980 m. važiavau traukiniu. Dabar buvo 1996 m., ir mano nuoširdi vilties malda už šias gražias sielas buvo išklausyta. Pastorius Čačko buvo labai svetingas ir pasidalijo su manimi savo našta ir troškimu statyti bažnyčią. Galėjau aplankyti kitas bažnyčias ir buvau paprašytas pasakyti kalbą prieš susirinkimą prieš išvykstant į savo kelionės tikslą - Ahmadabadą. Mane labai nuliūdino bažnyčios Mumbajuje gyvenimo sąlygos. Vienas katalikas tėvas davė pastoriui Chacko klasės kambarį sekmadienio pamaldoms.

Žmonės buvo labai neturtingi, bet man buvo malonu matyti mažus gražius vaikus, kurie šlovino Dievą ir jam tarnavo. Jie valgė kartu, turėdami tik mažą duonos gabalėlį, kurį paduodavo, ir vandens atsigerti. Sujaudintas užuojautos nupirkau jiems maisto ir paprašiau, kad jie man pateiktų sąrašą dalykų, kurių jiems reikia. Padariau viską, ką galėjau, kad patenkinčiau tame sąraše nurodytus poreikius. Po ilgo skrydžio į Indiją jie apdovanojo mane savo maldomis. Bažnyčios brolis meldėsi už mane, ir aš pajutau, kaip Šventosios Dvasios galia tarsi elektra akimirksniu užliejo mano nusilpusį ir nemiegantį kūną. Jaučiausi žvalus, nes jėgos sugrįžo, o skausmas dingo visame kūne. Jų maldos buvo tokios galingos, kad buvau palaimintas labiau, nei galiu paaiškinti. Jie man davė daugiau nei aš jiems. Prieš išskrisdamas atgal į Ameriką, palikau Ahmadabadą ir grįžau į Mumbajų, kad dar kartą aplankyčiau pastorių Čačko. Perdaviau jam visas rupijas, kurias buvau palikęs, kaip auką jam ir jo šeimai.

Laimei, jis man liudijo apie savo žmoną, kuri labai gėdijosi eidama pro parduotuvę, kurioje jie buvo skolingi pinigų. Ji ėjo gėdingai nuleidusi galvą, nes jie negalėjo sumokėti šios skolos. Pastorius Čačko taip pat papasakojo man apie savo sūnaus išsilavinimą. Reikėjo sumokėti mokesčius mokyklai, ir jo sūnus negalėjo tęsti mokyklos. Mačiau, kad situacija šeimai buvo pribloškianti. Dievas paskatino mane aukoti, ir mano paaukotos sumos daugiau nei pakako abiem reikalams sutvarkyti ir dar daugiau. Garbė Dievui!

"Ginkite vargšus ir našlaičius, teisingai elkitės su kenčiančiais ir vargšais. Išgelbėkite vargšus ir beturčius, išplėškite juos iš nedorėlių rankų." (Ps 82, 3-4).

Kai grįžau į Kaliforniją, meldžiausi ir verkiau dėl šios mažos bažnyčios ir jos žmonių. Buvau toks sugniuždytas, kad prašiau Dievo, kad du ar trys susitartų paliesti viską, ko jie prašo.

"Iš tiesų sakau jums: ką tik surišite žemėje, bus surišta ir danguje, ir ką tik atrišite žemėje, bus atrišta ir danguje. Ir vėl jums sakau: jei du iš jūsų susitars žemėje dėl ko nors, ko jie prašys, jiems bus padaryta mano Tėvo, kuris yra danguje. Nes kur du ar trys susirinkę mano vardu, ten aš esu tarp jų". (Mato 18, 18-20)

Man rūpėjo padėti Dievo bažnyčiai Mumbajuje, bet turėjau su kuo nors pasidalyti savo našta. Vieną dieną mano bendradarbė Karen manęs paklausė, kaip galiu taip ilgai melstis? Paklausiau Karen, ar ji taip pat norėtų išmokti melstis ilgiau, kurti savo maldos gyvenimą ir pasninkauti kartu su manimi. Ji maloniai sutiko ir tapo mano maldos partnere. Karen taip pat dalijosi mano našta dėl Mumbajaus. Kai pradėjome melstis ir pasninkauti, ji panoro melstis ilgiau ir pasninkauti daugiau. Tuo metu ji nelankė jokios bažnyčios, tačiau labai rimtai ir nuoširdžiai siekė to, ką darė dvasiškai. Mes melsdavomės per pietų pertrauką, o po darbo susitikdavome pusantros valandos melstis automobilyje. Po kelių mėnesių Karen man papasakojo, kad gavo šiek tiek pinigų iš draudimo, nes mirė jos dėdė. Karen yra labai geraširdė ir davėja, todėl pasakė, kad iš šių pinigų norėtų mokėti dešimtinę, skirdama juos tarnavimui Mumbajuje. Pinigai buvo nusiųsti pastoriui Čačko, kad jis nupirktų patalpą, kurioje jie galėtų turėti savo bažnyčią. Jie nusipirko nedidelį kambarėlį, kuris buvo naudojamas šėtono garbinimui. Jie jį išvalė ir atstatė savo bažnyčiai. Kitais metais Karen ir aš nuvykome į Mumbajų į bažnyčios pašventinimą. Tai buvo išklausyta malda, nes Karen, kuri dabar tarnauja Viešpačiui, yra stipri tikėjime. Šlovinkime Dievą!

Bažnyčiai Mumbajuje augant, pastorius Chacko paprašė padėti įsigyti nedidelį sklypą šalia bažnyčios. Pastorius Čačko labai tikėjo bažnyčios augimu ir Dievo darbu. Šis sklypas priklausė Katalikų bažnyčiai. Pastorių Čačko ir kunigą siejo draugiški santykiai, todėl kunigas norėjo šį sklypą parduoti pastoriui Čačko. Pastorius Čačko negavo dovanos, kurią, kaip jis tikėjo, Dievas suteiks. Dievas viską žino ir viską daro taip, kaip Jis nori, ir geriau, nei mes galime net įsivaizduoti!

Po kelerių metų visoje Indijoje kilo riaušės tarp induistų ir krikščionių. Hinduistai bandė atsikratyti krikščionių iš Indijos. Iš ryto riaušininkai atėjo į bažnyčią su juos palaikančia policija. Jie ėmė niokoti bažnyčią, tačiau pastorius Čačko ir bažnyčios nariai maldavo jų to nedaryti dėl jų pačių gerovės, nes tai buvo pavojinga - naikinti Visagalio Dievo namus. Riaušininkai ir toliau naikino viską, kas pasitaikė akyse, nepaisydami žmonių perspėjimų ir maldavimų, kol bažnyčia buvo visiškai sugriauta. Visą likusią dienos dalį bažnyčios nariai bijojo šios labai pagarsėjusios ir piktos grupuotės, nes žinojo, kad jų pačių gyvybei gresia pavojus.

Jie jautė liūdesį, kad nebeturi savo bažnyčios, nes taip ilgai meldėsi, kad turėtų savo vietą, kur galėtų garbinti Dievą. Tai buvo vieta, kur jie matė, kaip Dievas darė stebuklus, kaip buvo išvarinėjami demonai ir skelbiamas išgelbėjimas nusidėjėliams. Tą patį vakarą, maždaug vidurnaktį, į pastoriaus Chacko duris pasibeldė kažkas. Jį apėmė baimė, kai pamatė, kad tai šios liūdnai pagarsėjusios grupuotės, anksčiau sugriovusios bažnyčią, lyderis. Pastorius Čačko pamanė, kad jis tikrai bus nužudytas ir tai bus jo galas. Jis meldėsi prašydamas Dievo suteikti jam drąsos atidaryti duris ir apsaugos. Kai atidarė duris, savo nuostabai pamatė vyrą, kuris su ašaromis akyse prašė pastoriaus Čačko atleisti jiems už tai, ką jie anksčiau tą dieną padarė jo bažnyčiai.

Vyras toliau pasakojo pastoriui Chacko, kad po bažnyčios sugriovimo mirė vadovo žmona. Vienam iš riaušininkų mašina nupjovė ranką.

Daiktai ėjo prieš žmones, kurie sugriovė bažnyčią. Tarp riaušininkų tvyrojo baimė dėl to, ką jie padarė prieš pastorių Čačko ir jo Dievą! Dievas pasakė, kad kovos mūsų mūšiuose, taip ir padarė. Religingi induistai ir krikščionys Indijoje yra Dievo bijantys žmonės, kurie padarys viską, kad viskas būtų gerai. Dėl to, kas nutiko induistams už dalyvavimą bažnyčios griovime, tie patys riaušininkai iš baimės grįžo ir vėl atstatė bažnyčią. Jie taip pat užgrobė Katalikų bažnyčiai priklausiusį turtą. Niekas prieš juos nesipriešino ir nesiskundė. Riaušininkai patys, be bažnyčios pagalbos, atstatė bažnyčią, pasirūpino medžiagomis ir visais darbais. Kai bažnyčia buvo baigta statyti, ji buvo didesnė - ne vieno, o dviejų aukštų.

Dievas atsakė į pastoriaus Chacko maldą ir jis sako: "Jėzus niekada nepavydi." Mes ir toliau meldžiamės už Mumbajų. Šiandien ten veikia 52 bažnyčios, našlaičių prieglauda ir du vaikų dienos centrai, dėka tikėjimo ir maldų daugelio žmonių, kuriems rūpi Indija. Pradėjau galvoti apie tai, kaip giliai buvo paliesta mano širdis, kai 1980 m. važiavau tuo traukiniu. Nedaugžodžiavau, kad Dievas buvo nukreipęs savo žvilgsnį į šią mano šalies dalį ir atnešė meilę bei viltį Mumbajaus lūšnynų gyventojams per nepaliaujamas maldas ir Dievą, kuris klausosi širdies. Pradžioje sakiau, kad mano našta yra didelė kaip tauta. Esu dėkingas Dievui už tai, kad jis suteikė man šią naštą. Dievas yra didis strategas. Tai neįvyko akimirksniu, bet per šešiolika metų vyko man nežinomi dalykai, nes Jis klojo pamatus rezultatams, į kuriuos buvo atsakyta malda, - visa tai vyko, kol gyvenau Amerikoje.

Biblijoje sakoma, kad reikia melstis be perstojo. Nuolat meldžiausi ir pasninkavau už atgimimą visoje Indijoje. Mano šalis išgyveno dvasinę metamorfozę dėl Viešpaties Jėzaus.

Pastoriaus Chacko interneto svetainė:
http://www.cjcindia.org/index.html

19 skyrius

Ministerija Gudžarate!

I Praėjusio amžiaus dešimtojo dešimtmečio pabaigoje lankiausi Gudžarato valstijoje esančiame Ahmedabado mieste. Paskutinio apsilankymo Mumbajuje, Indijoje, metu jaučiau, kad ten atliekami darbai man teikia pasitenkinimą. Vėliau tos pačios kelionės metu apsilankiau Ahmedabado mieste ir tapau liudininku. Žinojau, kad dauguma žmonių yra trinitoriai. Visi mano pažįstami buvo trinitoriai. Daug metų meldžiausi, kad galėčiau šią tiesą atnešti į Indijos šalį. Pirmoji mano malda buvo: noriu laimėti ką nors panašaus į Paulių ar Petrą, kad mano darbas būtų lengvesnis ir tęstųsi. Visada meldžiausi turėdamas planą ir viziją. Prieš vykdamas į bet kurią vietą meldžiuosi ir pasninkauju, ypač vykdamas į Indiją. Visada meldžiuosi ir pasninkauju tris dienas ir naktis be maisto ir vandens arba tol, kol esu pripildytas Dvasios. Toks yra biblinis pasninko būdas.

"Estera 4,16 Eikite, susirinkite visus žydus, esančius Šušane, ir pasninkaukite dėl manęs: tris dienas, dieną ir naktį, nevalgykite ir negerkite: Aš ir mano tarnaitės taip pat pasninkausime, ir taip įeisiu pas karalių, kas nėra pagal įstatymą, o jei žūsiu, tai žūsiu."

" Jona 3,5 Taigi Ninevės gyventojai įtikėjo Dievą, paskelbė pasninką ir apsivilko ašutinėmis nuo didžiausio iki mažiausio. Jie pasninkavo ir pasninkavo. 6 Nes atėjo žinia iki Ninevės karaliaus, ir jis pakilo nuo sosto, nusimetė nuo savęs apsiaustą, apsivilko ašutine ir atsisėdo pelenuose. 7 Jis liepė paskelbti ir paskelbti Ninevėje karaliaus ir jo didikų įsakymą: "Tegul nei žmonės, nei gyvuliai, nei bandos, nei kaimenės nieko nevalgo, tegul nevalgo ir negeria vandens!"

Indiją apėmė dvasinė tamsa. Nedrįstumėte ten vykti, jei nebūtumėte pilni Dievo Dvasios. Prieš kelerius metus, 1990-aisiais, jie supažindino mane su broliu. Kristianu kažkuriame trinitorių dieviškosios aukštosios mokyklos miestelyje. Per tą vizitą mane užsipuolė daguma tretininkų pastorių. Tai buvo mano pirmasis susitikimas su broliu Kristianu. Vietoj to, kad sakytų "Šlovinkime Viešpatį! Aš jo paklausiau,, :Ką tu pamokslauji"? "Ar krikštijate Jėzaus vardu"? Jis atsakė: "Taip". Norėjau sužinoti, kaip jis sužinojo šią tiesą. Jis pasakė: "Dievas apreiškė tiesą, kai vieną ankstyvą rytą garbinau Dievą vietoje, kuri vadinasi Malek Saben stadionas. Dievas man aiškiai kalbėjo apie Jėzaus vardo krikštą".

Šio vizito metu išspausdinau ir išdalinau daugiau nei kelis tūkstančius lankstinukų, kuriuose aiškinama apie Jėzaus krikštą vandeniu. Tai supykdė religinės bažnyčios vadovybę. Religiniai vadovai pradėjo pamokslauti prieš mane. Jie sakė: „Visiškai, išmeskite ją iš savo namų. Kad ir kur nueičiau, visi kalbėtų prieš mane. Tiesa piktina velnią, bet Dievo žodis sako: „ir jūs pažinsite tiesą, ir tiesa padarys jus laisvus". Susitikimas su br. Kristianas padėjo man skleisti tiesą. Garbė Dievui, kad atsiuntė į Indiją vienybės pastorių, kuris mokytų ir skelbtų tikrąją Evangeliją.

Po šio vizito į Indiją 1999 m. tapau neįgalus ir negalėjau grįžti į Indiją. Tačiau darbas buvo **tęsiamas**. Netrukus visi tie žmonės, kurie kalbėjo prieš mane, pamiršo mane ir dabar jau mirė. Per šį fizinio neįgalumo laikotarpį įrašiau visas Tiesos paieškos, vienybės ir doktrinos kompaktines plokšteles ir išdalinau jas nemokamai. Buvau neįgaliojo vežimėlyje ir buvau praradęs atmintį, todėl savo tarnystę išplėčiau įrašinėdamas knygas. Buvo sunku sėdėti, bet su Viešpaties pagalba dariau tai, ko negalėjau fiziškai. Pasikliaudamas Viešpačiu, iškeliausi į naujus kelius ir greitkelius. Mes susiduriame su visais iššūkiais. Dievo galia yra nuostabi, kad niekas negali sustabdyti patepimo. Žinia, su kuria taip sunkiai kovota, dabar skambėjo namuose įrašytose kompaktinėse plokštelėse. Šlovinkime Dievą! Mano džiaugsmui ir nuostabai, daugelis žmonių žinojo apie biblinę doktriną ir Dievo vienybę.

Daug metų meldžiausi ir pasninkavau, kad Indija pamiltų tiesą. Be to, kad ji laisvai skelbtų Jėzaus Evangeliją kiekvienoje Indijos valstijoje. Labai troškau nešti jiems tiesos pažinimą per Biblijos studijų vertimą iš anglų kalbos į gudžaratų kalbą. Šioje valstijoje gudžarati yra šnekamoji kalba. Indijoje radau vertėjų, kurie noriai padėjo man išversti šias Biblijos studijas. Vienas toks vertėjas, pats būdamas pastorius, norėjo pakeisti Šventąjį Raštą iš biblinio ankstyvosios apaštalų bažnyčios krikšto, praleisdamas Jėzaus vardą į Tėvo, Sūnaus ir Šventosios Dvasios vardą. Tai yra vieno tikrojo Dievo titulas. Pasidarė sunku pasitikėti savo vertėju, kad jis išlaikys tikslų Dievo žodį. Biblijoje aiškiai įspėjama, kad prie Šventojo Rašto negalima nieko pridėti ar iš jo atimti. Nuo Senojo Testamento iki Naujojo Testamento neturime keisti Dievo žodžio dėl žmogaus interpretacijos. Privalome vadovautis tik Jėzaus pavyzdžiais ir apaštalų bei pranašų mokymu.

"Efeziečiams 2:20 ir pastatyti ant apaštalų ir pranašų pamato, kurio pagrindinis kertinis akmuo yra pats Jėzus Kristus;

Būtent mokiniai ėjo skelbti ir mokyti Jėzaus Evangelijos. Turime sekti apaš talųmokymu ir tikėti, kad Biblija yra neklaidingas ir autoritetingas Dievo žodis.

" Pakartoto Įstatymo 4,1 Taigi dabar klausyk, Izraeli, nuostatų ir teismų, kurių aš jus mokau, kad juos vykdytumėte, kad gyventumėte ir įeitumėte į žemę, kurią Viešpats, jūsų tėvų Dievas, jums duoda. 2 Nepridėkite prie žodžio, kurį jums įsakau, ir nemažinkite iš jo nieko, kad laikytumėtės Viešpaties, savo Dievo, įsakymų, kuriuos jums įsakau. "

Noriu pasakyti, kad yra didelis skirtumas tarp to, ką mes šiandien laikome tiesa, ir to, ko mokė ankstyvoji Bažnyčia. Net ankstyvosios bažnyčios istorijos metu, kaip rašoma Pauliaus laiškuose bažnyčioms, kai kurie jau buvo nusigręžę nuo sveiko mokymo. Daugelis Biblijos versijų buvo pakeistos, kad atitiktų velnio doktriną. Man labiau patiko KJV, nes tai 99,98 % tikslus vertimas, artimas originaliems raštams.

Atidžiai perskaitykite ir išnagrinėkite šias Raštų eilutes:

"2 Petro 2,1 Bet tarp žmonių buvo netikrų pranašų, kaip ir tarp jūsų bus netikrų mokytojų, kurie privačiai įves prakeiktas erezijas, išsižadėdami Viešpaties, kuris juos nupirko, ir užsitrauks ant savęs greitą pražūtį. 2 Daugelis seks jų pražūtingais keliais, dėl kurių bus piktai kalbama apie tiesos kelią. 3 Ir dėl godumo jie apsimestiniais žodžiais jus apgaudinės, nes jų teismas ilgai neužsitęs ir jų pasmerkimas nepasitrauks. "

Apreiškusi Jėzaus tapatybę, ji davė apaštalui Petrui Karalystės raktus ir Sekminių dieną pasakė pirmąjį pamokslą. Jie įspėjo mus apie apgavikus, kurie turi pamaldumo pavidalą, bet nesilaiko apaštalų ir pranašų mokymo. Vieno Dievo tikintysis negali būti Antikristas, nes jie žinojo, kad Jehova vieną dieną ateis kūnu.

"2 Jono 1,7 Nes į pasaulį atėjo daug apgavikų, kurie neišpažįsta, kad Jėzus Kristus atėjo kūne. Tai yra apgavikas ir antikristas. 8 Žiūrėkite savęs, kad neprarastume to, ką nuveikėme, bet gautume pilną atlygį. 9 Kas nusikalsta ir nesilaiko Kristaus mokslo, tas neturi Dievo. Kas pasilieka Kristaus moksle, tas turi ir Tėvą, ir Sūnų. 10 Jei kas ateina pas jus ir neatneša šito mokslo, nepriimkite jo į savo namus ir nesveikinkite jo su Dievu, 11 nes tas, kuris sveikina jį su Dievu, dalyvauja jo bloguose darbuose. "

Indijoje vyko daug konferencijų, į kurias iš Stoktono Biblijos koledžo ir kitų valstijų važiavo pamokslininkai skelbti žinios apie atgimimą iš naujo. Kunigas Makojus, turėjęs pašaukimą pamokslauti Indijoje, puikiai dirbo pamokslaudamas daugelyje Indijos vietų. Daug valandų meldžiantis ir pasninkaujant, Indijos tarnavimo sėkmė tęsiasi nuo 2000 metų. Prisiminiau, kaip skambinau vienam tarnautojui, pastoriui Mileriui, kurį man rekomendavo Užsienio misijų Azijoje direktorius. Kai paskambinau jam į namus, jis pasakė, kad tuoj man paskambins, norėdamas pranešti, jog prieš šešis mėnesius buvo Kalkutoje ir Vakarų Bengalijoje. Jis taip pat norėjo vykti į Ahmedabadą, bet dėl ligos grįžo į Ameriką. Pastorius Mileris maloniai pasakė, kad norėtų grįžti į Indiją, bet turi apie tai pasimelsti ir paklausti Dievo, ar jo pašaukimas skirtas šiai šaliai. Jis antrą kartą grįžo į Indiją ir pamokslavo dviejose visuotinėse konferencijose. Dievas galingai judėjo su šios valstijos gudžaratų tauta.

Pastorius Kristianas sakė, kad šioje valstybėje labai sunku įtvirtinti Dievo darbą. Prašome melstis už pamokslininkus, kurie susiduria su didžiule kova. Viešpats atlieka didelį darbą Gudžarato valstijoje. Velnias nekovoja su netikinčiaisiais, nes jis juos jau turi! Jis puola tuos, kurie turi tiesą; ištikimus Viešpaties išrinktuosius. Jėzus sumokėjo kainą savo krauju, kad mes gautume nuodėmių atleidimą arba atleidimą. Velnias dar stipriau kovos prieš tarnavimą (ministrus), puldamas tiek vyrus, tiek moteris. Velnias naudojasi bet kokiomis iškreiptomis priemonėmis, kad atvestų juos į puolusią nuodėmės ir pasmerkimo būseną.

"Jono 15,16 Ne jūs mane išsirinkote, bet aš jus išsirinkau ir paskyriau, kad eitumėte ir neštumėte vaisių, ir kad jūsų vaisiai pasiliktų, kad jis jums duotų, ko tik prašysite Tėvą mano vardu. "

Kartą išgelbėtas, visada išgelbėtas - taip pat dar vienas velnio melas. Nuo 1980 iki 2015 m. kelis kartus lankiausi Indijoje. Šioje šalyje įvyko daug pokyčių. Kai pradedate Dievo darbą, nepamirškite, kad kuriate Jėzaus mokinius, o tai yra Jėzaus ir Jo mokinių pradėto darbo tęsinys. Jei ir toliau laikytumėmės Jėzaus Kristaus Evangelijos, jau būtume laimėję visą pasaulį.

2013 m. pagal Dievo planą Jis perkėlė mane į bažnyčią Dalase, Mokesčių inspekcija. Sėdėjau pas tikrą Dievo pranašą. Jis turėjo devynias Dievo Dvasios dovanas. Jis Šventosios Dvasios dėka tiksliai sužinojo jūsų vardą, adresą, telefono numerį ir kt. Man tai buvo nauja.

2015 metais, vieną sekmadienio rytą, mano pastorius Dalase, Teksaso valstijoje, pažvelgė į mane ir pasakė: „Matau angelą, atveriantį dideles duris, kurių niekas negali uždaryti. Jis išsikvietė mane ir paklausė: Ar tu važiuoji į Filipinus? Jis pasakė, kad ten nemačiau nei juodaodžių, nei baltaodžių. Gavęs papildomos informacijos iš Šventosios Dvasios, jis paklausė, ar vykstate į Indiją? Šventoji Dvasia jam kalbėjo, sakydama, kad tarnausiu induistams. Tuo metu krikščionims Indijoje grėsė pavojus. Hinduistai puldinėjo krikščionis, degindami jų šventyklas ir mušdami Jėzaus pastorius bei šventuosius.

Tikėjau pranašyste, todėl paklusau Dievo balsui ir išvykau į Indiją. Kai atvykau į Badlapūro koledžą, 98 % studentų buvo induistai, atsivertę į krikščionybę. Mane pribloškė jų liudijimai apie tai, kaip Dievas veda žmones iš tamsos į šviesą. Per jų liudijimus daug sužinojau apie induizmą. Mane pribloškė tai, kad jie tiki į 33 milijonus ir daugiau dievų ir deivių. Negalėjau suprasti, kaip galima tikėti, kad yra tiek daug dievų ir deivių.

2015 m. po 23 metų grįžau į Badlapurą Bombėjuje dėstyti Biblijos koledže. Ten tarnauju Biblijos koledžo vertėjui broliui Sunilui. Brolis Sunilas buvo pereinamajame laikotarpyje. Brolis Sunilas buvo nusivylęs, nes nežinojo, kad Dievas keičia jo kryptį, ir buvo nusivylęs. Dirbdamas su juo žinojau, kad jis turi tiesą ir meilę jai. Niekada nenukrypkite nuo Biblijos tiesos. Leiskite Šventajai Dvasiai jus vesti, vadovauti, mokyti ir įgalinti liudyti stebuklus ir išgydymus. Indijai vis dar reikia daug darbininkų, tikrų pranašų ir mokytojų. Prašome melstis, kad Dievas atsiųstų į Indiją daug darbininkų.

Šios misijos metu lankiausi pietų Gudžarate esančiame Vjaros mieste. Išgirdau, kad Pietų Gudžarate vyksta didelis atgimimas. Dievas atvėrė man duris ten apsilankyti. Labai džiaugiausi ten būdamas ir sutikau daug stabų garbintojų, kurie dabar atsigręžė į vienintelį tikrąjį Dievą. Taip yra todėl, kad jie gavo išgydymą, išlaisvinimą ir išgelbėjimą Jėzaus vardu. Koks didis yra mūsų Dievas!

Daugelis žmonių meldžiasi ir pasninkauja už Indiją. Prašome melstis už atgimimą. Vizito Vjaroje metu pastorius pakvietė mane į savo namus. Meldžiausi už jį ir daugelis trukdančių dvasių išsisklaidė. Po to jis buvo laisvas nuo rūpesčių, abejonių, sunkumo ir baimės. Dievas per mane pranašavo pastatyti maldos namus. Pastorius pasakė, kad neturime pinigų. Dievas man pasakė, kad Jis pasirūpins. Per metus jie turėjo didelį gražų maldos namą, ir mes jį apmokėjome. Dievo žodis negrįžta tuščias.

Per paskutinį savo vizitą Indijoje 2015 m. tarnavau daugeliui induistų, atsivertusių į krikščionybę įvairiose valstijose. Taip pat tarnavau daugeliui nekrikščionių, kurie patyrė Jėzaus vardu daromus ženklus ir stebuklus ir apstulbo. Pamačiau daug metų trukusių maldų su pasninku atsakymus už Indiją. Šlovinkime Dievą! Nuo tada, kai gavau šios tiesos apreiškimą, be perstojo dirbu, kad per kompaktinius diskus, garso ir vaizdo įrašus, "YouTube" kanalą ir knygas pateiktų šią informaciją Indijos šaliai. Mūsų sunkus darbas nenueina veltui!

Vėliau išgirdau, kad brolis Sunilas priėmė pašaukimą tapti Bombėjaus ir aplinkinių miestų pastoriumi. Dabar dirbu su pastoriumi Sunilu ir kitose vietose, kurias aplankiau 2015 metais. Maharaštros ir Gudžarato valstijoje įkūrėme daug šventyklų. Net ir šiandien toliau drausminu naujai atsivertusius žmones tose valstijose. Palaikau juos maldomis ir mokymu. Finansiškai remiu Dievo darbą Indijoje.

Daugelis šių žmonių sergantys kreipiasi į raganų gydytojus, bet jie nėra išgydomi. Todėl kiekvieną rytą jie skambina man, o aš tarnauju, meldžiuosi ir išvarau demonus Jėzaus vardu. Jie išgydomi ir išlaisvinami Jėzaus vardu. Turime daug naujų atsivertėlių įvairiose valstijose. Būdami išgydomi ir išlaisvinami, jie eina liudyti savo šeimoms, draugams ir kaimams, kad atvestų kitus pas Kristų. Daugelis jų prašo manęs atsiųsti Jėzaus paveikslėlį. Jie sako, kad norėtume matyti Dievą, kuris gydo, išlaisvina išlaisvina ir dovanoja išgelbėjimą nemokamai. Dievo darbas gali tęstis, jei turėsime darbininkų. Daugelis jų dirba ūkyje. Daugelis jų yra neraštingi, todėl klausosi Naujojo Testamento įrašų ir Biblijos studijų. Tai padeda jiems pažinti ir mokytis apie Jėzų.

Paskutinį 2015 m. lapkričio šeštadienį, kai buvau Indijoje, grįžau namo vėlai po tarnavimo. Buvau pasiryžęs sekmadienį ir pirmadienį likti namie, kad galėčiau susikrauti daiktus ir pasiruošti tolesnei kelionei į

JAE. Kaip man pranašavo Dalaso pastorius: „Mačiau angelą, atveriantį didžiules duris, kurių niekas negali uždaryti". Pasirodė, kad tų durų negalėjau uždaryti net aš. Vėlų šeštadienio vakarą sulaukiau telefono skambučio su kvietimu dalyvauti sekmadienio pamaldose, tačiau tai netilpo į mano dienotvarkę, todėl bandžiau jiems tai paaiškinti, bet jie nepriėmė NE kaip atsakymo. Neturėjau kito pasirinkimo, kaip tik eiti. Kitą rytą jie nuvežė mane į šventovę 9 valandą ryto, tačiau pamaldos prasideda 10 valandą. Buvau vienas, o muzikantas repetavo savo giesmes.

Kai meldžiausi, šventykloje pamačiau daug induistų dievų ir deivių dvasių. Galvojau, kodėl šioje vietoje jų tiek daug. Apie dešimtą valandą pradėjo rinktis pastorius ir nariai. Jie sveikinosi paspausdami man ranką. Kai pastorius paspaudė man ranką, akimirksniu širdyje pasijutau juokingai. Pajutau, kad tuoj nugriūsiu. Vėliau Šventoji Dvasia man pasakė, kad pastorių užpuolė tie demonai, kuriuos matėte anksčiau. Pradėjau melstis ir prašyti Dievo, kad leistų man tarnauti šiam pastoriui. Viduryje pamaldų manęs paprašė pakilti ir kalbėti. Eidamas link sakyklos meldžiausi ir prašiau Viešpaties kalbėti per mane. Gavęs mikrofoną, paaiškinau, ką Dievas man parodė ir kas vyksta pastoriui. Pastoriui atsiklaupus, paprašiau susirinkusiųjų ištiesti į jį ranką ir melstis. Tuo tarpu aš uždėjau ant jo ranką ir meldžiausi, ir visi demonai pasitraukė. Jis liudijo, kad praėjusią naktį buvo atsidūręs skubios pagalbos skyriuje. Jis pasninkavo ir meldėsi už jaunus žmones. Būtent dėl to jį ir užpuolė šis išpuolis. Šlovė Dievui! Kaip svarbu būti santarvėje su Dievo Dvasia! Jo Dvasia kalba mums.

Iš ten 2015 m. gruodžio 1 d. išvykau į JAE. Dubajuje ir Abu Dabyje tarnavau induistų tautybės žmonėms, ir jie taip pat patyrė Dievo galią. Baigęs užduotį grįžau į Dalasą, Teksaso valstijoje.

Šlovinkime Dievą!

Mano "YouTube" kanalai:Kasdienė dvasinė mityba:

1. youtube.com/@dailyspiritualdietelizabet7777/videos
2. youtube.com/@newtestamentkjv9666/videos mp3
3. Interneto svetainė: https://waytoheavenministry.org

20 skyrius

Mūsų sielos ganytojas: trimito garsas

"Aš esu gerasis ganytojas, pažįstu savo avis ir esu jų pažįstamas. "
(Jono 10:14)

Jėzus yra mūsų sielos Ganytojas. Esame kūnas ir kraujas su gyva siela. Šioje žemėje esame tik akimirką Dievo laike. Po akimirkos, akimirksniu, viskas baigsis su "Trimito" garsu, kai būsime pakeisti.

"Bet aš nenoriu, kad jūs, broliai, nežinotumėte apie tuos, kurie užmigo, kad nesididžiuotumėte kaip kiti, kurie neturi vilties. Juk jei tikime, kad Jėzus mirė ir prisikėlė, tai ir tuos, kurie miega Jėzuje, Dievas atves su juo. Nes tai jums sakome Viešpaties žodžiu, kad mes, kurie esame gyvi ir pasiliekame iki Viešpaties atėjimo, nesutrukdysime užmigusiems. Nes pats Viešpats nužengs iš dangaus su šūksniu, arkangelo balsu ir Dievo trimitais, ir mirusieji Kristuje prisikels pirmieji: Tada mes, gyvieji ir likusieji, būsime kartu su jais pagauti debesyse pasitikti Viešpaties ore, ir taip amžinai būsime su Viešpačiu. Todėl guoskite vieni kitus šiais žodžiais."
(1 Tesalonikiečiams 4, 13-18)

Tik tie, kurie turi Dievo Dvasią (Šventąją Dvasią), bus atgaivinti ir prikelti būti su Viešpačiu. Pirmiausia bus pašaukti mirusieji Kristuje, o paskui tie, kurie bus gyvi, bus pakelti į orą susitikti su Viešpačiu Jėzumi debesyse. Mūsų mirtingi kūnai bus pakeisti, kad būtų su Viešpačiu. Kai išsipildys pagonių laikas, tie, kurie neturės Šventosios Dvasios, bus palikti ir jų laukia didelio sielvarto ir suspaudimo metas.

> *"Bet tomis dienomis, po to suspaudimo, saulė aptems,*
> *mėnulisnebeduossviesos, dangaus žvaigždės kris, ir danguje*
> *esančiosgalybėsbus sudrebintos. Ir tada jie pamatys*
> *ŽmogausSūnų,ateinantįdebesysesudidžia galybe ir šlove. Ir tada jis*
> *pasiųs savo angelus ir surinks savo išrinktuosius nuo keturių vėjų,*
> *nuo žemės pakraščių iki dangaus pakraščių".*
> *(Morkaus 13, 24-27).*

Daug žmonių pražus, nes jie neturėjo Dievo baimės (pagarbos) tikėti Jo žodžiu, kad būtų išgelbėti. Viešpaties baimė yra išminties pradžia. Karalius Dovydas rašė,, :Viešpats yra mano šviesa ir mano išgelbėjimas; ko man bijoti? VIEŠPATS yra mano gyvenimo stiprybė; kieno turėčiau bijoti? Dovydas tikrai buvo žmogus pagal Dievo širdį. Kai Dievas sukūrė žmogų iš žemės dulkių, Jis įkvėpė į jo šnerves gyvybės dvelksmą, ir žmogus tapo gyva siela. Kova vyksta dėl sielos; žmogaus siela gali keliauti pas Dievą arba į pragarą.

> *"Ir nebijokite tų, kurie žudo kūną, bet negali nužudyti* **sielos***, bet*
> *bijokite to, kuris gali* **pragare** *sunaikinti ir sielą, ir kūną."*
> *(Mato 10, 28).*

Tą dieną daugelis žinos tai, ką šiandien jiems buvo per sunku priimti. Bus per vėlu atsukti gyvenimo puslapius atgal, nes daugelis stovės priešais Gyvąjį Dievą, kad duotų ataskaitą.

> *"O tai sakau, broliai, kad kūnas ir kraujas negali paveldėti Dievo*
> *karalystės, ir netvarka nepaveldi netvarkymo. Štai aš jums atskleidžiu*
> *paslaptį: ne visi mes miegosime, bet visi būsime perkeisti, Per*
> *akimirką, akies mirksniu, nuskambėjus paskutiniam trimitui:*

nuskambės trimitas, ir mirusieji bus prikelti neperkeisti, o mes būsime perkeisti. Juk tai, kas laikoma sugedusiu, turi apsivilkti netvarumu, ir tai, kas mirtinga, turi apsivilkti nemirtingumu. Taigi, kai tai, kas laikoma sugedusiu, apsivilks netvarumu, ir tai, kas mirtinga, apsivilks nemirtingumu, tada išsipildys užrašytas posakis: 'Mirtis praryta pergalės'. O, mirtie, kur yra tavo žiežirbos? O kape, kur tavo pergalė? Mirties įgėlimas yra nuodėmė, o nuodėmės jėga - įstatymas. Bet ačiū Dievui, kuris suteikia mums pergalę per mūsų Viešpatį Jėzų Kristų".
(I Korintiečiams 15, 50-57)

Nuo ko būsime "išgelbėti"? Nuo amžino pragaro ežere, kuris dega ugnimi. Mes paimame sielas iš velnio gniaužtų. Tai dvasinė kova, kurią kovojame šioje žemėje. Mus teis Dievo žodis (66 Biblijos knygos) ir bus atversta gyvenimo knyga.

"Ir išvydau didelį baltą sostą ir sėdintįjį jame, nuo kurio veido žemė ir dangus bėgo, ir jiems nebuvo vietos. Ir mačiau, kaip mirusieji, maži ir dideli, stovi Dievo akivaizdoje, ir atsivėrė knygos, ir atsivėrė kita knyga, gyvenimo knyga, ir mirusieji buvo teisiami iš to, kas surašyta knygose, pagal savo darbus. Ir jūra atidavė mirusiuosius, kurie buvo joje, o mirtis ir pragaras atidavė mirusiuosius, kurie buvo juose, ir jie buvo teisiami kiekvienas pagal savo darbus. O mirtis ir pragaras buvo įmesti į ugnies ežerą. Tai antroji mirtis. Ir kas nebuvo rastas įrašytas gyvenimo knygoje, buvo įmestas į ugnies ežerą".
(Apreiškimo 20, 11-15).

Pradėjau galvoti apie tokius vyrus kaip Mozė, karalius Dovydas, Juozapas, Jobas ir kitus. Man nepatiko visas patirtas skausmas ir nesuprantu, kodėl krikščionybėje egzistuoja tokia kančia. Esu toli gražu ne toks kaip šie vyrai, kurie yra mūsų pavyzdžiai ir kurie teikia mums įkvėpimo eiti tikėjimo keliu. Dievo žodis nugali net ir kančios bei skausmo akivaizdoje. Išbandymų, ligų ir nelaimių metu labiausiai šaukiamės Dievo. Tai keistas, bet nuostabus tikėjimas, kurį tik Dievas žino, kodėl pasirinko tokį kelią. Jis mus taip myli, tačiau suteikė mums galimybę patiems pasirinkti, ar Jam tarnausime ir Jį mylėsime. Jis ieško aistringos nuotakos. Ar ištekėtumėte už žmogaus, kuris nebūtų aistringas? Šis skyrius parašytas kaip padrąsinimas nugalėti tuos dalykus, kurie trukdys jums pasiekti amžinąjį gyvenimą. Meilės, gailestingumo ir malonės Dievas taps teismo Dievu. Dabar pats laikas pasirūpinti savo išgelbėjimu ir išvengti pragaro liepsnų. Turime pasirinkti taip, kaip Jozuė pasirinko Jozuės knygoje.

"Jei jums atrodo bloga tarnauti Viešpačiui, šiandien pasirinkite, kam norite tarnauti: ar dievams, kuriems tarnavo jūsų protėviai, buvę anapus tvano, ar amoritų, kurių žemėje gyvenate, dievams, o aš ir mano namai tarnausime Viešpačiui." (Jozuės 24:15)

"Ir štai aš greitai ateinu, ir mano atlygis yra su manimi, kad duočiau kiekvienam pagal jo darbą. Aš esu Alfa ir Omega, pradžia ir pabaiga, pirmas ir paskutinis. Palaiminti, kurie vykdo jo įsakymus, kad turėtų teisę į gyvybės medį ir galėtų įeiti pro vartus į miestą". (Apreiškimo 22, 12-14).

Visi nori įeiti pro vartus į Dievo mums paruoštą miestą, tačiau, kad galėtume įeiti, turime vilkėti nepriekaištingą ir nesuteptą drabužį. Tai dvasinė kova, "kovojama ir laimima "ant kelių maldoje. Turime tik vieną gyvenimą šioje žemėje ir tik vieną gerą kovą! Vienintelis dalykas, kurį galime pasiimti su savimi į tą Miestą, yra sielos tų, kuriems liudijome, kurie priėmė mūsų Viešpaties ir Gelbėtojo Jėzaus Kristaus Evangeliją ir pakluso Kristaus mokymui. Norėdami pažinti Žodį, turime jį skaityti, o skaityti Žodį - tai įsimylėti mūsų Išganymo Autorių. Dėkoju savo Viešpačiui ir Gelbėtojui, kad nukreipė mano žingsnius iš Indijos į Ameriką ir parodė man savo Kelius, nes jie yra tobuli.

"Tavo žodis yra žibintas mano kojoms ir šviesa mano keliui. "
(Psalmių 119:105)

21 skyrius

Tarnyba darbe

Nuo tada, kai gavau Šventąją Dvasią, mano gyvenime įvyko didelių pokyčių.

"Bet jūs gausite galią, kai ant jūsų nužengs Šventoji Dvasia, ir būsite mano liudytojai Jeruzalėje, visoje Judėjoje, Samarijoje ir iki pat žemės pakraščių." (Apd1,8)

Darbe stengiausi tarnauti bendradarbiams; liudydavau ir, jei jie turėdavo problemų, melsdavausi už juos. Daug kartų jie ateidavo pas mane ir papasakodavo savo situaciją, o aš melsdavausi už juos. Jei jie sirgdavo, uždėdavau ant jų rankas ir melsdavausi už juos. Daugelį metų jiems liudijau. Mano paties gyvenimas buvo puikus liudijimas, o Dievas veikė su manimi, patvirtindamas per išgydymą, išlaisvinimą, patarimą ir paguodą jiems.

"Jis jiems tarė: "Eikite į visą pasaulį ir skelbkite Evangeliją kiekvienam kūriniui". Kas įtikės ir pasikrikštys, bus išgelbėtas, o kasnetikės, bus pasmerktas. Ir šitie ženklai lydės tikinčiuosius: mano vardujie išvarinės demonus, kalbės naujomis kalbomis, ims gyvates,

*ir jeiišgers kokio nors mirtino daikto, jiems nepakenks, dės rankas ant
ligonių, ir jie pasveiks. Po to, kai Viešpats jiems kalbėjo, jis buvo
paimtas į dangų ir atsisėdo Dievo dešinėje. Jie išėjo ir visur
pamokslavo, o Viešpats dirbo su jais ir patvirtino žodį sekančiais
ženklais. Amen." (Morkaus 16, 15-20)*

Visur, kur meldžiausi, jei jie būdavo išgydomi ar išlaisvinami,
kalbėdavau jiems apie Evangeliją. Evangelija yra Jėzaus mirtis,
palaidojimas ir prisikėlimas. Tai reiškia, kad turime atgailauti už visas
nuodėmes arba atgailaudami mirštame savo kūnui. Antrasis žingsnis
yra tas, kad esame palaidojami Jėzaus vardu Krikšto vandenyse, kad
gautume nuodėmių atleidimą arba nuodėmių atleidimą. Išėję iš
vandens kalbame naujomis kalbomis, priimdami Jo Dvasią, kuri dar
vadinama Dvasios arba Šventosios Dvasios krikštu.

Daugelis išgirdo ir pakluso.

Norėčiau jus padrąsinti, pateikdamas savo liudijimą apie tai, kaip Jėzus
galingai veikė mano darbovietėje. Mūsų darbo vieta, ten, kur
gyvename, ar bet kur kitur, yra laukas, kuriame galime sėti Dievo
žodžio sėklą.

Draugė, pagydyta nuo vėžio, ir jos mama kreipiasi į Viešpatį po mirties blogai.

Darbe turėjau brangią draugę Lindą. 2000 m. labai sirgau. Vieną dieną
man paskambino draugė ir pasakė, kad ji taip pat labai serga ir jai
atlikta operacija. Pirmaisiais mūsų draugystės metais ji atmetė
Evangeliją ir pasakė, kad man nereikia nei tavo Biblijos, nei tavo
maldų, aš turiu savo dievą. Manęs tai nejaudino, bet kai tik ji
skųsdavosi liga, siūlydavau pasimelsti, ji visada sakydavo "Ne". Tačiau
vieną dieną jai nepakeliamai skaudėjo nugarą, o staiga jai ėmė skaudėti
ir kelį. Tai buvo dar didesnis skausmas nei buvo nugaroje. Ji skundėsi,
ir aš paklausiau, ar galėčiau už ją pasimelsti. Ji atsakė: "Padaryk viską,
ko reikia". Pasinaudojau proga pamokyti ją, kaip Viešpaties Jėzaus
vardu atremti šį skausmą. Jos skausmas buvo nepakeliamas; ji iš karto

pradėjo priekaištauti Viešpačiui Jėzaus vardu, ir skausmas iš karto pasitraukė.

Tačiau šis išgydymas nepakeitė jos širdies. Dievas naudoja kančias ir problemas, kad suminkštintų mūsų širdis. Tai yra pataisos lazda, kurią Jis naudoja savo vaikams. Vieną dieną Linda paskambino man verkdama, kad jai ant kaklo atsirado didelė žaizda ir labai skauda. Ji maldavo manęs pasimelsti. Aš su džiaugsmu meldžiausi už savo gerą draugę. Ji vis skambino man kas valandą, prašydama paguodos, ir sakė: „Ar gali ateiti pas mane į namus ir pasimelsti"? Tą popietę jai paskambino ir pranešė, kad jai diagnozuotas skydliaukės vėžys. Ji labai verkė, o jos mama, išgirdusi, kad dukra serga vėžiu, tiesiog sutriko. Linda buvo išsiskyrusi ir turėjo mažą sūnų.

Ji primygtinai prašė, kad ateičiau pasimelsti už ją. Man taip pat buvo labai skaudu išgirsti šį pranešimą. Ėmiau nuoširdžiai ieškoti, kas galėtų mane nuvežti į jos namus, kad galėčiau už ją pasimelsti. Garbė Dievui, jei yra noras, yra ir kelias.

Mano maldos partnerė atėjo iš darbo ir nusivedė mane į savo namus. Linda, jos mama ir sūnus sėdėjo ir verkė. Pradėjome melstis, ir aš nelabai ką jaučiau, tačiau tikėjau, kad Dievas kažką padarys. Pasiūliau melstis dar kartą. Ji atsakė: "*Taip, melskis visą naktį*, aš neprieštarausiu". Melsdamasis antrą kartą pamačiau ryškią šviesą, sklindančią nuo durų, nors durys buvo uždarytos, o akys užmerktos. Mačiau, kad pro tas duris įėjo Jėzus, ir norėjau atverti akis, bet Jis pasakė" :*Melskis toliau*".

Kai baigėme melstis, Linda šypsojosi. Nežinojau, kas atsitiko, kad jos veidas pasikeitė. Paklausiau jos: "*Kas nutiko*?" Ji atsakė" :*Liz, Jėzus yra tikrasis Dievas*". Atsakiau: "*Taip, aš tau tai kartojau pastaruosius 10 metų, bet noriu sužinoti, kas atsitiko*". Ji atsakė: "*Mano skausmas visiškai išnyko*". "*Prašau, duokite man bažnyčios adresą, noriu pasikrikštyti*". Linda sutiko kartu su manimi studijuoti Bibliją ir tada ji buvo pakrikštyta. Jėzus pasinaudojo šia kančia, kad atkreiptų jos dėmesį.

"Pažvelk į mano vargą ir skausmą ir atleisk visas mannuodėmes.
"(Ps 25, 18).

Garbė Dievui!! Prašome nepasiduoti savo mylimam žmogui. Melskitės dieną ir naktį, vieną dieną Jėzus atsakys, jei mes nesiliausime.

"Ir nenusiminkime darydami gera, nes tinkamu laiku pjausime, jei nenusiminsime. "(Galatams 6:9)

Mamai gulint mirties patale, Linda paskambino man, kad aplankyčiau ją. Ji įstūmė mane invalido vežimėlyje į jos ligoninės kambarį. Kai tarnavome jos mamai, ji atgailavo ir šaukėsi Viešpaties Jėzaus atleidimo. Kitą dieną jos balsas visiškai išnyko, o trečią dieną ji mirė.

Mano draugė Linda dabar yra gera krikščionė. Garbė Viešpačiui!!

Mano bendradarbis iš Vietnamo:

Ji buvo miela moteris ir visada pasižymėjo labai gražia dvasia. Vieną dieną ji susirgo, ir aš paklausiau, ar galėčiau už ją pasimelsti. Ji iš karto priėmė mano pasiūlymą. Aš meldžiausi, ir ji buvo išgydyta. Kitą dieną ji pasakė" :Jei tai nebus per daug sunku, pasimelskite už mano tėtį". Jos tėtis pastaruosius kelis mėnesius nuolat sirgo. Pasakiau jai, kad mielai pasimelsiu už jos tėtį. Jėzus savo gailestingumu jį palietė ir visiškai išgydė.

Vėliau pamačiau ją sergančią ir vėl pasisiūliau pasimelsti. Ji atsakė: "*Nesivargink melstis už mane.*" Tačiau jos draugui, kuris dirba mechaniku kitoje pamainoje, reikia maldos. Jis negalėjo miegoti nei dieną, nei naktį; ši liga vadinama mirtina nemiga. Ji toliau teikė man informaciją ir buvo labai susirūpinusi dėl šio džentelmeno. Gydytojas jam skyrė dideles vaistų dozes ir niekas nepadėjo. Pasakiau" :*Aš mielai melsiuosi*". Kiekvieną vakarą po darbo beveik pusantros valandos meldžiausi už visus maldos prašytojus ir už save. Pradėjęs melstis už šį vyrą, pastebėjau, kad nemiegu ramiai. Nuo tada, kai pradėjau melstis už jį, staiga išgirsdavau, kaip kažkas papleksnoja man į ausį arba pasigirsdavo garsus triukšmas, kuris mane pažadindavo beveik kiekvieną naktį.

Po kelių dienų, kai pasninkavau, grįžau iš bažnyčios ir atsiguliau į lovą. Staiga mano nuostabai kažkas prasiskverbė pro sieną virš mano galvos ir įėjo į mano kambarį. Ačiū Dievui už Šventąją Dvasią. Akimirksniu Šventoji Dvasia prabilo mano lūpomis: „Aš tave surišu Jėzaus vardu". Dvasioje žinojau, kad kažkas buvo surištas, ir galia buvo sulaužyta Jėzaus vardu.

"Iš tiesų sakau jums: ką surišite žemėje, bus surišta ir danguje, ir ką atrišite žemėje, bus atrišta ir danguje." (Mato 18,18)

Nežinojau, kas tai buvo, o vėliau, kai dirbau, Šventoji Dvasia pradėjo atskleisti, kas įvyko. Tada supratau, kad šį mechaniką valdo demonai ir neleidžia jam miegoti. Paprašiau savo draugės darbe, kad ji išsiaiškintų, kaip jos draugas miega. Vėliau ji grįžo į mano darbo vietą su tuo mechaniku. Jis man pasakė, kad miega gerai, ir norėjo man padėkoti. Pasakiau: **"Prašau padėkoti Jėzui"**. **"Jis yra tas, kuris tave išgelbėjo"**. Vėliau daviau jam Bibliją ir paprašiau kasdien skaityti ir melstis.

Mano darbe buvo daug žmonių, kurie atsigręžė į Jėzų savo šeimoje. Tai buvo puikus laikas, kai galėjau liudyti įvairių tautybių žmonėms.

"Padėkosiu tau didžiajame susirinkime: Šlovinsiu Tave tarp daugybės žmonių." (Ps 35, 18)

"Garbinsiu tave, mano Dieve, karaliau, ir laiminsiu tavo vardą per amžius." (Ps 145, 1)

22 skyrius

Mokymasis Jo kelių paklūstant Jo balsui

I 1982 m. atrado šią gražią tiesą. Po poros metų nusprendžiau aplankyti Indiją. Ten būdamos su drauge Dina nusprendėme pasivaikščioti po Udaipuro miestą. Dienos pabaigoje grįžome į savo viešbučio kambarį, kuriuo dalijomės. Mūsų kambaryje ant sienos kabojo paveikslas, kuriame buvo pavaizduotas netikras dievas, garbinamas Indijoje. Kaip žinote, Indijoje yra daug dievų. Biblijoje kalbama apie vienintelį tikrąjį Dievą, kurio vardas Jėzus.

"Jėzus jam tarė: "Aš esu kelias, tiesa ir gyvenimas; niekas neateina pas Tėvą, kaip tik per mane". (Jono 14,6)

Staiga išgirdau balsą, kuris man pasakė: "*Nuimk paveikslą nuo sienos*". Kadangi turiu Šventąją Dvasią, pagalvojau" :*Aš nieko nebijau ir niekas man negali pakenkti.*" Taigi nepaklusau šiam balsui ir nenuėmiau paveikslo.

Kai miegojome, netikėtai atsidūriau lovoje; žinojau, kad angelas mane pasodino. Dievas atvėrė mano dvasines akis ir aš pamačiau didžiulį juodą vorą, ateinantį pro duris. Jis puolė ropoti per mane, mano draugę ir jos sūnų. Jis nuėjo link mano suknelės, kuri kabojo prie sienos, ir išnyko prieš pat mano akis. Tą akimirką Viešpats man priminė Raštų eilutę, kurioje sakoma, kad niekada neužleiskime vietos velniui.

"Neužleiskite vietos velniui." (Efeziečiams 4:27)

Tuoj pat atsistojau, nuėmiau paveikslą ir jį apverčiau. Nuo tos dienos supratau, kad Dievas yra šventas Dievas. Jo įsakymai, kuriuos Jis mums davė, apsaugos mus ir palaimins, jei tik visada jiems paklusime ir jų laikysimės.

Tuo metu, kai dirbau, visada grįždavau namo jausdamasis dvasiškai išsekęs. Vieną dieną Jėzus kalbėjo man ir pasakė" :*Pusvalandį kalbėk kalbomis, pusvalandį šlovink ir garbink, pusvalandį uždėk ranką ant galvos ir pusvalandį kalbėk kalbomis*". Tai buvo mano kasdienė malda.

Vieną dieną grįžau iš darbo po vidurnakčio. Pradėjau vaikščioti po namus ir melstis. Priėjau prie vieno namo kampo ir savo dvasinėmis akimis pamačiau demoną. Įjungiau šviesą ir užsidėjau akinius, norėdamas pamatyti, kodėl šis demonas galėtų čia būti? Staiga prisiminiau, kad anksčiau tą dieną buvau uždengęs antspaudus ir dievų vardus, kurie buvo ant kukurūzų aliejaus dėžutės. Kažkodėl nepastebėjau šio netikro dievo atspaudo. Nedelsdamas pasiėmiau permanentinį žymeklį ir jį užtepiau.

Biblijoje rašoma, kad Jėzus mums suteikė galią surišti ir išvaryti piktąsias dvasias. Tą naktį pasinaudojau šia galia, atidariau duris ir pasakiau tam demonui: "*Jėzaus vardu įsakau tau išeiti iš mano namų ir niekada nebegrįžti!*" Demonas akimirksniu išėjo.

Šlovinkime Dievą! Jei nepažįstame Dievo žodžio, galime leisti demonams ateiti į mūsų namus per žurnalus, laikraščius, televizorių, net per žaislus. Labai svarbu žinoti, ką įsileidžiame į savo namus.

Kitas pavyzdys: labai sirgau ir negalėjau vaikščioti, turėjau priklausyti nuo šeimos narių ir draugų, kurie man atnešdavo maisto produktų ir juos sudėdavo. Vieną rytą atsibudusi pajutau, kad kažkas uždengia mano burną, buvau surišta.

Paklausiau Dievo, kodėl taip jaučiuosi. Jis parodė man svastikos simbolį. Susimąsčiau, kur aš rasiu šį simbolį. Nuėjau prie šaldytuvo ir vos atidaręs dureles pamačiau svastikos simbolį ant maisto produktų, kuriuos sesuo atnešė dieną prieš tai. Padėkojau Dievui už Jo vedimą ir nedelsdamas jį pašalinau.

"Pasitikėk Viešpačiu visa širdimi ir nepasikliauk savo supratimu.
Visuose savo keliuose pripažink Jį, ir Jis nukreips tavo kelius."
(Patarlių 3, 5-6)

Norėčiau pasidalyti dar viena patirtimi, kurią patyriau lankydamasis savo gimtajame mieste Indijoje. Naktį praleidau su draugu, kuris buvo stabų garbintojas.

Daugelį metų liudijau jai apie Jėzų ir galią. Ji taip pat žinojo apie maldos galią ir daugybę stebuklų, įvykusių jos namuose. Ji liudijo apie stebuklus, kai meldžiausi Jėzaus vardu.

Man miegant mane pažadino triukšmas. Kitame kambario gale pamačiau figūrą, kuri buvo panaši į mano draugą. Figūra piktai žiūrėjo į mane. Jos ranka ėmė augti link manęs, priartėjo per pėdą ir išnyko. Ši figūra vėl pasirodė, bet šį kartą tai buvo jos mažo berniuko veidas. Jos ranka vėl ėmė augti ir rodyti į mane. Ji priartėjo per pėdą nuo manęs ir dingo. Prisiminiau, kad Biblijoje rašoma, jog angelai yra aplink mus.

"Kas gyvena Aukščiausiojo slėptuvėje, tas gyvens Visagalio šešėlyje.
Apie Viešpatį sakysiu: 'Jis yra mano prieglobstis ir mano tvirtovė,
mano Dievas, Juo pasitikiu'. Jis tikrai išgelbės tave nuo žvirblio
spąstų ir nuo triukšmingo maro. Jis pridengs tave savo plunksnomis,
po jo sparnais pasitikėsi, jo tiesa bus tavo skydas ir apkaustas. Tu
nebijosi siaubo naktį, nei strėlės, kuri skrieja dieną, nei maro, kuris

vaikšto tamsoje, nei pražūties, kuri siaučia vidurdienį. Tūkstantis kris prie tavo šono ir dešimt tūkstančių prie tavo dešinės, bet prie tavęs neprieis. Tik savo akimis pamatysi ir išvysi nedorėlių atlygį. Kadangi tu pasidarei savo buveine VIEŠPATĮ, kuris yra mano prieglobstis, Aukščiausiąjį, - tavęs neištiks joks blogis ir joks maras nepriartės prie tavo buveinės. Jis duos savo angelams prižiūrėti tave, kad saugotų tave visuose tavo "keliuose. (Ps 91, 1-11)

Ryte atsibudusi pamačiau savo draugę ir jos sūnų, besilenkiančius stabams. Ir aš prisiminiau, ką Dievas man parodė naktį. Taigi papasakojau draugei, kad anksčiau tą naktį turėjau regėjimą. Ji man pasakė, kad taip pat matė ir jautė tai savo namuose. Ji paklausė manęs, kaip atrodė demonas, kurį mačiau. Pasakiau jai, kad vienas jo pavidalas buvo panašus į ją, o kitas - į jos sūnų. Ji man pasakė, kad ji ir jos sūnus negali sugyventi. Ji paklausė manęs, ką reikia daryti, kad atsikratyčiau šių ją ir jos šeimą kankinančių demonų. Paaiškinau jai šią Šventojo Rašto eilutę.

Vagis ateina ne vogti, žudyti ir naikinti, bet vogti, žudyti ir naikinti.Aš atėjau, kad jie turėtų gyvenimą ir kad jo turėtų gausiau.
(Jono 10, 10)

"Daviau jai Bibliją ir paprašiau, kad ji kiekvieną dieną savo namuose garsiai skaitytų, ypač Jono 3:20 ir 21 eilutes."

"Nes kiekvienas, kuris daro pikta, nekenčia šviesos ir neateina į šviesą, kad jo darbai nebūtų apskųsti. O kas daro tiesą, eina į šviesą, kad išryškėtų jo darbai, jog jie padaryti Dieve."
(Jono 3:20-21)

Taip pat ją išmokiau dvasinės kovos maldos, kuria Jėzaus vardu surišate visas piktąsias dvasias ir išlaisvinate Šventąją Dvasią arba angelus. Taip pat paprašiau jos nuolat kalbėti Jėzaus Vardą ir maldauti Jėzaus Kraujo savo namuose.

Praėjus keliems mėnesiams po šios kelionės, gavau laišką, kuriame liudijo, kad demonai paliko jos namus, kad ji ir jos sūnus sutaria ir jų namuose tvyro visiška ramybė.

"Paskui jis sušaukė dvylika savo mokinių ir davė jiems galią bei valdžią valdyti visus velnius ir gydyti ligas. Jis pasiuntė juos skelbti Dievo karalystės ir gydyti ligonių." (Luko 9, 1.2).

Kai ji liudijo kitiems giminaičiams, jie labai susidomėjo Biblija ir norėjo daugiau sužinoti apie Viešpatį Jėzų.

Kitą kartą lankydamasis Indijoje, susitikau su visa šeima ir atsakiau į jų klausimus. Mokiau juos melstis ir daviau jiems Bibliją. Už šiuos rezultatus atiduodu Dievui visą šlovę.

Trokštu, kad žmonės išmoktų naudoti Jėzaus vardą ir Dievo žodį kaip kalaviją prieš priešą. Tapę "atgimusiais krikščionimis" ,mes turėsime galios.

"Viešpaties Dievo Dvasia ant manęs, nes Viešpats patepė mane, kadskelbčiau gerąją naujieną klusniesiems, siuntė mane surišti sugniuždytą širdį, paskelbti belaisviams laisvę ir atverti kalėjimą surištiems"(Izaijo 61, 1).

23 skyrius

Judėjimas į žiniasklaidą

I 1999 m. darbe patyriau traumą, kuri vėliau dar labiau pablogėjo. Ši trauma buvo tokia sunki, kad iš skausmo praradau atmintį. Negalėjau skaityti ir prisiminti, ką perskaičiau. Negalėjau miegoti 48 valandas. Jei miegodavau, po kelių valandų atsibusdavau dėl rankų tirpimo, nugaros, kaklo ir kojų skausmo. Tai buvo ugninis mano tikėjimo išbandymas. Neturėjau jokio supratimo, ką galvoju. Daug kartų alpdavau ir užmigdavau. Tik taip dažniausiai ir miegodavau. Nenorėjau gaišti laiko, todėl galvojau, ką turėčiau daryti? Sugalvojau įrašyti visų savo jau išverstų knygų kompaktinę plokštelę. Pagalvojau, kad jei visas šias knygas įrašyčiau į garso įrašą, tai būtų puiku šiam laikmečiui.

"kad jūsų tikėjimo išbandymas, kuris, nors ir išbandytas ugnimi, būtų daug brangesnis už pražuvusį auksą, Jėzaus Kristaus pasirodymo metu būtų surastas šlovei, garbei ir šlovei" (1 Pt 1, 7).

Kad paskleisčiau šią tiesą, buvau pasirengęs padaryti bet ką. Jokia kaina nėra didesnė už tą, kurią sumokėjo Jėzus. Dievas savo gailestingumu padėjo man pasiekti tikslą.

Be abejo, tam prireikė daugiau nei metų. Neturėjau pakankamai pinigų, kad galėčiau nusipirkti visą įrangą, taip pat neturėjau pakankamai žinių, kad žinočiau, kaip įrašinėti. Pradėjau naudoti savo kredito kortelę, kad nusipirkčiau tai, ko reikėjo šiam naujam projektui. Pagalvojau, kad kadangi negaliu skaityti ir atsiminti, galiu tiesiog garsiai perskaityti knygą ir įrašyti garso kompaktinę plokštelę, taip man nereikės atminties, kad galėčiau skaityti.

Kadangi ėjau į anglišką bažnyčią, beveik pamiršau, kaip taisyklingai skaityti gvadžarati, ir nenorėjau atsisakyti savo kalbos. Daug kartų, kaip žinote, dėl sveikatos negalėdavau sėdėti kelias dienas ar net savaites. Pamiršdavau, kaip įrašinėti ir naudotis savo įrašymo įranga. Peržiūrėdavau savo užrašus ir vėl pradėdavau iš naujo, bet nenorėjau jos paleisti.

Turime prisiminti vieną dalyką: velnias niekada nepasiduoda! Turime iš to pasimokyti ir niekada nepasiduoti!

Atėjo diena, kai baigiau savo šešių puslapių knygelę. Mano nuostabai, ji užtruko vienerius metus. Buvau toks laimingas, įsijungiau kompaktinę plokštelę, kad ji grotų, ir lėtai atsukau savo vežimėlį, kad išgirsčiau savo kompaktinę plokštelę.

Staiga, kai pažvelgiau, mano akys nebematė. Labai išsigandau ir pasakiau sau: "Aš taip sunkiai dirbau, būdama silpnos sveikatos. Gaila, kad nesirūpinau savo sveikata, o dabar nematau". Nemačiau nei savo virtuvės, nei stereoaparatūros, nei sienos, nei baldų. Nieko nebuvo, išskyrus tirštą baltą debesį. Pasakiau: "Buvau sau griežtas, o dabar esu aklas". Staiga tame tirštame baltame debesyje savo kambaryje pamačiau Viešpatį Jėzų, stovintį baltu apsiaustu ir besišypsantį man. Netrukus Jis išnyko ir aš supratau, kad tai buvo Vizija. Žinojau, kad nusileido Jo Šekinos šlovė. Buvau toks laimingas ir supratau, kad Viešpats Jėzus patenkintas mano pastangomis.

Visada noriu ieškoti Dievo nurodymų, kad galėčiau savo laiką panaudoti taip, kaip geriausia, kad suteiktų Jam šlovę. Jokia situacija negali sustabdyti mūsų atlikti Jo tarnystės. Šią kompaktinę plokštelę laisvai dalinau žmonėms, taip pat įkėliau į savo http://www.gujubible.org/web_site.htm ir https://waytoheavenministry.org

"Kas mus atskirs nuo Kristaus meilės: ar vargas, ar sielvartas, ar persekiojimas, ar badas, ar nuogumas, ar pavojus, ar kalavijas? Kaip parašyta" :Dėl Tavęs mes žudomi visą dieną, esame laikomi kaip avys pjūčiai. Ne, visuose šiuose dalykuose esame daugiau negu nugalėtojai per Tą, kuris mus pamilo. Nes esu įsitikinęs, kad nei mirtis, nei gyvenimas, nei angelai, nei kunigaikštystės, nei valdžios, nei dabartis, nei ateitis, nei aukštumos, nei gelmės, nei joks kitas tvarinys negalės mūsų atskirti nuo Dievo meilės, kuri yra Kristuje Jėzuje, mūsų Viešpatyje". (Rom 8, 35-39)

24 skyrius

Tyrimas, kuriame nagrinėjama

M kartų turėjau galimybę vesti Biblijos studijas ne tik anglų kalba. Mokant juos Dievo žodžio, jie negalėjo rasti tinkamos Šventojo Rašto vietos. Visada naudojau Karaliaus Jokūbo versiją. Tačiau kai kurie iš jų turėjo kitokias Biblijos versijas ir kalbas.

"Vieną vakarą mokiau apie vieną Dievą, monoteizmą (mono yra kilęs iš graikiško žodžio Monos, o theos reiškia Dievas) ir skaičiau 1 Jono 5:7. Ieškodami šios Raštų eilutės savo Biblijoje, jie negalėjo jos rasti.
Buvo jau po vidurnakčio, todėl pamaniau, kad jie nesupranta, ką skaito, o kai išvertėme iš anglų kalbos į jų kalbą, jie pasakė, kad mūsų Biblijoje to nėra."

*"Juk danguje yra trys, kurie liudija: Tėvas, Žodis ir Šventoji Dvasia, ir šie **trys yra viena"**. (1 Jono 5,7).*

Buvau šokiruota. Taigi mes ieškojome kito Rašto.

*"(KB) 1 Timotiejui 3:16, "**Dievas** apsireiškė kūne".*

Jų Biblijoje rašoma: "*Jis pasirodė su kūnu*" (visose Biblijose, išverstose iš sugadinto Aleksandrijos rankraščio, yra šis melas. Romos katalikų Vulgata, Guajarati Biblija, NIV Biblija, ispanų ir kitos šiuolaikinės Biblijos versijos).

{ΘC=Dievas} graikų kalboje, tačiau, pašalinus mažą brūkšnelį iš ΘC, "Dievas" pasikeičia {OC = "kas" arba "jis"} į kas, kuris graikų kalboje turi kitokią reikšmę. Tai du skirtingi žodžiai, nes "jis" gali reikšti bet ką, bet Dievas kalba apie Jėzų Kristų kūne.

Kaip lengva atimti iš Jėzaus Kristaus dieviškumą?!?!?!

Apreiškimo 1:8

KJV: Aš esu Alfa ir Omega, <u>pradžia ir pabaiga</u>, sako Viešpats, kuris yra, kuris buvo ir kuris ateis, Visagalis.

NIV vertimas: Aš esu Alfa ir Omega, - sako Viešpats Dievas, -kuris yra, kuris buvo ir kuris ateis, Visagalis.

(Gujarati Biblijoje, NIV ir kituose vertimuose išbraukta "<u>Pradžia ir pabaiga</u>")

Apreiškimo 1:11

"KJV: <u>Aš esu Alfa ir Omega, pirmasis ir paskutinysis</u>, ir, ką matai, užrašyk į knygą ir nusiųsk septynioms bažnyčioms Azijoje: Efezui, Smirnai, Pergamui, Tiatyrai, Sardams, Filadelfijai ir Laodikėjai "(Apreiškimo 1, 11).

"NIV: Apreiškimo 1:11 "Parašykite ant ritinio, ką matote, ir išsiųskite septynioms bažnyčioms: Efezui, Smirnai, Pergamonui, Tiatyrai, Sardams, Filadelfijai ir Laodikėjai."

(Šiuolaikinėse Biblijos versijose, Guajarati ir NIV Biblijos versijose <u>Aš esu Alfa ir Omega, pirmasis ir paskutinysis</u>).

Negalėjau įrodyti, kad yra "vienas Dievas", remdamasis jų Biblija.

Mano mokymas užtruko ilgai, ir jų nuostabai aš negalėjau jiems pateikti biblinių įrodymų, kad yra vienas Dievas iš jų Biblijos. Tai paskatino mane nuodugniai studijuoti.

"Prisimenu, Paulius sakė: Aš žinau, kad po mano pasitraukimo tarp jūsų įžengs pikti vilkai, negailėdami kaimenės." (Apd 20, 29).

Apaštalas Jonas, kuris buvo paskutinis likęs gyvas Kristaus mokinys, viename iš savo laiškų mus įspėjo:

"Mylimieji, netikėkite kiekviena dvasia, bet tikrinkite dvasias, ar jos išDievo, nes daug netikrų pranašų išėjo į pasaulį. Taip jūs pažįstate Dievo Dvasią: Kiekviena dvasia, kuri išpažįsta, kad Jėzus Kristus atėjokūne, yra iš Dievo: O kiekviena dvasia, kuri neišpažįsta, kadJėzusKristus atėjo kūne, nėra iš Dievo." (1 Jono 4, 1-3)

Norėčiau pasidalyti šiuo faktu, kurį radau ieškodamas tiesos apie Dievo žodžio iškraipymą.

Aleksandrijos rankraštis buvo sugadinta originalaus tikrojo Biblijos rankraščio versija. Iš originalaus rankraščio buvo išbraukta daug žodžių, tokių kaip: sodomitas, pragaras, kraujas, sukūrė Jėzus Kristus, Viešpats Jėzus, Kristus, Aleliuja, Jehova ir daug kitų žodžių bei eilučių.

Aleksandrijos Egipte raštininkai, kurie buvo antikristai, neturėjo vienintelio tikrojo Dievo apreiškimo, nes Biblija buvo pakeista nuo originalaus rankraščio. Ši korupcija prasidėjo I amžiuje.

Iš pradžių graikų ir hebrajų Biblijos buvo rašomos ant papiruso ritinių, kurie buvo greitai gendantys. Todėl kas 200 metų skirtingose šalyse rankomis buvo rašoma po 50 kopijų, kad jos būtų išsaugotos dar 200 metų. Tai praktikavo ir mūsų protėviai, kurie turėjo tikrą originalaus rankraščio kopiją. Tą pačią sistemą taikė ir aleksandriečiai, kad išsaugotų sugadintą rankraštį.

Ankstyvaisiais mūsų eros metais vyskupai užėmė valdžią ir nuo 130 iki 444 m. įvedė korupciją. Jie graikiškojo ir hebrajiškojo rankraščio originalo kopiją papildė ir atėmė. Visi vėlesni vyskupai tvirtindavo, kad jie gavo žinią tiesiogiai iš Jėzaus ir neturėtų kreipti dėmesio į apaštalus, mokinius, pranašus ir mokytojus. Visi vyskupai taip pat tvirtino, kad jie yra vieninteliai apšviestieji.

Aleksandrijos vyskupas Origenas (185-254 m.): Tertulijonas buvo sugadintas vyskupas, kuris pridėjo daugiau tamsos. Jis mirė apie 216 m. po Kr. Klemensas perėmė jo vietą ir buvo Aleksandrijos vyskupas. Kirilas, Jeruzalės vyskupas, gimė 315 m. ir mirė 386 m. po Kr. Augustinas, Hipono vyskupas, katalikybės įkūrėjas, gimė 347 m. ir mirė 430 m. Jis pašalino žmones, kurie tikrai tikėjo Dievo žodžiu. Chrizostomas buvo kitas Konstantinopolio vyskupas, iš kurio kilo iškraipyta versija. Jis gimė 354 m. ir mirė 417 m. po Kr. Šventasis Kirilas Aleksandrietis buvo paskirtas vyskupu 412 m. ir mirė 444 m.

Šie vyskupai iškraipė tikrąjį rankraštį ir buvo atmesti mūsų protėvių, kurie žinojo, kur ir kaip buvo iškraipytas originalus rankraštis.

Ši korupcija prasidėjo dar Pauliui ir Jonui esant gyviems. Aleksandriečiai nepaisė Dievo žodžio ir 325 m. Nikėjoje įtvirtino Trejybės doktriną. Nikėja yra dabartinė Turkija, o Biblijoje ji vadinama Pergamu.

__"Pergamo__ bažnyčios angelui rašyk: "Tai sako tas, kuris turi aštrųdviašmenį kalaviją: 'Aš žinau tavo darbus ir kur gyveni, __kur yra__ šėtono__buveinė__, ir tu tvirtai laikaisi mano vardo ir neišsižadėjai mano tikėjimonet tomis dienomis, kai Antipa buvo mano ištikimas kankinys, nužudytas tarp jūsų, kur gyvena šėtonas". (Apreiškimo 2, 12-13).

Nikėja

325 m. po Kristaus šėtonas panaikino Dievo vienybę, pridėjo Trejybę ir padalijo Dievą. Jie iš krikšto formulės išbraukė Jėzaus vardą ir pridėjo Tėvą, Sūnų ir Šventąją Dvasią.

"Vagis ateina ne vogti, žudyti ir naikinti; aš atėjau, kad jie turėtų gyvenimą ir kad jo turėtų daugiau.gausiai" (Jono 10, 10).

Pergamas (vėliau pavadintas Nikėja, o dabar vadinamas Turkija) - tai miestas, iškilęs 1000 pėdų virš jūros lygio. Šioje vietoje buvo garbinami keturi skirtingi dievai. Pagrindinis dievas buvo Asklepijus, kurio simbolis - gyvatė.

Apreiškimas sako:

*"Ir buvo išvarytas didysis **drakonas**, senoji **gyvatė**, vadinama velniu ir šėtonu, kuris suvedžioja visą pasaulį; jis buvo išvarytas į žemę, o kartu su juo išvaryti ir jo angelai" (Apreiškimo 12, 9).*

*"Jis suėmė drakoną, senąją **gyvatę**, kuri yra velnias ir šėtonas, ir surišo jį tūkstančiui metų" (Apreiškimo 20, 2).*

Šioje šventykloje buvo daug didelių gyvatės; aplink ją taip pat buvo tūkstančiai gyvatės. Žmonės ateidavo į Pergamo šventyklą ieškodami gydymo. Asklepijas buvo vadinamas gydymo dievu ir buvo vyriausias iš keturių dievų. Kadangi jis buvo vadinamas gydymo dievu, šioje vietoje buvo pristatoma žolelių ir vaistų gydymui. Kad galėtų nuimti žaizdas ir Jėzaus vardą išgydymui. Jo planas - užimti Jėzaus vietą ir pašalinti Kristų kaip Gelbėtoją, nes jis taip pat teigė esąs Gelbėtojas. Šiuolaikinis medicinos mokslas gyvatės simbolį perėmė iš Asklepijaus (Gyvatės).

Biblijoje sakoma:

*"Jūs esate mano liudytojai, - sako Viešpats, - ir mano tarnas, kurį išsirinkau, kad pažintumėte ir tikėtumėte manimi, ir suprastumėte, jog **aš esu jis**: iki manęs nebuvo Dievo ir po manęs nebus. Aš, aš esu Viešpats, ir be manęs nėra kito **gelbėtojo**." (Izaijo 43:10-11)*

Čia Šėtonas įsteigė trejybę.

Šiandien jie rado originalią Aleksandrijos rankraščio kopiją, pabraukdami žodį ir Raštą, kad pašalintų iš originalaus tikro hebrajiško ir graikiško rankraščio. Tai įrodo, kad būtent jie iškraipė tikrąjį Dievo žodį.

Tamsusis amžius atėjo paprasčiausiai pašalinus tiesą ir pakeitus tikrąjį Biblijos dokumentą.

Dievo žodis yra kalavijas, šviesa ir tiesa. Dievo žodis įtvirtintas per amžius.

NIV Biblija, šiuolaikinė Biblija ir daugelis kitų Biblijos kalbų buvo išverstos iš sugadintos senosios Aleksandrijos kopijos. Dabar dauguma kitų Biblijos egzempliorių atsirado iš NIV versijos ir yra išversti į kitas kalbas. Šėtono Biblijos ir NIV Biblijos kopijų teisė priklauso žmogui, vardu Rupertas Murdochas.

Kai 1603 m. karalius Jokūbas perėmė valdžią po mergelės karalienės Elžbietos mirties, jis ėmėsi projekto išversti Bibliją iš originalaus tikro hebrajų ir graikų rankraščio. Šį projektą vykdė daug hebrajų, graikų ir lotynų teologų, mokslininkų ir žmonių, kurie buvo labai gerbiami kitų akyse. Archeologai rado senus tikrus originalius hebrajų ir graikų rankraščius, kurie 99 % sutampa su KJV Biblija. Vieną procentą sudaro smulkios klaidos, pavyzdžiui, skyrybos.

Šlovinkime Dievą! KJV yra vieša nuosavybė, todėl kiekvienas gali naudotis KJV Biblija ir versti ją į savo gimtąją kalbą. Aš siūlau versti iš KJV Biblijos, nes ji yra viešoji nuosavybė ir tiksliausia Biblija.

Pašalinus tiesą iš Biblijos originalo, išnyko Jėzaus Kristaus vardas, kuris yra jėga, išlaisvinanti žmones.

Dėl to atsirado daugybė denominacijų. Dabar suprasite, kodėl Biblijoje sakoma, kad nereikia nei pridėti, nei atimti.

Puolimas nukreiptas prieš įsikūnijusį Vienatinį Dievą.

Biblijoje sakoma.

"Tą dieną Viešpats bus karalius visoje žemėje; tą dieną bus vienas Viešpats ir vienas jo vardas." (Zacharijo 14,9)

Jo vardas yra JĖZUS!!!

25 skyrius

Gyvenimą keičiantys asmeniniai parodymus

Sveikinimai Jėzaus vardu:

Šie asmeniniai "gyvenimą keičiantys" liudijimai pateikiami kaip Visagalio Dievo galios padrąsinimas. Nuoširdžiai tikiuosi, kad jūsų tikėjimas sustiprės skaitant šiuos įkvepiančius nuolankių tikinčiųjų ir tarnautojų, turinčių pašaukimą ir aistrą Dievui, liudijimus. "Pažinkite Jį Jo meilės artumoje per tikėjimą, maldą ir Dievo žodį". Mokslas ir medicina negali paaiškinti šių stebuklų, taip pat ir tie, kurie skelbiasi esą išmintingi, negali suprasti Dievo dalykų.

*"Aš tau duosiu tamsos **lobius** ir paslėptus turtus slaptavietėse, kad žinotum, jog aš, Viešpats, kuris vadinu tave tavo vardu, esu Izraelio Dievas. "(Izaijo 45,3)*

"Tai tikėjimo kelias, kurio negalima išskaidyti ir kurio negalima įsivaizduoti."

"Išminčiai sugėdinti, jie nusiminę ir suglumę: žiūrėkite, jie atmetė Viešpaties žodį, ir kokia išmintis juose?" (Jeremijo 8:9)

"Vargas tiems, kurie yra išmintingi savo pačių akyse ir protingi savo pačių akyse!" (Izaijo 5,21).

"Matote, broliai, savo pašaukimą, kad ne daug išminčių pagal kūną, ne daug galingųjų, ne daug kilmingųjų yra pašaukti: Bet Dievas išsirinko kvailus pasaulio dalykus, kad sugėdintų išmintinguosius, ir Dievas išsirinko silpnus pasaulio dalykus, kad sugėdintų galinguosius" (1 Korintiečiams 1:26-27).

"Šaukis manęs, ir aš tau atsiliepsiu ir parodysiu tau didžių ir galingų dalykų, kurių tu nežinai." (Jeremijo 33,3).

Nuoširdžiai dėkoju tiems, kurie prisidėjo savo asmeniniais liudijimais ir laiku prie šios knygos Dievo garbei.

Tegul Dievas jus laimina
Elizabeth Das, Teksasas

Žmonių

liudijimai

Visi liudijimai duodami savanoriškai, kad suteiktų
Dievui šlovę, šlovė priklauso tik Dievui

Terry Baughman, pastorius
Gilbertas, Arizona, JAV

Elizabeth Das yra įtakinga moteris. Apaštalas Paulius ir jo palydovas misionierius Silas patraukė į moterų maldos grupę netoli Tiatyros prie upės. Būtent šiame maldos susirinkime Lidija išgirdo Pauliaus ir Silo mokymą, o vėliau primygtinai paprašė, kad jie savo tarnystės regione metu apsistotų jos namuose. (žr. Apd 16, 13-15). Šios moters svetingumas ir... tarnystė užrašyti Raštuose, kad būtų prisimenami visiems laikams.

Elžbieta Das yra tokia Dievo moteris, panaši į įtakingą moterį Lidiją iš Apaštalų darbų knygos. Savo darbštumu ir aistra ji vedė kitus į tiesos pažinimą, koordinavo maldos grupes ir buvo Evangelijos tarnautojų siuntimo į savo gimtąjį Gudžarato miestą Indijoje įrankis.Pirmą kartą apie Elizabet Das išgirdau, kai buvau Krikščioniškojo gyvenimo koledžo Stokktone, Kalifornijoje, dėstytojas ir akademinis dekanas. Mūsų misijų direktorius Darilas Rašas (Daryl Rash) papasakojo man apie jos gerą darbą įkalbinėjant tarnautojus vykti į Ahmadabadą (Indija) mokyti ir pamokslauti konferencijose, kurias remia pastoriaus Džaiprakašo (Jaiprakash Christian and Faith Church), daugiau nei 60 bažnyčių grupė Gudžarato valstijoje, Indijoje. Ji paskambino į Krikščioniškojo gyvenimo koledžą, prašydama kalbėti būsimoje konferencijoje, skirtoje Indijos bažnyčioms. Mes nusiuntėme du savo dėstytojus, kad jie mokytų ir pamokslautų konferencijoje. Kitą kartą Elizabet Das paskambino; Darilas Rašas paklausė manęs, ar nenorėčiau vykti mokyti į vieną iš konferencijų. Su džiaugsmu sutikau ir iš karto pradėjau ruoštis kelionei. Kitas instruktorius, Brajanas Henris, mane lydėjo ir konferencijoje sakė pamokslus per naktines pamaldas. Tuo metu buvau Krikščioniškojo gyvenimo koledžo vykdomasis viceprezidentas ir etatinis instruktorius, todėl mes pasirūpinome pakaitiniais dėstytojais ir kitomis pareigomis ir išskridome per pusę pasaulio pasidalyti savo tarnyste su nuostabiais Gudžarato žmonėmis Vakarų Indijoje. Per antrąją kelionę į Gudžaratą 2008 m. kartu su manimi vyko ir mano sūnus, kuris patyrė gyvenimą pakeitusį įvykį Dvasios ir tiesos konferencijoje Anande. Skristi aplink pasaulį ir dalyvauti šiose konferencijose bei tarnavimo kelionėse kainuoja nemažai, tačiau atlygio neįmanoma išmatuoti pinigais. Šios kelionės į Indiją metu mano sūnus prisiėmė naują įsipareigojimą Viešpačiui, kuris pakeitė jo gyvenimo kryptį. Dabar jis vadovauja šlovinimui ir yra muzikos vadovas bažnyčioje, kurioje dabar tarnauju kaip pastorius Gilberte, Arizonos valstijoje. Tarnystė Indijoje ne tik palaimina žmones, bet ir tuos, kurie ten vyksta, kartais netikėtais būdais.

Elizabeth Das įtaka tiesiogine prasme jaučiama visame pasaulyje. Ji ne tik padeda siųsti tarnautojus iš Jungtinių Valstijų į Indiją, bet ir aistringai verčia medžiagą į savo gimtąją gudžaratų kalbą. Kaskart, kai su ja kalbėdavau telefonu, ji nuolat ieško naujų būdų, kaip dalytis Evangelijos tiesa. Ji aktyviai dalyvauja maldos tarnystėje ir aktyviai ieško būdų, kaip tarnauti per Biblijos pamokas spaudoje ir internete per savo "YouTube" įrašus. Elizabeta Das gyvai parodo, ką vienas žmogus gali padaryti, kad aistra, atkaklumu ir malda pakeistų pasaulį.

Veneda Ing
Milanas, Tenesis, JAV

Gyvenu mažame miestelyje Vakarų Tenesyje ir priklausau vietinei Sekminių bažnyčiai. Prieš kelerius metus dalyvavau maldos konferencijoje Sent Luise, MO, ir susipažinau su moterimi, vardu Tammy, su kuria iš karto susidraugavome. Kai susipažinome, ji papasakojo man apie maldos grupę, kuriai ji priklausė ir kuriai vadovavo sesuo Elizabeta Das iš savo namų Teksase. Mažą grupę sudarė žmonės iš įvairių Jungtinių Amerikos Valstijų dalių, kurie prisijungdavo per telefoninę konferenciją.

Kai grįžau namo, pradėjau skambinti į maldos grupę ir iš karto sulaukiau Dievo palaiminimo. Kai prisijungiau prie šios grupės, bažnyčioje buvau praleidęs maždaug 13 metų, todėl malda man nebuvo naujiena, tačiau "Sutarimo maldos" galia buvo stulbinanti! Iškart pradėjau gauti rezultatų dėl savo maldos prašymų ir kasdien klausiausi šlovinimo pranešimų. Augo ne tik mano maldos gyvenimas, bet ir mano Kalėjimo tarnyba bei kitos Dvasios dovanos, kuriomis Dievas mane palaimino. Iki tol niekada nebuvau susitikęs su seserimi Das. Jos didžiulis troškimas melstis ir padėti kitiems pasinaudoti juose slypinčiomis dovanomis mane visada priversdavo sugrįžti dar kartą. Ji labai padrąsinanti ir labai drąsi, nebijanti kelti klausimų ir tikrai nebijanti pasakyti, jei jaučia iš Dievo, kad kažkas negerai. Jėzus visada yra jos atsakymas. Kai turėjau galimybę atvykti į Teksasą ir dalyvauti specialiame maldos susitikime sesers Das namuose, labai norėjau vykti.

Sėdau į lėktuvą ir jau po kelių valandų atsidūriau Dalaso ir Fort Vorto oro uoste, kur susitikome pirmą kartą po daugiau nei metus trukusios bendros maldos.

Pažįstamas balsas, bet atrodė, lyg būtume pažįstami jau daugelį metų. Kiti taip pat atvyko iš kitų valstijų, kad prisijungtų prie šio susitikimo.

Namų maldos susirinkimas buvo kažkas tokio, ko dar niekada nebuvau patyręs. Buvau toks susijaudinęs, kad Dievas leido mane panaudoti kitų labui. Per šį susirinkimą matėme daugybę išgydytų nuo nugaros ir kaklo problemų. Matėme ir patyrėme kojų ir rankų augimą, matėme, kaip kažkas buvo išgydytas nuo diabeto, taip pat daug kitų stebuklų ir gyvenimą keičiančių įvykių, pavyzdžiui, demonų išvarymą. Dėl to dar labiau troškau Dievo dalykų ir dar labiau troškau pažinti Jį aukštesnėje vietoje. Leiskite man akimirką stabtelėti ir pasakyti, kad Dievas šiuos stebuklus padarė Jėzaus vardu ir tik Jo vardu. Dievas naudoja seserį Das, nes ji nori padėti ir mokyti kitus, kad jie išmoktų, kaip leisti Dievui taip pat juos naudoti. Ji yra brangi draugė ir mentorė, kuri išmokė mane būti labiau atskaitingą Dievui. Dėkoju Dievui, kad mūsų keliai susikirto ir tapome maldos partnerėmis. Per 13 gyvenimo Dievui metų niekada nežinojau tikrosios maldos galios. Raginu jus suburti vieningą maldos grupę ir tiesiog pamatyti, ką Dievas padarys. Jis yra nuostabus Dievas.

Diana Gevara
Kalifornijos El Monte

Kai gimiau, buvau auklėjamas savo šeimos katalikų religijoje. Su amžiumi religijos nepraktikavau. Mano vardas Diana Gevara ir būdama maža mergaitė visada žinojau, kad turėčiau kažką jausti, kai eidavau į bažnyčią, bet niekada to nedariau. Mano kasdienybė buvo melstis "Tėve mūsų" ir "Sveika, Marija", kaip buvau išmokyta daryti būdama maža. Tiesa ta, kad iš tiesų nepažinojau Dievo. 2007 m. vasarį sužinojau, kad mano penkiolikos metų draugas turi romaną ir kad jis lankosi įvairiose interneto pažinčių svetainėse. Buvau tokia įskaudinta ir sugniuždyta, kad puoliau į depresijos būseną, visą laiką gulėjau ant sofos ir verkiau. Man taip skaudėjo širdį, kad per 21 dieną numečiau 25 kg, nes jaučiau, kad mano pasaulis baigėsi. Vieną dieną man paskambino sesuo Elizabeth Das, moteris, kurios niekada nebuvau mačiusi. Ji mane drąsino, meldėsi už mane ir citavo man Šventojo Rašto eilutes iš Biblijos. Du mėnesius mes kalbėjomės, o ji ir toliau meldėsi už mane, ir kiekvieną kartą pajusdavau Dievo ramybę ir meilę. 2007 m. balandį man kažkas pasakė, kad turiu vykti į Teksasą, į sesers Elžbietos namus. Užsisakiau bilietus ir 5 dienoms išvykau į Teksasą. Per tą laiką ses. Elžbieta ir aš meldėmės ir studijavome Bibliją. Ji parodė man Raštų ištraukas apie krikštą Jėzaus vardu. Aš uždaviau daug klausimų apie Dievą ir žinojau, kad turiu kuo greičiau pasikrikštyti Jėzaus vardu. Po to, kai buvau pakrikštytas, supratau, kad būtent dėl to jaučiau būtinybę skubiai vykti į Teksasą. Pagaliau atradau tai, ko man trūko vaikystėje - Visagalio Dievo buvimą! Grįžęs į Kaliforniją pradėjau lankyti Gyvybės bažnyčią.

Čia gavau Šventosios Dvasios dovaną ir kalbėjimo kalbomis įrodymą. Iš tiesų galiu pasakyti, kad yra skirtumas tarp tiesos ir religijos. Dievas per savo meilę pasitelkė seserį Elžbietą, kad ji mane mokytų Biblijos studijų ir parodytų man išgelbėjimo planą pagal Dievo žodį. Gimiau religijoje ir tai buvo viskas, ką žinojau, pats netyrinėdamas Biblijos. Kadangi buvau išmokyta kartoti maldas, dabar mano maldos niekada nebūna rutininės ar nuobodžios. Man patinka kalbėtis su Viešpačiu.

Visada žinojau, kad Dievas yra, bet tada nežinojau, kad galiu jausti Jo buvimą ir Jo meilę, kaip dabar. Jis ne tik yra mano gyvenime, bet ir suteikė man Ramybę ir sutaisė mano širdį, kai maniau, kad mano pasaulis baigėsi. Viešpats Jėzus suteikė man Meilę, kurios visada trūko mano gyvenime. Neįsivaizduoju savo gyvenimo be Jėzaus, nes be Jo esu niekas. Kadangi Jis savo meile užpildė tuščias mano širdies erdves, gyvenu Jam ir tik Jam. Jėzus yra viskas, Jis gali išgydyti ir jūsų širdį. Visą Garbę ir Šlovę atiduodu tik mūsų Viešpačiui Jėzui Kristui.

Jairo Pina Mano liudijimas

Mano vardas yra Jairo Pina, šiuo metu man 24 metai ir gyvenu Dalase, Teksaso valstijoje. Augdamas su šeima į bažnyčią eidavome tik kartą per metus ir tikėjome katalikų tikėjimu. Žinojau apie Dievą, bet Dievo nepažinojau. Kai man buvo 16 metų, man diagnozavo piktybinį dešiniojo smilkinkaulio auglį, vadinamą osteosarkoma (kaulų vėžiu). Kovojant su ja metus laiko praleidau chemoterapiją ir operacijas. Būtent tuo metu anksčiausiai prisimenu, kaip Dievas man apsireiškė. Jis nusitempė mane į vieną mažą pastatą Garlande, Teksaso valstijoje, kartu su draugu ir jo motina. Mano draugo motina draugavo su krikščionių pora, kuri mus nuvedė pas pastorių, kilusį iš Afrikos. Vėliau sužinojau, kad šis pastorius turėjo pranašystės dovaną.

Pastorius pranašavo apie žmones, kurie kartu su mumis ėjo į šį nedidelį pastatą, tačiau tai, ką jis pranašavo apie mane, įstrigo man visam laikui. Jis pareiškė: "Oho! Tu turėsi didelį liudijimą ir juo atvesi pas Dievą daugybę žmonių!". Buvau skeptiškai nusiteikęs ir tiesiog gūžtelėjau pečiais, iš tiesų nežinodamas, kas nutiks vėliau mano gyvenime. Greitai prabėgus maždaug 2 metams po to, kai baigiau savo pirmąją kovą su vėžiu, man atsinaujino maždaug toje pačioje vietoje, kaip ir anksčiau minėta. Tai mane nepaprastai sukrėtė, nes turėjau atlikti daugiau planinių chemoterapijų ir reikėjo amputuoti dešinę koją. Tuo metu daug laiko praleisdavau vienas, tikėdamasis psichologiškai pasiruošti. Vieną dieną prisiparkavau prie ežero ir iš širdies ėmiau melstis Dievui. Nežinojau, ką iš tiesų reiškia melstis, todėl tiesiog pradėjau kalbėti su Dievu iš to, kas buvo mano galvoje ir širdyje.

Sakiau: "Dieve, jei esi tikrai nuoširdus, parodyk man, ir jei Tau rūpi, parodyk man".

Maždaug po 15 minučių nuėjau atšaukti sporto klubo "LA Fitness", kuriame mačiau dirbantį vieną iš savo draugų, abonementą. Paaiškinau jam, kodėl atšaukiau narystę, o jis suabejojo, kodėl noriu ją atšaukti. Tada jis pasakė" :Žmogau! Turėtum eiti į mano bažnyčią. Ten esu matęs daug stebuklų ir žmonių išgydymų". Neturėjau ko prarasti, todėl pradėjau eiti. Jis pradėjo rodyti man Apaštalų darbų knygos eilutes apie krikštą ir pripildymą Šventąja Dvasia. Jis papasakojo man apie visą kalbėjimą kalbomis, kuris man pasirodė keistas, bet jis nukreipė mane į biblinius įrodymus. Kitas dalykas, kurį žinojau, buvo jo bažnyčioje, kai jie klausė, kas nori atiduoti savo gyvenimą Kristui ir pasikrikštyti. Priėjau prie sakyklos, kai pastorius uždėjo ranką man ant galvos. Jis pradėjo už mane melstis, ir tą pačią dieną, kai mane pakrikštijo, pradėjau kalbėti kalbomis. Tai nusileido mano gimimo patirties ženklui, nežinodamas, kad dabar esu dvasiniame kare.

Net ir po šios patirties mane pradėjo pulti ir atitraukti nuo Dievo. Taip pat norėčiau paminėti, kad dar prieš krikštijantis mane dvasiškai puolė demonai, kelis iš jų net girdėjau girdint. Girdėjau, kaip vienas juokėsi vaikišku balsu už lango 3 val. nakties, kitas juokėsi, kai seksualiai mane lietė, o trečias sakė, kad nuves mane į pragarą. Esu patyręs dar keletą išpuolių, bet šie išsiskiria labiausiai. O dabar grįžkime prie to, ką baigiau, apie tai, kad nutolome nuo Dievo. Turėjau santykius su mergina, kuri galiausiai mane apgavo ir sudaužė mano širdį į gabalus. Buvome kartu apie metus ir viskas baigėsi tragiškai. Bandydamas susidoroti su tuštuma, pradėjau gerti ir rūkyti. Tuomet verkdamas pradėjau prašyti Dievo, kad jis man padėtų ir vėl priartintų mane prie Jo. Tikrai taip galvojau ir pradėjau patirti Dievo gailestingumą, iš tikrųjų nežinodamas, kas tai yra.

Su draugu ir jo mama vėl pradėjau eiti į bažnyčią, kur buvau pakrikštytas penkiasdešimtininkų bažnyčioje. Tuomet mano žinios apie Bibliją ėmė nepaprastai augti. Išklausiau pamatų kursus ir daug ko išmokau skaitydamas Dievo žodį. Galiausiai draugo mama man padovanojo Elizabetos Das knygą "Aš padariau tai Jo keliu", sakydama, kad tai įtakinga knyga apie jos ėjimą su Dievu. Kai baigiau knygą, pastebėjau, kad joje yra jos elektroninis paštas. Susisiekiau su Elizabeta, o mano draug ėsmama jai taip pat papasakojo apie mane. Pradėjau kalbėtis su ja telefonu ir galiausiai susitikome asmeniškai. Nuo tada, kai su ja susipažinau, pastebėjau, kad ji tikrai myli Dievo žodį ir jį taiko savo gyvenime. Ji yra uždėjusi rankas ant ligonių ir meldžiasi už daugybę žmonių savo laiku. Laikau ją savo dvasine mokytoja, nes ji mane daug ko išmokė apie Dievą ir Jo žodį, už ką esu jai nepaprastai dėkinga. Sakyčiau, kad mes netgi tapome draugėmis ir iki šiol tikriname viena kitą.

2017 m. sausio mėn. buvau sudaręs buto nuomos sutartį, kuri priklausė universitetui, kuriame mokiausi. Iš tikrųjų bandžiau, kad kas nors perimtų mano nuomos sutartį dėl finansinių problemų. Nedirbau ir neturėjau pinigų toliau mokėti už buto nuomą. Deja, man nepavyko rasti žmogaus, kuris perimtų mano nuomos sutartį, todėl būčiau atsakinga už tolesnį nuomos mokesčio mokėjimą. Paskambinau Elizabetei Das, kaip dažnai darau, prašydamas pasimelsti dėl šio švaraus sutarties nutraukimo klausimo. Tų pačių metų sausį man buvo atlikta krūtinės kompiuterinė tomografija, kurios metu paaiškėjo, kad dešiniojoje apatinėje plaučių skiltyje turiu dėmę. Turėjau atlikti operaciją, kad būtų pašalinta skenavimo metu matoma dėmė, kuri, kaip paaiškėjo, buvo piktybinė. Nors tai buvo labai blogai, dėl to tą patį mėnesį galėjau nutraukti buto nuomos sutartį. Sakoma, kad Dievas veikia paslaptingais būdais, todėl pasitikėjau Juo dėl to, kas vyko. Tuo metu lankiau parengiamuosius kursus, tikėdamasi juos baigti ir įstoti į slaugos mokyklą. Elizabetė meldėsi už mane, kad gaučiau gerą darbą ir įstočiau į slaugos mokyklą pagal Dievo valią mano gyvenime.

Maždaug po trijų mėnesių man buvo paskirta dar viena krūtinės ląstos kompiuterinė tomografija, kad būtų patikrinta, ar viskas gerai. Tačiau skenavimo metu mano plaučiuose atsirado dar viena dėmė, artima tai pačiai, kuri buvo 2017 m. sausio mėn. Onkologas pasakė, kad, jo nuomone, tai vėl grįžtantis vėžys, todėl reikia jį pašalinti operuojant. Negalėjau patikėti, kad tai tęsiasi. Maniau, kad man tai jau viskas.

Papasakojau apie tai Elžbietai ir daugybė kitų žmonių tuo metu pradėjo už mane melstis. Nors tai vyko, vis dar šiek tiek tikėjau, kad viskas bus gerai ir kad Dievas manimi pasirūpins. Prisimenu, kaip vieną dieną naktį važiuodamas automobiliu paprašiau Dievo: "Jei ištrauksi mane iš šios bėdos, pažadu pasidalyti su kitais tuo, ką dėl manęs padarei".

Po kelių savaičių mane operavo ir pašalino didesnio skersmens dešiniojo plaučio apatinę skiltį. Elizabetė ir jos draugė net atvyko į ligoninę uždėti ant manęs rankų ir melstis, kad Dievas atneštų man išgydymą. Praėjus maždaug dviem savaitėms po operacijos, grįžau į ligoninę pasiimti rezultatų. Jau nekalbant apie tai, kad tuo metu vis dar ieškojau darbo ligoninėje, kad turėčiau daugiau galimybių įstoti į slaugos mokyklą. Tą pačią dieną priėjusi prie registratūros, kad gaučiau operacijos rezultatus, paklausiau, ar jie priima į darbą. Man registruojantis priekyje buvo viena vadybininkė ir davė savo duomenis, kad praneščiau jai, kai pateiksiu paraišką internetu. Kitas dalykas, kurį žinote; laukiau kambaryje, kol pasirodys onkologas su mano rezultatais. Labai nervinausi ir bijojau, ką jis man pasakys.

Į kambarį įėjo onkologas ir pirmas dalykas, kurį jis pasakė, buvo: "Ar kas nors jau pasakė jums rezultatus?". Pasakiau jam, kad ne, ir norėjau, kad jis tiesiog išdėstytų ant stalo mano galimybes, ką turiu daryti toliau. Tada jis man pasakė" :Taigi jūsų rezultatai parodė, kad tai tik kalcio sankaupos, tai ne vėžys". Buvau visiškai sukrėstas, nes žinojau, kad tai dėl manęs padarė Dievas. Nuėjau į automobilį ir pradėjau verkti džiaugsmo ašaromis! Paskambinau Elizabetei ir pranešiau jai gerąją naujieną. Abu kartu šventėme. Po kelių dienų dalyvavau pokalbyje dėl darbo ligoninėje, o dar po savaitės man pasiūlė darbą. Praėjus kelioms savaitėms po to, kai gavau darbą, mane priėmė į slaugos mokyklą. Garbė Dievui, kad visa tai sujungė, nes kalbėdamas apie tai vis dar džiaugiuosi.

Šiuo metu esu paskutiniame slaugos mokyklos semestre ir 2019 m. gegužę baigsiu studijas. Patyriau labai daug ir esu dėkinga už visas duris, kurias Dievas man atvėrė ir uždarė. Aš netgi atradau save santykiuose su kita ir ji buvo nuostabi man būnant šalia nuo vėžio metastazių į plaučius 2017 m. sausio mėn. iki šios akimirkos šiandien. Elžbieta mane daug ko išmokė ir daugybę kartų už mane meldėsi, o tai rodo maldos ir rankų uždėjimo ant ligonių galią. Skaitytojau, nesu kuo nors ypatingesnis už tave. Dievas myli jus vienodai, o Jėzus Kristus mirė už jūsų ir mano nuodėmes. Jei Jo ieškosite visa širdimi, Jį rasite.

"Nes aš žinau, kokias mintis turiu apie jus, - sako Viešpats, - taikos, o ne blogos mintys, kad duočiau jums laukiamą tikslą. Tada jūs šauksitės manęs, eisite ir melsitės manęs, ir aš jus išklausysiu. Jūs ieškosite manęs ir rasite mane, kai ieškosite manęs visa širdimi"
Jeremijo 29,11-13 KJV.

Madalyn Ascencio
El Monte, Kalifornija, JAV

Anksčiau tikėjau, kad vyras mane papildys. Kai įsimylėjau Jėzų, supratau, kad Jis ir tik Jis vienas mane papildo. Buvau sukurta garbinti ir garbinti Jį! Mano vardas Madalyn Ascencio ir tai yra mano liudijimas.

2005 m. kovo mėn. pradėjau kentėti nuo nerimo ir panikos priepuolių, kurie truko 3 metus. Keletą kartų kreipiausi į ligoninę, tačiau man siūlė tik antidepresantus ir Valiumą, bet aš atsisakiau būti priklausoma nuo vaistų, kad jausčiausi normaliai. Meldžiau Dievą, kad jis man padėtų. Vieną 2008 m. spalio vidurio šeštadienio rytą mane ištiko labai stiprus panikos priepuolis, todėl paskambinau seseriai Elžbietai. Ji paklausė, kas man nutiko, ir pasimeldė už mane. Kai pasijutau geriau, ji davė man paskaityti keletą Šventojo Rašto skaitinių. Meldžiausi ir prašiau Dievo suteikti man išminties ir supratimo. Skaitydama Šventąjį Raštą,

*"Jono 3,5-7: Jėzus atsakė: "Iš tiesų, iš tiesų sakau tau: **jei kas negims iš vandens ir Dvasios, neįeis į Dievo karalystę.** Kas gimsta iš kūno, yra kūnas, o kas gimsta iš Dvasios, yra dvasia. Nesistebėk, kad tau sakiau: 'Jūs turite gimti iš naujo'.*

"Jono 8,32: Ir jūs pažinsite tiesą, ir tiesa padarys jus laisvus."

"Jono 10,10: "Vagis ateina ne vogti, žudyti ir naikinti, bet vogti, žudyti ir naikinti." Aš atėjau, kad jie turėtų gyvenimą ir kad jo turėtų gausiau."

Žinojau, kad Dievas man kalba. Kuo daugiau meldžiausi ir kalbėjausi su seserimi Elžbieta, tuo labiau žinojau, kad turiu iš naujo pasikrikštyti. Aš taip daug meldžiausi, kad Dievas mane priartintų. Nuo 2001 m. iki 2008 m. lankiau krikščionišką nedenominacinę bažnyčią, o 2007 m. balandį buvau pakrikštytas. Sesuo Elžbieta paklausė manęs, ką jaučiau, kai buvau pakrikštytas, ir aš jai atsakiau" :Jaučiausi gerai". Jos atsakymas buvo: "tai ir viskas"? Ji paklausė, ar buvau pakrikštytas Jėzaus vardu, ir aš jai atsakiau, kad buvau pakrikštytas Tėvo, Sūnaus ir Šventosios Dvasios vardu. Ji liepė man skaityti ir mokytis.

*"Apaštalų darbų 2,38: Tada Petras jiems tarė: "Atsiverskite ir kiekvienas iš jūsų pasikrikštykite **Jėzaus Kristaus vardu nuodėmėms atleisti**, ir gausite Šventosios Dvasios dovaną".*

*"Apaštalų darbų 8,12-17: Jie patikėjo Pilypu, kuris skelbė Dievo karalystę ir Jėzaus Kristaus vardą, ir buvo pakrikštyti, tiek vyrai, tiek moterys. Tada įtikėjo ir pats Simonas, kuris, pasikrikštijęs, pasiliko su Pilypu ir stebėjosi, matydamas daromus stebuklus ir ženklus. Jeruzalėje buvę apaštalai, išgirdę, kad Samarija priėmė Dievo žodį, pasiuntė pas juos Petrą ir Joną, kurie, nužengę žemyn, meldėsi už juos, kad jie gautų Šventąją Dvasią (nes dar nė ant vieno iš jų ji nebuvo nužengusi, tik jie buvo **pakrikštyti Viešpaties Jėzaus vardu)**. Tada jie uždėjo ant jų rankas, ir jie priėmė Šventąją Dvasią."*

"Apaštalų darbų 10:43-48: Jį liudija visi pranašai, kad per jo vardą kiekvienas, kuris jį tiki, gaus nuodėmių atleidimą. Dar Petrui tebekalbant šiuos žodžius, Šventoji Dvasia nužengė ant visų, kurie klausėsi žodžio. O įtikėjusieji iš apipjaustytųjų nustebo, visi, kurie buvo atėję su Petru, nes ir ant pagonių buvo išlieta Šventosios Dvasios dovana. Jie girdėjo juos kalbant kalbomis ir šlovinant Dievą. Tada Petras atsakė: "Argi kas nors gali uždrausti vandenį, kad

nebūtų pakrikštyti šitie, kurie yra gavę Šventąją Dvasią kaip ir mes? Jis __įsakė jiems krikštytis Viešpaties vardu.__"

"Apaštalų darbai 19,1-6: Apolonui būnant Korinte, Paulius, perėjęs aukštutines pakrantes, atvyko į Efezą ir, radęs keletą mokinių, paklausėjuos: "Ar gavote Šventąją Dvasią nuo tada, kai įtikėjote? Jie jam atsakė: "Mes net negirdėjome, ar yra Šventoji Dvasia". Jis jiems tarė: "Dėl ko gi jūs buvote pakrikštyti? Jie atsakė: "Jono krikštu". TadaPaulius tarė: "Jonas iš tiesų krikštijo atgailos krikštu, sakydamas žmonėms, kad jie tikėtų į tą, kuris ateis po jo, tai yra į Jėzų Kristų. Tai išgirdę, __jie buvo pakrikštyti Viešpaties Jėzaus vardu__. Pauliui uždėjus ant jų rankas, ant jų nužengė Šventoji Dvasia, ir jie kalbėjo kalbomis bei pranašavo."

"Apaštalų darbai 22,16 O dabar, kodėl tu delsi, kelkis, __pasikrikštyk ir nuplauk savo nuodėmes, šaukdamasis Viešpaties vardo.__

Viešpats man apreiškė, kad Šventoji Dvasia yra prieinama ir man, ir jei **pasikrikštysiu Jėzaus vardu,** būsiu išgydytas ir išlaisvintas iš šios baisios kančios. Tomis dienomis, kai būdavo labai blogai, paskambindavau seseriai Elžbietai ir ji melsdavosi už mane. Supratau, kad mane puola priešas, juk jo misija - vogti, žudyti ir naikinti, kaip rašoma Jono 10, 10. Prieš daugelį metų perskaičiau Efeziečiams 6,10-18 ir supratau, kad kasdien turiu dėvėti visus Dievo šarvus. Kiekvieną kartą, kai pradėdavau jausti, kad mane apima nerimas, pradėdavau kovoti, o ne bijoti. 2008 m. lapkričio 2 d. buvau pakrikštytas Jėzaus vardu Gyvybės bažnyčioje Pasadenoje, Kalifornijoje. Pajutau pačią nuostabiausią Ramybę, kokios dar niekada nebuvau patyręs, ir tai buvo dar prieš įlipant į vandenį, kad būčiau pakrikštytas. Kai išlipau iš vandens, jaučiausi lengvas kaip plunksna, tarsi vaikščiočiau ant debesų, ir negalėjau nustoti šypsotis. Kaip niekada anksčiau jaučiau Dievo artumą, ramybę ir meilę. 2008 m. lapkričio 16 d. gavau Šventosios Dvasios dovaną, kurią paliudijau kalbėdamas kitomis kalbomis. Tuštuma, kurią visada jaučiau nuo vaikystės, dabar buvo užpildyta. Žinojau, kad Dievas mane myli ir turi didelį tikslą mano gyvenime, ir kuo labiau Jo ieškau ir meldžiuosi, tuo labiau Jis man atsiskleidžia. Dievas man parodė, kad turiu dalytis savo Tikėjimu, dovanoti Viltį ir Meilę. Nuo mano naujo apaštalinio gimimo ir išlaisvinimo iš nerimo Jėzus į mano gyvenimą atvedė daug žmonių, kurie taip pat kenčia nuo nerimo. Dabar savo liudijimu turiu tarnystę, kuria galiu su jais dalytis.

Esu labai dėkinga Jėzui už seserį Elžbietą Das. Jos maldų ir mokymo dėka dabar ir aš dirbu Jėzui. Savo maldomis ir tarnyste ji taip pat atvedė pas Viešpatį mano mamą, dukrą, tetą ir keletą draugų. Buvau sukurtas tam, kad atiduočiau Jėzui visą šlovę! Tebūna palaimintas Jo šventas vardas.

Martin Razo
Santa Ana, Kalifornija, JAV

Vaikystėje gyvenau liūdesyje. Nors mane supo žmonės, jaučiau gilią vienatvę. Mano vardas Martinas Razo ir tokia buvo mano vaikystė augant. Vidurinėje mokykloje visi žinojo, kas aš esu, net jei ir nepriklausė tam ratui, kurį laikiau "šauniais žmonėmis". Turėjau kelias drauges, vartojau narkotikus ir gyvenau taip, tarsi tai būtų kažkas normalaus, nes beveik visi kiti taip darė. Penktadienio ir šeštadienio vakarais su draugais apsvaigdavau nuo narkotikų ir eidavau į klubus vilioti merginų. Tėvas visada buvo man už nugaros ir stebėjo, ką ir kur darau.

Šeimos draugė sesuo Elžbieta dalijosi su manimi savo liudijimu. Tiesą sakant, tai nebuvo nuobodu; iš tikrųjų buvo labai įdomu, ką ji pasakojo. Man atrodė, kad ji iš tiesų tiki tuo, ką sako. Tada staiga namuose viskas ėmė klostytis blogai. Atrodė, kad Viešpats mane įspėjo ir pašaukė per baimę. Turėjau tris labai bauginančius išgyvenimus, kurie privertė mane tuo patikėti. Pirma, buvau pagautas su narkotikais ir pabėgau iš namų, bet neilgam. Teta privertė mane paskambinti mamai ir išgirdęs, kad mama serga diabetu, grįžau namo. Antra, 2 val. nakties grįžau iš naktinio klubo ir patekau į autoavariją, kurios metu automobilis sprogo ir pakilo į orą. Tuo metu lankiau Biblijos studijas su seserimi Das. Trečia, paprašiau draugo pavežti ir, kai pradėjome kalbėtis, jis man papasakojo, kad pardavė savo sielą velniui ir kad turi galią įjungti ir išjungti šviesas. Naudodamasis gatvės žibintais, jis man tai pademonstravo mirksėdamas akimis, kad juos įjungtų ir išjungtų. Mačiau, kaip jo veidas tarsi virsta demonu. Iššokau iš automobilio ir kuo greičiau bėgau namo. Po kelių valandų susimąsčiau apie tai, ką sakė sesuo Elžbieta, ir pagalvojau, kad tai irgi turi būti tikra. Sesuo Das telefonu man davė Biblijos studiją apie krikštą Jėzaus vardu, apie kurį kalbama Apaštalų darbų knygoje ir ankstyvojoje Bažnyčioje. Tuo metu ji nežinojo apie mano polinkį į savižudybę, bet kažkas jai sakė, kad turiu tai išgirsti tuojau pat, nes ji gali manęs daugiau nebepamatyti. Aš pasikrikštijau lankydamas bažnyčią, kuri tikėjo, kad Dievas yra trijų asmenų šventoji trejybė. Iš tos bažnyčios perėjau prie apaštalų mokymo. Dievas yra vienas! Dievas yra Dvasia, Jėzus buvo Dievas, atėjęs kūnu gyventi tarp žmonių, o Šventoji Dvasia yra Dievas mumyse. Tokia buvo ir yra apaštalų doktrina. Aš priėmiau kaip tiesą tik tai, ko buvau mokomas. Nežinojau, kada ir iš kur šis tikėjimas atsirado.

Po savaitės sesuo Elžbieta paprašė manęs nueiti į dėdėsnamus studijuoti Biblijos. Kartu su ja atvyko brolis Džeimsas Minas, turintis išgydymo ir išlaisvinimo dovaną. Tą vakarą įvyko stebuklų, o po Biblijos studijavimo mūsų paklausė, ar norime priimti Šventąją Dvasią. Dauguma mūsų atsakė teigiamai. Aš vis dar galvojau, kad tai beprotiška ir neįmanoma, bet vis tiek žengiau į priekį.

Kai brolis Džeimsas ir sesuo Elžbieta meldėsi už mane, mane užvaldė jėga. Nežinojau, kaip atsakyti į šį galingą džiaugsmo jausmą. Pirmiausia nuslopinau šios galios pojūtį. Paskui antrą kartą jis atėjo galingesnis nei pirmą kartą, jis dar labiau sustiprėjo, kai vėl bandžiau jį nuslopinti.

Trečią kartą negalėjau užgniaužti Dvasios ir pradėjau kalbėti kita kalba, kurios nežinojau. Maniau, kad kalbėjimas kalbomis yra melas, todėl, kai Šventosios Dvasios džiaugsmas mane aplankė pirmą kartą; bandžiau kalbėti, bet stengiausi sustoti, nes buvau išsigandęs. Tą dieną Jėzus išgydė mane nuo visos depresijos ir minčių apie savižudybę.

Dabar man 28 metai, ir Viešpats tikrai pakeitė mano gyvenimą į gerąją pusę. Baigiau Biblijos mokyklą ir Viešpats palaimino mane gražia žmona. Mūsų bažnyčioje turime jaunimo tarnystę, taip pat siekiu tarnauti kaip Dievo tarnas. Sesuo Das niekada neapleido nei Razo šeimos, nei manęs. Dėl daugybės jos maldų ir dalijimosi Dievo galios liudijimais visai Razo šeimai atėjo gėris. Daugelis mūsų giminaičių ir kaimynų taip pat atsigręžė į Viešpatį Jėzų Kristų. Dabar ir aš turiu liudijimą. Norėčiau pasakyti, kad niekada negalima liautis melstis už artimuosius ir apskritai už žmones. Jūs niekada negalite žinoti, ką Dievas daro ir kaip Jis strateguoja, kad įvykdytų savo Kelią!!!

Tammy Alford
Kalnas. Hermanas, Luiziana, JAV.

Iš esmės visą gyvenimą buvau bažnyčioje. Mano našta - kenčiantys žmonės, kuriuos noriu pasiekti tiesos žodžiu, kad jie žinotų, jog Jėzus yra jų viltis. Kai Viešpats suteikė man šią naštą, užrašiau "Žmonės" ant maldos skiautės ir pasidalinau ja su savo bažnyčia. Pradėjome melstis ir užtarti, ir dėl to kiekvienas gavo po maldos audeklą, kurį galėjo pasiimti namo ir melstis už jį.

 Per buvusį mūsų pastorių ir jo šeimą (kurie dabar yra pašaukti į Indiją kaip misionieriai) pirmą kartą susipažinau su ses. Elizabeth Das. Mūsų kaimo bažnyčia Franklintone, Luizianos valstijoje, priėmė ją, kai ji dalijosi savo galingu liudijimu. Visi buvo palaiminti. Po kelių mėnesių mes su sesute Elizabeta tapome maldos partneriais. Spindinti moteris, kuri ne tik mėgsta melstis, bet ir tuo gyvena! Nuostabiai tikra, kad ji gyvena" :Sezono metu ir ne sezono metu". Mūsų maldos laikas buvo ankstyvą rytą telefonu, Teksasui jungiantis su Luiziana. Sulaukėme Viešpaties palaiminimų. Jis davė pastiprinimą, ir netrukus turėjome maldos grupę iš skirtingų valstijų.

Per konferencijos bendrąją liniją pradėjome melstis ir pasninkauti, tada pradėjo eiti pagyrimų pranešimai. Mūsų Dievas yra toks nuostabus! Sesuo Elžbieta yra ta spinduliuojanti moteris, kuri taip karštai trokšta matyti išgelbėtas sielas. Jos deganti liepsna įžiebė ir uždegė daugelį kitų melstis ir turėti viziją. Jos nesustabdys jokia liga, skausmas ar velnias pragare. Jau daugelį metų ji pasiekia ir meldžiasi už pražuvusius ir mirštančius; tik amžinybė parodys. Dėkoju Dievui už jos buldogišką ryžtą ir meilę "Žmonėms". Mačiau, kaip Dievas per ją daro nuostabius darbus, stebuklus ir atsako į maldas. Čia esantys mano draugai ir pažįstami žmonės gali paliudyti, kad, kai skambiname ses. Elžbietą, meldžiamasi tikėjimo malda. Daiktai įvyksta! Pavyzdžiui, vienai moteriai, kuri retkarčiais lankosi mūsų bažnyčioje, turėjo būti atlikta rimta operacija. Nors ji gyveno už miesto, pasakiau jai, kad paskambinsiu seseriai Elžbietai ir telefonu pasimelsime už jos ligą. Pasimeldėme, ir jos skausmas išnyko. Sesuo Elžbieta jai pasakė : "Nereikia operacijos, tu išgydyta". Ji liko suplanuota operacijai, kol iš ligoninės paskambino ir atšaukė operaciją, o ji nuėjo ir ją perplanavo. Ligoninė nebeatliko jokių priešoperacinių tyrimų ir tęsė operaciją. Po operacijos jai buvo pranešta, kad nieko blogo jai nerado, net sunkios ligos pėdsakų.

Kitas stebuklas buvo susijęs su mano drauge, kuri turi mažą berniuką. Jis karščiavo ir užmigo. Mes paskambinome seseriai. Elžbietai ir meldėmės per garsiakalbį. Berniukas staiga pabudo, atsikėlė, normaliai bėgiojo ir buvo išgydytas. Daug kartų meldėmės virš namų, kuriuose buvo demoniškų dvasių, ir iš tiesų jautėme, kad kažkas įvyko. Džiaugdavomės, kai jie mums pranešdavo, kad staiga pajuto ramybę arba galėjo ramiai išsimiegoti ir jų niekas nekankino.

Žinau, kad mano tikėjimas sustiprėjo nuo tada, kai tapau šios maldos grupės nariu. Sesuo Elžbieta buvo man mokytoja daugeliu atžvilgių. Ji suteikė man dvasinį vadovavimą per Dievo žodį. Jos gyvenimas yra tas gražus pavyzdys, rodantis Biblijos metaforas, kur kalbama apie "šviesą ant kalvos, kurios neįmanoma paslėpti", taip pat apie "medį, pasodintą prie vandens upių". Jos šaknys giliai įsišaknijusios Jėzuje, todėl ji gali suteikti kitiems reikalingos stiprybės ir išminties. Per tamsius išbandymus, kuriuos teko pereiti, žinau, kad ses. Elžbieta meldėsi už mane ir esu dėkinga už jos tarnystę. Ji tikrai yra tas akinantis brangakmenis, išrinktas Kristuje ir galingai naudojamas Jo Karalystei. Kiekvieną ankstyvą rytą ji atneša tuos tuščius indus pas Jėzų, ir Jis juos vėl ir vėl pripildo pilnus. Dėkoju seseriai Elžbietai už tai, kad ji iš tiesų, bet nuoširdžiai atsiduoda Jėzui ir Jo Karalystei. Dievui tebūnie šlovė!

Rhonda Callahan
Fort Vortas, Teksasas
2011 m. gegužės 20 d.

2007 m. važiuodamas per Dalaso miestą per perėją pastebėjau porą benamių, miegančių po tiltu. Buvau sujaudintas užuojautos ir tariau Viešpačiui,, :Viešpatie, jei šiandien būtum šioje žemėje, paliestum tuos vyrus, išgydytum jų protus ir padarytum juos sveikus! Jie taptų produktyviais bendruomenės vyrais, gyvenančiais normalų gyvenimą.".... Tuoj pat Jėzus prabilo į mano širdį ir tarė: "Tu esi mano rankos ir tu esi mano kojos". Tą akimirką supratau, ką Dievas man kalba. Pradėjau verkti ir šlovinti Jį. Turėjau galią paliesti tuos vyrus ir padaryti juos sveikus. Ne savo, bet Jo galia.

"Pagal Apaštalų darbų 1,8: "Bet jūs gausite galią, kai ant jūsų nužengs Šventoji Dvasia, ir būsite mano liudytojai Jeruzalėje, visoje Judėjoje, Samarijoje ir iki pat žemės pakraščių."

Be to, Efeziečiams 1:13-14 rašoma;

"Kuriuo ir jūs pasitikėjote, išgirdę tiesos žodį, jūsų išgelbėjimo Evangeliją, ir įtikėję buvote užantspauduoti šventąja pažado Dvasia, kuri yra mūsų paveldėjimo užstatas iki įsigyto turto atpirkimo, Jo šlovės garbei."

Gavau galią ir buvau užantspauduotas 1986 m., kai Dievas mane šlovingai pakrikštijo Šventąja Dvasia. Tiek daug kartų esame nusiteikę, kad jei Dievas būtų čia šiandien, stebuklai vyktų tarp mūsų. Turime suprasti, kad kai Jis pripildo jus savo Šventąja Dvasia. Jis suteikė jums galią daryti stebuklus. Mes tampame Jo rankomis ir kojomis, esame pašaukti skelbti šią nuostabią žinią visiems, kuriems jos reikia.

Luko 4:18

"Viešpaties Dvasia ant manęs, nes jis patepė mane skelbti Evangelijosvargšams; jis pasiuntė mane gydyti sugniuždytų širdžių, skelbti belaisviams išlaisvinimo, akliesiems - regėjimo sugrąžinimo, išlaisvinti sumuštųjų, skelbti maloniųjų Viešpaties metų".

Nors nuo 1986 m. buvau pripildytas Šventosios Dvasios, per pastaruosius kelerius metus patyriau keletą sunkių smūgių. Ištikimai lankiau bažnyčią, buvau sekmadieninės mokyklos mokytojas ir ką tik baigiau ketverius metus trukusį Biblijos koledžą. Savanoriškai dariau viską, ko iš manęs prašydavo bažnyčioje.

Vis dėlto buvau labai prislėgtas. Vis dar tikėjau, kad Dievas gali padaryti viską, ką pažadėjo, bet buvau sudaužytas indas. Buvo laikas, kai melsdavausi ir užtardavau Viešpatį, kasdien skaitydavau Bibliją, liudydavau kiekviena pasitaikiusia proga, bet dabar pastebėjau, kad visai nesimeldžiu. Buvau nusivylęs ir prislėgtas, mane kamavo nuolatinės dvasinės kančios. Mano dukra neseniai paliko savo vyrą ir pateikė skyrybų prašymą. Mano anūkui tuo metu buvo 4 metai, ir aš mačiau, kokį skausmą jis kenčia dėl sugriautų namų. Mane vis labiau kankino mintys apie tai, kokį gyvenimą jis gyvens augdamas sugriautuose namuose. Nerimavau dėl to, kad gali būti skriaudžiamas patėvio, kuris jo nemylėjo, arba dėl to, kad dėl šių skyrybų gali užaugti nejausdamas tėvo ar motinos meilės. Mano galvoje sukosi baisios mintys ir aš kasdien verkiau. Šias mintis išsakiau keliems artimiems draugams. Jie visada atsakydavo taip pat: "Pasitikėk Dievu! Žinojau, kad Dievas gali, bet buvau praradęs tikėjimą savimi. Kai melsdavausi, melsdavausi, verkdavau ir norėdavau, kad Dievas jį apsaugotų. Žinojau, kad Jis gali, bet ar galėtų dėl manęs?

Kovojau su valgymu ir nuolat norėjau prisivalgyti. Mano kūnas tapo mano gyvenimo valdovu. Aš nebevaikščiojau pagal dvasią, bet daugiau vaikščiojau pagal kūną ir nuolat tenkinau kūno geismus, arba bent jau taip jaučiausi.

2011 m. kovo 27 d. po bažnyčios vyko moterų draugijos pietūs. Buvau paprašyta pasisakyti. Prisiminkite, kad vis dar dirbau bažnyčioje kaip įprastai, bet buvau sugniuždyta, ir tik nedaugelis, jei išvis kas, suprato mano sugniuždymo gylį. Po pietų prie manęs priėjo sesuo Elizabet Das ir su miela šypsena davė savo telefono numerį. Ji pasakė: "Paskambink man, jei tau kada nors prireiks vietos po bažnyčios, gali apsistoti mano namuose". Priežastis, kodėl ji man pasakė, kad galiu pas ją apsistoti, yra ta, kad iki bažnyčios man į vieną pusę yra 65 mylios kelio, o grįžti namo ir vėl grįžti į vakarines pamaldas yra labai sunku, todėl aš tiesiog stengiausi pabūti iki vakarinių pamaldų, užuot važiavęs namo tarp pamaldų.

Praėjo maždaug dvi savaitės, ir aš jaučiausi taip, tarsi mane būtų apėmusi dar didesnė depresija. Vieną rytą, eidama į darbą, iškrapsčiau rankinę ir radau sesers Elžbietos numerį. Paskambinau jai ir paprašiau pasimelsti už mane.

Tikėjausi, kad ji pasakys "gerai" ir baigs pokalbį telefonu. Bet mano nuostabai ji pasakė, kad dabar už tave melsiuosi. Pastūmiau automobilį į kelio pusę ir ji už mane pasimeldė.

Kitą savaitę po bažnyčios grįžau su ja namo. Po pokalbio ji paprašė pasimelsti už mane. Ji uždėjo rankas man ant galvos ir pradėjo melstis. Su galia ir autoritetu balse ji meldė Dievą, kad jis mane išgelbėtų. Ji apraudojo tamsą, kuri mane supo: persivalgymą, psichologines kančias, depresiją ir priespaudą.

Žinau, kad tą dieną Dievas pasinaudojo tomis rankomis, kad išlaisvintų mane iš baisios priespaudos, kurią kentėjau. Tą akimirką, kai sesuo Elžbieta atsidavė Dievui, Jis mane išlaisvino!

Morkaus 16:17-18 sakoma" :Ir šitie ženklai lydės tuos, kurie tiki: mano vardu jie išvarinės demonus, kalbės naujomis kalbomis, ims gyvates, ir jei išgers kokio nors mirtino daikto, jiems nepakenks, dės rankas ant ligonių, ir jie pasveiks".

Izaijo 61:1 "Viešpaties Dievo Dvasia ant manęs, nes Viešpats patepė mane, kad skelbčiau gerąją naujieną klusniesiems, siuntė mane surišti sugniuždytų širdžių, paskelbti belaisviams laisvę ir atverti kalėjimą surištiems".

Jėzui reikia, kad būtume Jo rankos ir kojos. Sesuo. Elžbieta yra tikra Dievo tarnaitė. Būdama pripildyta Jo galios ir paklusni Jo balsui. Esu tokia dėkinga, kad yra tokių moterų kaip ses. Elžbieta vaikšto tarp mūsų, kurios vis dar tiki Jėzaus brangaus Kraujo išlaisvinančia galia, kurios yra pateptos Jo Dvasia ir vykdo tą nuostabų pašaukimą, kuriam Jis ją pašaukė. Tą dieną Dievas mano skausmą pavertė grožiu ir pašalino sunkumo dvasią, pakeisdamas ją džiaugsmo aliejumi.

"Izaijo 61:3 "Sione liūdintiems paskirti grožį vietoj pelenų, džiaugsmo aliejų vietoj liūdesio, šlovinimo drabužį vietoj sunkumo dvasios, kad jie būtų vadinami teisumo medžiais, Viešpaties sodinukais, kad Jis būtų pašlovintas".

Šiandien kviečiu jus: visa širdimi ieškokite Dievo, kad galėtumėte gyventi Jo galios pilnatvėje. Jam reikia, kad dalytumėtės Jėzumi su kitais ir būtumėte Jo rankos bei kojos. Amen!

Vicky Franzen Josephine
Teksasas

Mano vardas Vicki Franzen, didžiąją savo suaugusiojo gyvenimo dalį lankiau Katalikų Bažnyčią, tačiau visada jaučiau, kad man kažko trūksta. Prieš kelerius metus pradėjau klausytis radijo laidos, kurioje buvo dėstoma apie laikų pabaigą. Buvo atsakyta į daugybę klausimų, kurie man kilo visą gyvenimą. Tai atvedė mane į apaštališkąją Bažnyčią tęsti tiesos paieškų. Ten buvau pakrikštytas Jėzaus vardu ir gavau Šventosios Dvasios krikštą, kurio įrodymas buvo kalbėjimas kalbomis, kaip aprašyta Apaštalų darbų knygoje.

Kitus ketverius metus atrodė, kad gebėjimo kalbėti kalbomis nebeturiu, nors reguliariai lankiau bažnyčią, meldžiausi, mokiausi ir dalyvavau įvairiose tarnystėse. Jaučiausi labai "sausas" ir be Šventosios Dvasios. Kita mano bažnyčios narė pasakojo, kad kai sesuo Liz uždėjo ant jos rankas ir meldėsi, iš jos "kažkas" išėjo; ji pasijuto visiškai laisva nuo priespaudos, depresijos ir pan.

Kelios mūsų bažnyčios moterys buvo susirinkusios pietauti, todėl turėjau galimybę susipažinti su seserimi Elžbieta. Prasidėjo pokalbis apie demonus ir dvasinį pasaulį. Man visada buvo labai smalsu šia tema, bet niekada nebuvau girdėjusi mokymo apie tai. Apsikeitėme telefono numeriais ir pradėjome Biblijos studijas jos namuose. Man kilo klausimas, kaip žmogus, pakrikštytas Jėzaus vardu ir pakrikštytas Šventąja Dvasia, gali turėti demoną. Ji man pasakė, kad reikia gyventi teisų šventą gyvenimą meldžiantis, pasninkaujant, skaitant Dievo žodį ir būnant kupinam Šventosios Dvasios, kasdien kalbant kalbomis. Tuo metu pasidalinau savo patirtimi, kad jaučiuosi sausas ir negaliu kalbėti kalbomis. Ji uždėjo ant manęs rankas ir meldėsi. Jaučiausi gerai, bet labai pavargęs. Liza paaiškino, kad kai piktoji dvasia išeina iš kūno, ji palieka tave pavargusį ir išsekusį. Ji toliau meldėsi už mane, ir aš pradėjau kalbėti kalbomis. Buvau toks susijaudinęs ir kupinas džiaugsmo. Gebėjimas kalbėti kalbomis leido man žinoti, kad vis dar turiu Šventąją Dvasią.

Liz ir aš tapome geromis draugėmis, kartu meldžiamės. Sesuo Elžbieta yra tokia miela ir švelni, bet kai ji meldžiasi, Dievas patepa ją dieviška drąsa gydyti ligonius ir išvarinėti demonus. Ji meldžiasi su autoritetu ir beveik visada iš karto sulaukia atsakymo. Dievas suteikė jai talentą dėstyti Šventąjį Raštą taip, kad jo prasmė man tampa labai aiški.

Pasakodavau Liz apie savo draugės Valerijos dukrą Mariją. Jai buvo diagnozuota ADD ir LOPL. Jai taip pat buvo plyšę diskai, kuriuos bandyta gydyti be operacijos. Ji nuolat gulėjo ligoninėje dėl įvairių fizinių problemų. Ji vartojo daugybę įvairių vaistų, tačiau be jokių gerų rezultatų. Marija buvo tokia neįgali, kad negalėjo dirbti; be to, turėjo rūpintis keturiais vaikais, o jos buvęs vyras jai neteikė jokios paramos.

Sesuo Liz pradėjo man aiškinti, kad kai kurie iš tų dalykų yra demonai ir juos galima išvaryti Jėzaus vardu. Aš šiek tiek tuo abejojau vien dėl to, kad niekada nesu girdėjęs, jog ši konkreti liga būtų vadinama demonų sukelta liga. Kai neseniai su savo drauge, jos uošve susėdome prie kavos puodelio, jos ėmė pasakoti, kaip įkyriai su jomis kalbėjo Marija. Ji šaukė, rėkė ir keikėsi ant jų. Jos žinojo, kad ji patyrė daug skausmo dėl nugaros problemų ir stiprių galvos skausmų, kurių vaistai, regis, nemažino, tačiau tai buvo kitaip. Jie kalbėjo apie tai, kokios neapykantos kupinos kartais būdavo jos akys ir kaip tai juos gąsdino.

Po kelių dienų mano draugė paskambino ir pasakė, kad nebegali daugiau to pakęsti! Aprašymai, kaip elgėsi jos dukra, ėmė patvirtinti tai, ką ses. Liz pasakojo apie demonus. Viską, ką ji man pasakojo, Dievas patvirtino per kitus. Marijos būklė blogėjo ir ji pradėjo kalbėti apie gyvenimo pabaigą. Mes pradėjome sutartinai melstis už demonų išvarymą Marijoje ir jos namuose. Dievas pažadino seserį Liz dvi naktis iš eilės, kad ji užtartų Mariją. Liz konkrečiai prašė Dievo parodyti Marijai, kas ten vyksta.

Naktį melsdamasi Marija turėjo regėjimą, kad jos vyras (kuris ją paliko ir gyveno su kita moterimi) yra jos namuose. Ji manė, kad šis regėjimas - tai Dievo atsakymas į jos maldą, kad jis grįš pas juos namo per Kalėdas. Sesuo Liz man pasakojo, kad įtarė, jog prieš Mariją buvo naudojami raganų amatai. Tikriausiai tai darė jos buvęs vyras arba moteris, su kuria jis gyveno. Tikrai nesupratau, iš kur ji galėjo tai žinoti. Niekam nepasidalijau tuo, ką man papasakojo Liz. Po poros dienų Valerija man pasakė, kad jos dukra Marija gauna keistas negražias SMS žinutes iš moters, kuri gyvena su jos buvusiu vyru. Marija žinojo, kad kalba neabejotinai buvo naudojama raganavimui. Tai buvo patvirtinimas to, ką man pasakojo sesuo Liz.

Per pastaruosius porą mėnesių, kai žinojome apie Marijos būklę, stengėmės eiti ir melstis už ją. Tiesiog niekada nepavykdavo. Sesuo Liz pasakė" :Nors mes negalime nuvykti į jos namus, Dievas nueis ir pasirūpins šia situacija."

> *"Jėzui įžengus į Kafarnaumą, prie Jo priėjo šimtininkas ir maldavo:"Viešpatie, mano tarnas guli namie, serga paralyžiumi ir labai kenčia.Jėzus jam tarė: "Aš ateisiu ir jį pagydysiu". Šimtininkas atsakė:"Viešpatie, nesu vertas, kad Tu ateitum po mano stogu, bet tik tark žodį, ir mano tarnas pasveiks". Aš esu valdingas žmogus, turintis sau pavaldžių kareivių, ir sakau šitam: "Eik, ir jis eina", kitam: "Ateik, ir jis ateina", o savo tarnui: "Padaryk tai, ir jis padaro". Tai išgirdęs, Jėzus nustebo ir tarė einantiems iš paskos: "Iš tiesų sakau jums: tokiodidelio tikėjimo neradau nė Izraelyje". (Mt 8, 5-10)*

Per dvi dienas po to, kai meldėmės išvaryti demonus iš Marijos ir jos namų, ji pranešė savo motinai, kad geriau miega ir nebesapnuoja sapnų. Tai vienas iš daugelio dalykų, kuriuos ses. Liz man sakė, kad kai sapnuojate daug sapnų ir naktinių košmarų, tai gali būti piktųjų dvasių jūsų namuose požymis. Kitą dieną Valerijos bendradarbė papasakojo jai apie sapną, kurį ji sapnavo praėjusią naktį. Nuo Marijos namų šliaužė plokščia juoda gyvatė. Tą dieną Marija paskambino savo motinai ir pasakė, kad jaučiasi tokia laiminga ir linksma. Ji buvo išėjusi apsipirkti su savo 15 mėnesių dvynukais; to jau seniai nebuvo dariusi. Tai buvo dar vienas patvirtinimas, kad ADD, ADHD, bipolinė liga ir šizofrenija yra priešo išpuoliai. Mes turime galią skorpionams ir gyvatėms (visos šios piktosios dvasios minimos Biblijoje), kurias galime išvaryti tik Jėzaus vardu.

> *Štai aš duodu jums galią trypti gyvatėmis ir skorpionais bei valdyti visas priešo jėgas, ir niekas jums nepakenks. Luko 10,19*

Sesuo Liz taip pat man sakė, kad kasdien turime patepti savo šeimą, namus ir save palaimintu alyvuogių aliejumi nuo priešo atakų. Taip pat turėtume leisti, kad Dievo žodis persmelktų mūsų namus.

Ši patirtis padėjo man pamatyti kai kurias situacijas, kurias neabejotinai valdo demonai, apie kuriuos kalbama Biblijoje.

"Mes kovojame ne su kūnu ir krauju, bet su kunigaikštystėmis, valdžiomis, šio pasaulio tamsybių valdovais, su dvasine piktadarybe aukštumose. "(Efeziečiams 6:12)

Galiu kalbėti tik už save. Užaugau tikėdamas, kad stebuklai, kalbėjimas kalbomis, ligonių gydymas ir demonų išvarymas buvo tik Biblijos laikais, kai žemėje gyveno Jėzus ir jo apaštalai. Niekada daug negalvojau apie demonų apsėdimą mūsų dienomis. Dabar žinau ir suprantu: mes vis dar gyvename Biblijos laikais! Jo žodis visada buvo skirtas dabarčiai. "Dabartis" buvo vakar, "dabartis" yra dabar, o "dabartis" bus rytoj!

"Jėzus Kristus tas pats vakar ir šiandien, ir per amžius."
(Hebrajų 13,8)

Šėtonui pavyko mus suklaidinti ir atitraukti nuo galios, kurią Dievas suteikė savo Bažnyčiai. Dievo Bažnyčia yra tie, kurie atgailauja, yra pakrikštyti Jėzaus vardu ir gauna Šventosios Dvasios dovaną, o tai įrodo kalbėjimas kalbomis. Tada jie gaus galią iš aukštybių.

"Bet jūs gausite galią, kai ant jūsų nužengs Šventoji Dvasia, ir būsite mano liudytojai Jeruzalėje, visoje Judėjoje, Samarijoje ir iki pat žemės pakraščių". (Apd 1, 8)

"Mano kalba ir pamokslavimas buvo ne viliojančiais žmogiškos išminties žodžiais, bet Dvasios ir jėgos demonstravimu"
(1Korintiečiams 2:4)

"Juk mūsų Evangelija atėjo pas jus ne tik žodžiais, bet ir galia, Šventąja Dvasia ir dideliu patikinimu, nes žinote, kokie mes buvome žmonės tarp jūsų dėl jūsų." (1 Tesalonikiečiams 1,5)

Dievo žodis skirtas mums DABAR!

II skyrius

I niekada negalvojau apie šios antrosios dalies įtraukimą į savo knygą. Vis dėlto skyriau laiko ir įtraukiau šią dalį, nes daug žmonių prašė šios informacijos. Nuo tada, kai pradėjau vesti Biblijos studijas įvairių tautybių žmonėms, susidūrėme su šiuolaikinių Biblijų pakeitimais. Pradėjau gilintis į istoriją ir radau labai šokiruojančios informacijos. Turėdamas šią informaciją, manau, kad mano pareiga yra pranešti savo broliams ir seserims šią tiesą ir sustabdyti priešą, kad jis daugiau nebeklaidintų žmonių.

Elizabeth Das

A.

Kalbos, kurias naudojo Dievas

O amžių bėgyje Biblija buvo skelbiama įvairiais būdais ir, kas dar svarbiau, įvairiomis kalbomis. Per visą istoriją Biblija buvo verčiama į keturias pagrindines kalbas: pirmiausia į hebrajų, paskui į graikų, vėliau į lotynų ir galiausiai į anglų. Tolesnėse pastraipose trumpai pristatomi šie skirtingi etapai.

Nuo maždaug 2000 m. pr. m. e., Abraomo laikų, iki maždaug 70 m. po Kristaus, kai buvo sugriauta antroji Jeruzalės šventykla, Dievas nusprendė kalbėti savo tautai semitų kalbomis, daugiausia hebrajų. Būtent šia kalba Jo išrinktajai tautai buvo parodytas kelias ir paaiškinta, kad jai iš tiesų reikia Gelbėtojo, kuris ją pataisytų, kai ji nusideda.

Pasauliui tobulėjant, atsirado supervalstybė, kurios pagrindinė komunikacijos priemonė buvo graikų kalba. Tris šimtmečius graikų kalba buvo pagrindinė kalba, ir tai buvo logiškas Dievo pasirinkimas. Būtent graikų kalba Dievas pasirinko perteikti Naująjį Testamentą; ir, kaip rodo istorija, jis išplito žaibiškai. Šėtonas, suvokdamas, kokią didelę grėsmę kelia masių kalba parašytas tekstas, ėmėsi naikinti Biblijos patikimumą. Ši "netikra" Biblija buvo parašyta graikų kalba, bet atsirado Aleksandrijoje, Egipte; Senasis Testamentas vadinamas "Septuaginta", o Naujasis Testamentas - "Aleksandrijos tekstu". Informacija buvo iškraipyta žmogaus idėjomis ir išbraukta daug Dievo žodžių. Taip pat akivaizdu, kad šiandien šie apokrifai (graikiškai reiškia "paslėpti", niekada nebuvo laikomi Dievo žodžiu) prasiskverbė į mūsų šiuolaikinę Bibliją.

Iki 120 m. po Kr. lotynų kalba tapo bendrine kalba, o 1500 m. Biblija vėl buvo išversta. Kadangi lotynų kalba tuo metu buvo labai paplitusi, Biblija buvo lengvai skaitoma visoje Europoje. Lotynų kalba tuo metu buvo laikoma "tarptautine" kalba. Tai leido Biblijai keliauti po šalis ir toliau ją versti į regioninius dialektus. Ši ankstyvoji versija buvo vadinama Vulgata, o tai reiškia "bendrinė Biblija". Velnias į šią grėsmę atsakė Romoje sukurdamas giminingą knygą. Romėnai tvirtino, kad jų Biblija, kurioje buvo pilna "išmestų knygų" apokrifų ir tekstų, turėjusių būti panašių į tikrąją Bibliją, iš tikrųjų yra tikroji Biblija. Šiuo metu turime dvi Biblijas, kurios viena nuo kitos smarkiai skyrėsi; norėdamas apsaugoti savo suklastotą Bibliją, velnias turėjo išsiruošti ir sunaikinti tikruosius tekstus. Romos katalikai siuntė samdinius, kad sunaikintų ir nukankintų tuos, kurie turėjo tikrąją lotyniškąją Vulgatą. Didžiąja dalimi samdiniams sekėsi, tačiau galiausiai visiškai išnaikinti jos nepavyko, ir Dievo žodis buvo išsaugotas.

600-700 m. po Kr. susiformavo nauja pasaulio kalba - anglų kalba. Dievas pradėjo rengti dirvą, kuri vėliau paskatino masinį misionierių judėjimą. Pirmiausia Viljamas Tindeilas (William Tyndale) 1500 m. pradėjo versti originalius hebrajų ir graikų tekstus į naująją kalbą. Daugelis po jo bandė daryti tą patį, stengdamiesi kuo geriau priderinti ankstesnius hebrajų ir graikų tekstus. Tarp šių žmonių buvo ir karalius Jokūbas VI, kuris 1604 m. pavedė tarybai parengti kuo tikslesnę anglišką tekstų versiją. Iki 1611 m. apyvartoje pasirodė autorizuota versija, paprastai vadinama Karaliaus Jokūbo Biblija. Iš šios Biblijos misionieriai pradėjo versti visame pasaulyje.

Šėtonas nuolat puola Dievo žodį:

Dabar susiduriame su dar vienu velnio puolimu. Į 2011 m. išleistą Bibliją, teigiančią, kad ji yra 1611 m. KJV, įterpti apokrifai, kurie niekada nebuvo laikomi Dievo žodžiu. Autorizuotieji mokslininkai, žinodami, kad apokrifai nėra Dievo žodis, juos išbraukė iš KJV.

Šėtonas niekada nepasiduoda!

B.

Kaip Dievas išsaugojo savo žodį?

Dievas teikia didžiausią reikšmę savo užrašytam žodžiui, kuris yra visiškai aiškus.

"Viešpaties žodžiai yra gryni žodžiai, kaip sidabras, ištirtas žemės krosnyje, septynis kartus išgrynintas. Tu, Viešpatie, juos saugosi, juos išsaugosi nuo šios kartos per amžius "(Ps 12, 6-7).

Dievo žodis yra aukščiau visų vardų:

*"Aš garbinsiu tavo šventyklą ir šlovinsiu tavo vardą už tavo gailestingumą ir tiesą, **nes tu išaukštinai savo žodį labiau už visus savo vardus**". (Ps 138, 2).*

Viešpats taip pat įspėjo mus apie savo požiūrį į savo žodį. Jis rimtai įspėjo tuos, kurie norėtų iškraipyti Raštus. Dievas įspėjo, kad prie Jo žodžio nereikėtų nieko pridėti:

*"**Kiekvienas Dievo žodis yra tyras**, jis yra skydas tiems, kurie juo pasitiki. Neprisidėk prie Jo žodžių, kad Jis tavęs nesmerktų ir tu nebūtum pripažintas melagiu. "(Patarlių 30, 5-6)*

Dievas išsaugojo savo žodžius visoms kartoms!

Daugelis pamaldžių žmonių didvyriškai stengėsi sulaikyti kylančią apostazės ir netikėjimo bangą, iš dalies dėl to, kad buvo sumenkintas Dievo žodžio autoritetas. Tamsiaisiais amžiais Katalikų Bažnyčia kontroliavo žmones, nes Biblija buvo parašyta tik lotynų kalba. Paprasti žmonės nemokėjo nei skaityti, nei kalbėti lotyniškai.

Iki 400 m. po Kristaus Biblija buvo išversta į 500 kalbų iš originalių rankraščių, kurie buvo tikri. Norėdama kontroliuoti žmones, Katalikų bažnyčia priėmė griežtą įstatymą, kad Bibliją galima rašyti ir skaityti tik lotynų kalba. Šis lotyniškas variantas nebuvo išverstas iš originalių rankraščių.

Jonas Viklifas:

Džonas Viklifas buvo gerai žinomas kaip pastorius, mokslininkas, Oksfordo profesorius ir teologas. 1371 m. J. V., padedamas daugelio ištikimų raštininkų ir sekėjų, pradėjo rankraščių rašymą į anglų kalbą. Pirmasis Viklifo ranka rašytas Biblijos rankraštis anglų kalba buvo išverstas iš lotyniškosios Vulgatos. Tai padės sustabdyti klaidingus Romos katalikų bažnyčios mokymus. Parašyti ir išplatinti tik vieną Biblijos egzempliorių užtruko dešimt mėnesių ir kainavo keturiasdešimt svarų sterlingų. Dievo ranka buvo ant Viklifo. Romos Katalikų Bažnyčia pyko ant Viklifo. Daugybė nemažai jo nemažų draugų padėjo jam nepakenkti. Nors Katalikų bažnyčia darė viską, kad surinktų ir sudegintų kiekvieną egzempliorių, tai nesustabdė Viklifo. Jis niekada nepasidavė, nes žinojo, kad jo darbas nėra veltui. Katalikų Bažnyčiai nepavyko gauti visų kopijų. Liko šimtas septyniasdešimt egzempliorių. Dievui tebūnie šlovė!

Romos Katalikų Bažnyčia ir toliau piktinosi. Praėjus keturiasdešimt ketveriems metams po Jono Viklifo mirties, popiežius įsakė iškasti jo kaulus, susmulkinti ir įmesti į upę. Praėjus maždaug šimtui metų po J. Viklifo mirties, Europa pradėjo mokytis graikų kalbos.

Jonas Husas:

Vienas iš Jono Viklifo pasekėjų Jonas Husas tęsė Viklifo pradėtą darbą; jis taip pat priešinosi klaidingiems mokymams. Katalikų bažnyčia buvo pasiryžusi sustabdyti bet kokius pokyčius, išskyrus savo, grasindama mirties bausme visiems, kurie skaitė nelotynišką Bibliją. Viklifo idėja, kad Biblija turi būti verčiama į gimtąją kalbą, buvo naudinga. Jonas Husas 1415 m. buvo sudegintas ant laužo kartu su Viklifo rankraščiu, kuris buvo panaudotas ugniai įžiebti. Paskutiniai jo žodžiai buvo: "Po 100 metų Dievas prikels žmogų, kurio reformos raginimų nebus galima užgniaužti!". 1517 m. jo pranašystė išsipildė, kai Martynas Liuteris Vitenberge paskelbė savo garsiąją Ginčo tezę apie Katalikų Bažnyčią. Tais pačiais metais Fokso knygoje "Kankiniai" rašoma, kad Romos katalikų bažnyčia sudegino ant laužo 7 žmones už tai, kad jie "mokė savo vaikus melstis Viešpaties malda angliškai, o ne lotyniškai".

Johannesas Guttenbergas:

Pirmoji knyga, išspausdinta spaustuvėje, buvo lotyniškai parašyta Biblija, kurią 1440 m. išrado Johannesas Guttenbergas.

Šis išradimas leido per labai trumpą laiką atspausdinti daug knygų. Tai buvo labai svarbi priemonė protestantiškajai reformacijai skatinti.

Dr. Thomas Linacre'as:

1490-aisiais Oksfordo profesorius daktaras Thomas Linacre'as nusprendė išmokti graikų kalbą. Jis perskaitė ir baigė skaityti Bibliją originalo graikų kalba. Baigęs studijas jis pareiškė" :Arba tai nėra Evangelija, arba mes nesame krikščionys".

Romos katalikų lotyniškosios Vulgatos versijos buvo taip sugadintos, kad tiesa buvo paslėpta. Katalikų Bažnyčia ir toliau stengėsi įgyvendinti savo griežtą griežtą įstatymą, reikalaudama, kad žmonės Bibliją skaitytų tik lotynų kalba.

John Colet:

1496 m. kitas Oksfordo profesorius Džonas Koletas pradėjo versti Bibliją iš graikų kalbos į anglų kalbą savo studentams, o vėliau ir visuomenei Londono Šv.Pauliaus katedroje. Per šešis mėnesius prasidėjo atgimimas ir jo pamaldose dalyvavo daugiau kaip 40 000 žmonių. Jis ragino žmones kovoti už Kristų ir nesivelti į religinius karus. Turėdamas daug draugų aukštose pareigose, jis išvengė egzekucijos.

Desiderijus Erazmas, 1466-1536 m:

Deziderijus Erazmas, didis mokslininkas, stebėjo P. Koleto ir P. Linakro įvykius. Jam padarė įspūdį, kad lotyniškąją Vulgatą reikia vėl paversti teisinga. Tai pavyko padaryti padedant ponui J. Frobenui, kuris rankraštį išspausdino ir išleido 1516 metais.

Erazmas norėjo, kad visi žinotų, kaip sugadinta lotyniškoji Vulgata. Jis ragino juos sutelkti dėmesį į tiesą. Jis pabrėžė, kad naudojantis originaliais rankraščiais, kurie buvo graikų ir hebrajų kalbomis, bus einama teisingu keliu ir toliau bus laikomasi ištikimybės ir laisvės.

Viena garsiausių ir linksmiausių žinomo mokslininko ir vertėjo Erazmo citatų,

"Kai gaunu šiek tiek pinigų, perku knygas, o jei jų lieka, perku maistą ir drabužius".

Katalikų Bažnyčia ir toliau puolė visus, kurie dalyvavo verčiant Bibliją kitaip nei lotyniškai.

Viljamas Tindeilas (1494-1536):

Viljamas Tindeilas gimė 1494 m. ir mirė būdamas 42 metų. Ponas Tindeilas buvo ne tik reformatorių armijos kapitonas, bet ir jų dvasinis vadovas. Jis buvo didžiai sąžiningas ir gerbiamas žmogus. P. Tyndeilas mokėsi Oksfordo universitete, kuriame studijavo ir augo. Sulaukęs dvidešimt vienerių metų, gavęs magistro laipsnį, jis išvyko į Londoną.

Jis mokėjo kalbėti daugeliu kalbų: Gebėjo kalbėti hebrajų, graikų, ispanų, vokiečių, lotynų, prancūzų, italų ir anglų kalbomis. Vienas iš P. Tyndeilo bendradarbių sakė, kad kas nors, išgirdęs jį kalbant viena iš šių kalbų, manydavo, jog jis kalba savo gimtąja kalba. Jis naudojo šias kalbas, kad palaimintų kitus. Jis išvertė graikų Naująjį Testamentą į anglų kalbą. Nuostabu, kad jis buvo pirmasis žmogus, išspausdinęs Bibliją anglų kalba. Be jokios abejonės, ši dovana leido jam sėkmingai pabėgti nuo valdžios per tremties iš Anglijos metus. Galiausiai P. Tyndeilas buvo sugautas ir suimtas už ereziją ir išdavystę. Po nesąžiningo teismo proceso ir penkių šimtų dienų, praleistų varganomis sąlygomis kalėjime, 1536 m. spalį J. Tyndeilas buvo sudegintas ant laužo. Užfiksuota, kad šio nuostabaus didvyrio vardu pavadinta šiuolaikinė bendrovė "Tyndale House Publishers".

Martynas Liuteris:

Romos katalikų bažnyčia valdė per ilgai, o Martynas Liuteris nesitaikstė su bažnyčios korupcija. Jam nusibodo klaidingi mokymai, kurie buvo primetami žmonėms. 1517 m. Helovino dieną jis nesudvejojo, kai ant Vitenbergo bažnyčios paskelbė savo 95 ginčo tezes. Bažnyčios sudaryta Vormso seimo taryba planavo nukankinti Martyną Liuterį. Katalikų bažnyčia baiminosi galimo valdžios ir pajamų praradimo. Jie nebegalėtų pardavinėti indulgencijų už nuodėmes ar artimųjų išlaisvinimą iš "skaistyklos" - Katalikų bažnyčios sugalvotos doktrinos.

Martynas Liuteris turėjo pranašumą prieš Tindeilą ir 1522 m. rugsėjį paskelbė pirmąjį Erazmo graikų-lotynų Naujojo Testamento vertimą į vokiečių kalbą. Tindeilas norėjo naudoti tą patį originalo tekstą. Pradėjęs šį procesą, jis buvo terorizuojamas valdžios institucijų. 1525 m. jis išvyko iš Anglijos į Vokietiją, kur dirbo šalia Martyno Liuterio. Iki metų pabaigos Naujasis Testamentas buvo išverstas į anglų kalbą. 1526 m. Tyndeilo Naujasis Testamentas tapo pirmuoju Šventojo Rašto leidimu, išspausdintu anglų kalba. Tai buvo gerai! Jei žmonės galėtų skaityti Bibliją savo gimtąja kalba, Katalikų Bažnyčia nebeturėtų jiems galios ar valdžios. Žmones valdanti baimės tamsa nebekėlė grėsmės. Visuomenė būtų gavusi galimybę mesti iššūkį bažnytinei valdžiai dėl bet kokio apreikšto melo.

Pagaliau atėjo laisvė; išgelbėjimas buvo nemokamas visiems per tikėjimą, o ne per darbus. Dievo žodis visada bus teisingas, o ne žmogaus. Dievo žodis yra tiesa, ir tiesa padarys jus laisvus.

Karalius Jokūbas VI:

1603 m. Jokūbui VI tapus karaliumi, buvo parengtas naujo Biblijos vertimo projektas. Naujo vertimo priežastis buvo ta, kad naudotos Didžioji Biblija, Mato Biblija, Vyskupo Biblija, Ženevos Biblija ir Koverdeilo Biblija buvo sugadintos. Hampton Court konferencijoje karalius Jokūbas pritarė Biblijos vertimui. Šiam didžiajam vertimo darbui buvo kruopščiai atrinkti 47 Biblijos tyrinėtojai, teologai ir kalbininkai. Vertėjai buvo suskirstyti į šešias grupes ir dirbo Vestminsterio, Kembridžo ir Oksfordo universitetuose. Šiems hebrajų, graikų, lotynų ir anglų kalbų mokslininkams buvo paskirtos skirtingos Biblijos knygos. Kad šis vertimas būtų atliktas, reikėjo laikytis tam tikrų gairių. Šventojo Rašto vertimas iš originalo kalbų buvo baigtas 1611 m. ir pasklido po visą pasaulį.

1 siužetas: Šėtonas puola Dievo žodį Aleksandrijoje, Egipte.

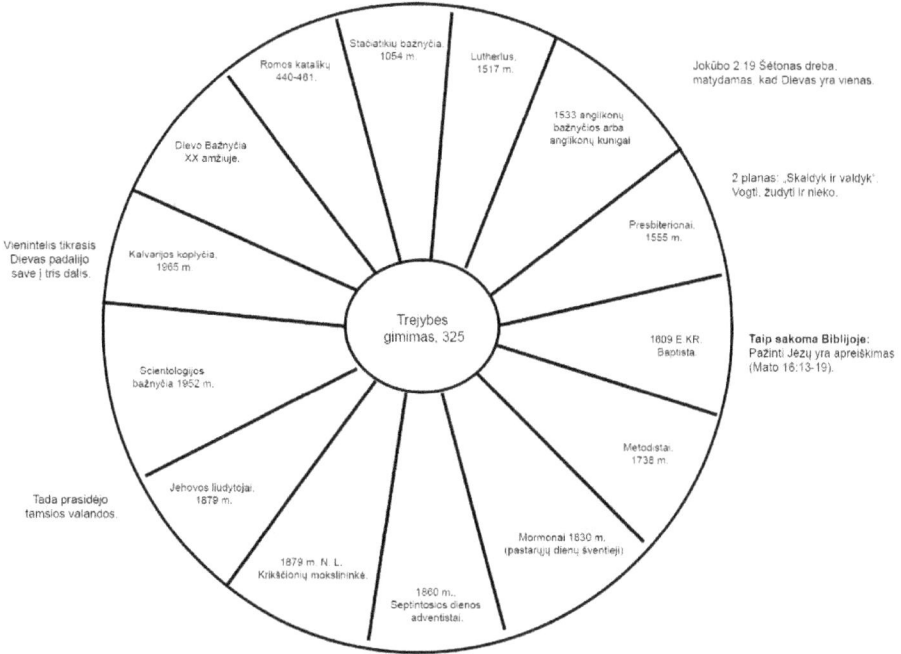

Stačiatikių bažnyčia.
1054 m.

Romos katalikų
440-461.

Lutherius.
1517 m.

Jokūbo 2:19 Šėtonas dreba.
matydamas, kad Dievas yra vienas.

1533 anglikonų
bažnyčios arba
anglikonų kunigai

Dievo Bažnyčia
XX amžiuje.

2 planas: „Skaldyk ir valdyk"
Vogti, žudyti ir nieko.

Presbiterionai.
1555 m.

Vienintelis tikrasis
Dievas padalijo
save į tris dalis.

Kalvarijos koplyčia.
1965 m.

Trejybes
gimimas, 325

1609 E. KR.
Baptista.

Taip sakoma Biblijoje:
Pažinti Jėzų yra apreiškimas
(Mato 16:13-19).

Scientologijos
bažnyčia 1952 m.

Metodistai.
1738 m.

Tada prasidėjo
tamsios valandos.

Jehovos liudytojai.
1879 m.

Mormonai 1830 m.
(pastarųjų dienų šventieji)

1879 m. N. L.
Krikščionių mokslininkė.

1860 m..
Septintosios dienos
adventistai.

Tada prasidėjo tamsios valandos.

C.

Mūsų laikų Biblijos vertimai:

T tiesa apie skirtingas Biblijos versijas: Dievo žodis yra galutinis autoritetas mūsų gyvenimui.

Šiuo metu, be Karaliaus Jokūbo versijos (KJV), yra daug įvairių Biblijos vertimų. Tikrieji Kristaus sekėjai norėtų sužinoti, ar visos Biblijos versijos yra teisingos, ar ne. Ieškokime tiesos visose šiose skirtingose Biblijos versijose. Turime NIV, NKJV, Katalikų Bibliją, Lotynų Bibliją, Amerikos standartinę versiją, Peržiūrėtą standartinę versiją, Anglų standartinę versiją, Naująją Amerikos standartinę versiją, Tarptautinę standartinę versiją, Graikų ir hebrajų Bibliją, Naujojo pasaulio vertimo (Jehovos liudytojų) Bibliją ir kt. Be to, yra daugybė kitų Biblijų, kurias įvairiais laikais ir epochose išvertė daugybė skirtingų mokslininkų. Iš kur žinome, kad visos šios skirtingos versijos yra teisingos ar iškraipytos? Jei sugadintos, tai kaip ir kada tai įvyko?

Pradėkime kelionę per daugybę variantų, kad rastume tiesą:

Norint nustatyti, kuri iš jų yra tikroji versija, mums reikia žinoti, kas tai yra:

Neseniai atrastame Aleksandrijos originalo rašte virš žodžių ir raštų yra linija, linijos arba brūkšniai. Tai reiškė, kad tie konkretūs žodžiai ir eilutės buvo praleisti jų vertime. Šių linijų rasta virš tokių žodžių, pvz: Šventasis, Kristus ir Dvasia, taip pat daugelį kitų žodžių ir eilučių. Rašto aiškintojai, kuriems teko redaguoti šiuos rankraščius, netikėjo Viešpačiu Jėzumi Kristumi kaip Mesiju (Gelbėtoju). Kad ir kas redagavo, pašalino ir pakeitė daugybę žodžių ir Raštų eilučių. Šis rankraštis neseniai buvo atrastas Aleksandrijoje, Egipte.

Tai puikus įrodymas, kad Aleksandrijoje Bibliją pakeitė ir iškraipė korumpuoti religiniai ir politiniai vadovai.

Karaliaus Jokūbo Biblijos versijoje sakoma:

"Visas Raštas yra duotas Dievo įkvėpimu ir yra naudingas mokymui, papeikimui, pataisymui ir teisumo ugdymui: "(2 Tim 3, 16)

"Pirmiausia žinodami, kad jokia Rašto pranašystė negali būti aiškinama asmeniškai. Nes senovėje pranašystė atsirado ne žmogaus valia, bet šventieji Dievo vyrai kalbėjo, kaip juos skatino Šventoji Dvasia." (2 Petro 1, 20-21)

Šis tikrasis Dievo žodis parašytas vienintelio Dievo.

Dievo žodis yra amžinas:

"Iš tiesų sakau jums: kol dangus ir žemė nepraeis, nė viena dalelė ar dalelė neišnyks iš Įstatymo, kol viskas bus įvykdyta. "(Mato 5:18)

"Lengviau dangui ir žemei praeiti, negu vienam įstatymo straipsniui žlugti". (Luko 16:17)

Nepridėkite ir neatimkite iš Dievo žodžio:

Dievo žodžio negalima atimti, pridėti ar iškraipyti:

"Aš liudiju kiekvienam, kuris klauso šios knygos pranašystės žodžių:'Jei kas prie to ką nors pridės, Dievas jam pridės rykštes, užrašytas šioje knygoje': Ir jei kas nors atims iš šios pranašystės knygos žodžių, Dievas atims jo dalį iš gyvenimo knygos, iš šventojo miesto ir iš to, kas parašyta šioje knygoje."
(Apreiškimo 22, 18-19)

"Nepridėkite prie žodžio, kurį jums įsakau, ir nieko iš jo nesumažinkite, kad laikytumėtės Viešpaties, savo Dievo, įsakymų, kuriuos jums įsakau. "(Pakartoto Įstatymo 4:2)

Dievo žodis yra gyvas ir aštresnis už dviašmenį kalaviją:

"Kiekvienas Dievo žodis yra tyras; Jis yra skydas tiems, kurie Juo pasitiki." (Patarlių 30,5)

119-oje psalmėje sakoma, kad Dievo žodis padeda mums išlikti tyriems ir augti tikėjimu. Dievo žodis yra vienintelis vadovas, padedantis gyventi tyrą gyvenimą.

*"Tavo žodis yra **žibintas** mano kojoms ir **šviesa** mano keliui."*
(Psalmių 119:105)

*"gimę iš naujo ne iš nykstančios sėklos, bet iš nenykstančios, **per Dievo žodį,** kuris yra gyvas ir išlieka per amžius." (1 Petro 1:23)*

Iš daugelio šiandien prieinamų angliškų versijų tik Karaliaus Jokūbo versijoje (1611 m.) be jokių abejonių laikomasi geresnio tradicinio masoretinio hebrajų kalbos teksto. Šį kruopštų metodą naudojo masoritai, darydami Senojo Testamento kopijas. Patikimas įrodymas, kad Dievo pažadas išsaugoti Jo Žodį niekada nesuklydo.

Dievas ketina išsaugoti savo žodį:

*"Viešpaties žodžiai yra **gryni žodžiai**, kaip sidabras, ištirtas žemės krosnyje, septynis kartus išgrynintas. Tu juos saugosi, Viešpatie, **Tu juos išsaugosi nuo šios kartos per amžius"**. (Ps 12, 6. 7)*

Šiuolaikin ėstechnologijos įrodė, kokia tiksli ir teisinga yra Biblijos Karaliaus Jokūbo versija.

Karališkosios statistikos draugijos ir statistikos mokslo žurnalas yra nauja mokslinių tyrimų agentūra:

Hebrajų mokslininkai, du Harvardo ir du Jeilio matematikai, pasinaudojo šiais dviem statistiniais moksliniais metodais ir buvo nustebinti KJV Biblijos tikslumu. Jie atliko kompiuterinį informacinį tyrimą naudodami lygiareikšmę raidžių seką. Jie įvedė vardą iš pirmųjų penkių KJV Biblijos knygų (Toros) ir, įvedus tą vardą, lygiareikšmės raidžių sekos tyrimas galėjo automatiškai užpildyti to asmens gimimo, mirties datą ir miestą, kuriame jis gimė ir mirė. Jie nustatė, kad tai buvo tiksliausia ataskaita. Jis lengvai ir tiksliai pažymėjo žmones, gyvenusius šimtmečio pradžioje. Tai buvo paprasti testai, tačiau išvados plaukė labai tiksliai.

Tas pats metodas nepasiteisino, kai jie įvardijo pavadinimus, naudojamus NIV, New American Standard Version, The Living Bible ir kitose kalbose bei vertimuose iš šių versijų. Šis metodas įrodo sugadintų Biblijos kopijų netikslumą.

Tą pačią matematinę analizę jie bandė atlikti ir su samariečių Penkiaknyge bei Aleksandrijos versija, tačiau ji taip pat nepasiteisino.

Apreiškimo knygoje rašoma, kad:

"Ir jei kas nors nukryps nuo šios pranašystės knygos žodžių, Dievas atims jo dalį iš gyvenimo knygos, iš šventojo miesto ir iš to, kas parašyta šioje knygoje." (Apreiškimo 22,19)

Atlikę šį tyrimą, jie priėjo prie išvados, kad KJV Biblija yra pati teisingiausia Biblija, kokią šiandien turime.

KJV Biblija remiasi graikišku tekstu, pagrįstu masoretiniu tekstu ir Textus Receptus: (paprasčiausiai tai reiškia visų priimtus tekstus), kuris buvo parašytas iš pradžių. Daugiau kaip penki tūkstančiai rankraščių 99 % sutampa su KJV Biblija.

KJV Biblija yra viešoji nuosavybė, todėl nereikia leidimo ją naudoti vertimui.

Šiuolaikinės Biblijos versijos nenaudoja hebrajiškojo masoretinio teksto. Jos naudojo Leningrado rankraštį, suredaguotą Septuagintą - sugadintą graikišką Senojo Testamento versiją. Abu šie netikri Biblia Hebraica hebrajiški tekstai savo išnašose siūlo pakeitimus. Klaidingi hebrajų kalbos tekstai, BHK arba BHS, Senajam Testamentui naudojami visose šiuolaikinėse vertimų versijose.

Tradicinis masoretinis hebrajų kalbos tekstas, kuriuo remiasi KJV, yra lygiai toks pat kaip ir originalus rankraštis. Šiandien archeologai rado visas Biblijos knygas, o tai įrodo, kad KJV Biblija yra tikslus originalo vertimas.

Dievo žodis pasikeitė:

Biblijoje sakoma, kad Dievo žodis yra mūsų kalavijas ir naudojamas kaip vienintelis ginklas prieš priešą; tačiau šiuolaikiniuose vertimuose Dievo žodis negali būti naudojamas kaip įžeidimas ar kalavijas prieš priešą. Dievo žodyje įvyko tiek daug pakeitimų, kad kai matome žmogų, kuris naudojasi šiuolaikiniais vertimais, jis yra nestabilus, prislėgtas, neramus ir turi emocinių problemų.

Štai kodėl psichologija ir medicina įžengė į Bažnyčią; dėl to kalti nauji vertimai.

Pažvelkime į keletą pakeitimų ir subtilią jų priežastį:

Šiuose Biblijos vertimuose matysime pakeitimus. Paminėjau kelias versijas, tačiau yra daug kitų versijų ir vertimų, atliktų pagal šią Bibliją, kuriuos taip pat galite patys ištirti. New Living Translation, English Standard Version, New American Standard Bible, International Standard Version, American Standard Version, Jehovos liudytojų Biblija, NIV Biblija ir kiti vertimai.

*KJV: Jis pasiuntė mane **gydyti sugniuždytų širdžių**, skelbti belaisviams išlaisvinimo, akliesiems grąžinti regėjimo, išlaisvinti sumuštųjų,*

Šioje Rašto eilutėje sakoma, kad Jis gydo sudaužytos širdies žmones.

"NIV skaitome Lk 4, 18: "Viešpaties Dvasia ant manęs, nes jis patepė mane skelbti gerąją naujieną vargšams. Jis pasiuntė mane skelbti kaliniams laisvę, akliesiems - regėjimo atgavimą, išlaisvinti prispaustuosius;"

(NIV ir kituose vertimuose taip pat <u>praleista "Gydykite sugniuždytas širdis"</u>. Šiuolaikiniai vertimai negali išgydyti sudaužytos širdies.)

*"KJV: Marko 3:15: Ir turėti **galią gydyti ligas bei išvarinėti** demonus: "*

"NIV: Mk 3:15: Ir turėti valdžią išvaryti demonus."

(**"Ir turėti galią gydyti ligas"** NIV ir kituose vertimuose praleista. Jūs esate bejėgiai gydyti ligonius.)

*"KJV: Apaštalų darbai 3:11 Kai **pagydytasis kliuvinys** laikė Petrą ir Joną, visi žmonės bėgo pas juos į prieangį, vadinamą Saliamonu, ir labai stebėjosi."*

NIV: Kol elgeta laikėsi Petro ir Jono, visi žmonės apstulbo ir pribėgo prie jų į vietą, vadinamą Saliamono kolonada.

NIV Biblijoje pašalinta: NIVV išbraukė: "**Vargšas žmogus, kuris buvo išgydytas**", kuri yra pagrindinė eilutė.

Be to, NIV penkiasdešimt tris kartus išbrauktas " žodisGailestingumo versmė". Dievo Gailestingumas yra praleistas. Žodis "Kraujas" praleistas keturiasdešimt vieną kartą.

"Efeziečiams 6:4 kalbama apie bažnyčios puoselėjimą... Žodis "puoselėjimas" kilęs iš žodžio "auklėjimas". Kaip laikydamas ir rūpindamasis kūdikiu, Dievas mus puoselėja ir nusižemina, tačiau kai kuriuose šiuolaikiniuose vertimuose sakoma "drausmina" ir "baudžia".

*"Danieliaus 3:25b parašyta: "Ir ketvirtojo pavidalas panašus į **Dievo Sūnų**."*

*"NIV Danieliaus 3:25b: pakeitė žodžius, o ketvirtasis atrodo kaip **dievų sūnus**".*

Dievo sūnus nėra dievų sūnus... tai patvirtina politeizmą.

Pakeitus "The" į "A", bus remiamos kitos religijos. Pavyzdys: Jėzaus nėra vienintelis Gelbėtojas?!?!?

Biblija sako:

Jėzus jam tarė: "Aš esu kelias, tiesa ir gyvenimas; niekas neateina pas Tėvą, kaip tik per mane". (Jono 14,6)

*KJV: Žmogaus Sūnus ateis savo šlovėje, o su juo visi **šventieji angelai**, ir jis atsisės savo šlovės soste.*

*NIV: Jis sėdės savo soste dangiškoje šlovėje, kai ateis Žmogaus Sūnus savo šlovėje ir visi **angelai** su juo.*

(NIV išbrauktas žodis "Šventas". Mes žinome, kad Biblijoje taip pat kalbama apie piktus ir nešventus angelus).

Dievas yra šventas:

NIV taip pat kai kuriose vietose išbraukta Šventoji Dvasia arba Šventoji Dvasia. Tai tik keli pavyzdžiai iš daugelio NIV, NKJV, Katalikų Biblijos, Lotynų Biblijos, Amerikos standartinės versijos, Peržiūrėtos standartinės versijos, Graikų ir Hebrajų Biblijos, taip pat kitų Biblijos versijų, kurios buvo išverstos iš senojo, sugadinto Aleksandrijos rašto ir NIV, pakeitimų.

Toliau pateikiami įrodymai, kad NIV Biblija yra Antikristas:

Iš NIV ir kitų Biblijos vertimų išbraukta daug žodžių, tokių kaip Jėzus Kristus, Kristus, Mesijas, Viešpats ir kt. Biblijoje parašyta, kas yra Antikristas.

Antikristas:

"Kas yra melagis, jei ne tas, kuris neigia, kad Jėzus yra Kristus? Antikristas yra tas, kuris neigia Tėvą ir Sūnų." (1 Jono 2,22)

*"Mūsų Viešpaties **Jėzaus Kristaus** malonė tebūna su jumis visais. Amen. "(Apreiškimo 22:21)*

Viešpaties Jėzaus malonė tebūna su Dievo *tauta. Amen.*

*"(NIV: Apreiškimo 22:21 **Kristus** pašalintas.)"*

"KJV Jn 4,29: "Eikite, pažiūrėkite į žmogų, kuris man papasakojo viską, ką aš kada nors esu daręs."

"NIV sako Jono 4,29: "Ateikite, pažiūrėkite į žmogų, kuris man papasakojo viską, ką aš kada nors padariau. Ar tai gali būti Kristus?"

(abejojama Kristaus dieviškumu) Pašalinus žodžius, pakeičiama prasmė.

Antikristas neigia Tėvą ir Sūnų...

.   *„KJV: Jono 9:35: "Tu tiki **Dievo Sūnų**".*

*NIV: Ar tikite **Žmogaus Sūnų**?*

"KJV Apaštalų darbų 8,37 "Pilypas tarė: "Jei tiki visa širdimi, gali. Jis atsakė: "Aš tikiu, kad Jėzus Kristus yra Dievo Sūnus".

*" KJV: Galatams 4:7 todėl tu jau nebe vergas, bet sūnus, o jei sūnus, tai **Dievo** paveldėtojas **per Kristų.***"

"NIV: Galatams 4:7 Taigi tu esi nebe vergas, bet sūnus, o kadangi esi sūnus, Dievas tave padarė ir paveldėtoju. "

NIV praleistas Dievo paveldėtojas per Kristų.

*"KJV: Efeziečiams 3:9 Ir kad visi [žmonės] pamatytų, kokia yra paslapties bendrystė, kuri nuo pasaulio pradžios buvo paslėpta Dieve, visa sukūrusiame **per Jėzų Kristų**:"*

"NIV: Efeziečiams 3:9 ir visiems paaiškinti šios paslapties valdymą, kuri nuo amžių buvo paslėpta Dieve, kuris visa sukūrė.

NIV išbraukė **"Jėzumi Kristumi".** Jėzus yra visa ko Kūrėjas."

Jėzus Kristus ateina kūnu:

*"1 Jono 4:3...Ir kiekviena dvasia, kuri neišpažįsta, kad **Jėzus Kristus atėjo kūne**, nėra iš Dievo."*

NIV sako: Bet kiekviena dvasia, kuri nepripažįsta Jėzaus, nėra iš Dievo.

("Jėzus Kristus atėjo kūnu" pašalinta)

"Apaštalų darbų knygos 3:13, 26 eilutėse sakoma, kad Jis yra Dievo Sūnus. NKJV išbraukė Dievo Sūnus ir pasakė Dievo tarnas."

Naujosios Biblijos versijos nenori, kad Jėzus būtų "Dievo Sūnus". Dievo Sūnus reiškia Dievas kūne.

*"Jono 5,17-18 Jėzus jiems atsakė: "**Mano Tėvas** iki šiol dirba, ir aš dirbu. Todėl žydai dar labiau stengėsi Jį nužudyti, nes Jis ne tik sulaužė šabą, bet ir sakė, kad **Dievas yra Jo Tėvas**, darydamas save **lygų Dievui"***

KJV Biblijoje vartojamas Jėzaus, Jėzaus Kristaus arba Viešpaties Jėzaus apibrėžimas. Tačiau naujuose šiuolaikiniuose vertimuose vietoj to sakoma "jis arba jis".

*"KJV: Jie gieda Dievo tarno Mozės giesmę ir Avinėlio giesmę, sakydami: "Didingi ir nuostabūs tavo darbai, Viešpatie, Dieve visagali, teisingi ir teisingi tavo keliai**, šventųjų Karaliau**. "*
(Apreiškimo 15:3)

*"NIV: ir giedojo Dievo tarno Mozės giesmę bei Avinėlio giesmę: "Tavo darbai didingi ir nuostabūs, Viešpatie, visagali Dieve. Teisingi ir teisingi Tavo keliai, **amžių Karaliau**." (Apreiškimo 15, 3)*

(Jis yra atgimusių šventųjų Karalius. kurie pakrikštyti Jėzaus vardu ir gavę Jo Dvasią.)

*"KJV: **Dievas** nušluostys visas ašaras nuo jų akių;"*
(Apreiškimo 21:4)

*"NIV: **Jis** nušluostys kiekvieną ašarą nuo jų akių."*
(Apreiškimo 21:4)

" Žodis**Dievas**" keičiamas į "Jis". Kas yra "Jis"? (Tai padės kitoms religijoms.)

"KJV: Aš pažvelgiau, ir štai Avinėlis stovėjo ant Siono kalno, o su juo šimtas keturiasdešimt [ir] keturi tūkstančiai, kurių kaktose buvo įrašytas jo Tėvo **vardas.**" *(Apreiškimo 14,1)*

*"NIV: Tada aš pažvelgiau, ir priešais mane buvo Avinėlis, stovintis ant Siono kalno, o su juo 144 000 žmonių, kurie turėjo **jo vardą ir jo** Tėvo **vardą**, įrašytą ant savo kaktos."* *(Apreiškimo14, 1)*

NIV pridėjo "Jo vardą" su "Jo Tėvo vardu", dabar tai du vardai.

"Jono 5,43b: Aš atėjau savo Tėvo vardu."

Taigi Tėvo vardas yra Jėzus. Jėzus hebrajų kalba reiškia Jehova Gelbėtojas

*"Zacharijo 14:9 Viešpats bus visos žemės karalius; tą dieną bus vienas Viešpats ir **vienas** jo **vardas.**"*

*"KJV Izaijas 44,5 Vienas sakys: 'Aš esu Viešpaties', kitas vadinsis Jokūbo vardu, dar kitas pasirašys ranka Viešpačiui ir **pasivadins** Izraelio vardu."*

NIV: Kitas vadinsis Jokūbo vardu, dar kitas ant rankos užrašys: "Viešpaties" ir pasivadins Izraelio vardu.

(NIV pašalintas žodis **"pavardė"**)

Dabar girdime, kad "Hermos ganytojo" knyga bus įtraukta į šiuolaikinę Biblijos versiją. Hermos knygoje rašoma,, :Priimkite Vardą, pasiduokite žvėriui, sudarykite vieno pasaulio vyriausybę ir žudykite tuos, kurie nepriima Vardo". (Jėzus nėra tas vardas, apie kurį čia kalbama).

"KJV Apreiškimo 13,17: Ir kad niekas negalėtų nei pirkti, nei parduoti, išskyrus tuos, kurie turėjo žymę, žvėries vardą ar jo vardo skaičių."

Nenustebkite, jei Apreiškimo knyga išnyks iš Biblijos. Apreiškimo knygoje aprašoma praeitis, dabartis ir būsimi dalykai. Hermos ganytojas yra Sinaitiniame rankraštyje, kuriuo paremta NIV Biblija.

Simboliai:

Kokia yra simbolio reikšmė ir kas naudoja šį simbolį:
Simbolis - tai tam tikras ženklas, kuris reiškia tam tikrą informaciją, pavyzdžiui, raudonas aštuonkampis gali būti "STOP" simbolis. Žemėlapyje pavaizduota palapinė gali reikšti stovyklavietę.

666 =

Pranašystės knygoje sakoma:

"Čia yra išmintis. Kas turi proto, tegul suskaičiuoja žvėries skaičių, nes jis yra žmogaus skaičius, o jo skaičius yra šeši šimtai šešiasdešimt šeši." (Apreiškimo 13,18)

Šį simbolį arba logotipą, vaizduojantį susipynusius 666 (senovės trejybės simbolį), naudoja žmonės, kurie tiki trejybės doktrina.

Dievas nėra trejybė ar trys skirtingi asmenys. Vienas Dievas Jehova atėjo kūnu ir dabar Jo Dvasia veikia Bažnyčioje. Dievas yra vienas ir visada bus vienas.

"Tačiau Apaštalų darbų 17:29 parašyta: Kadangi esame Dievo palikuonys, neturėtume manyti, kad Dievystė panaši į auksą, sidabrą ar akmenį, išraižytą žmogaus rankomis."

(Sukurti simbolį, kuris simbolizuotų dievystę, prieštarauja Dievo žodžiui) Naujųjų amžių atstovai pripažįsta, kad trys tarpusavyje susipynę šešetukai arba "666" yra Žvėries ženklas.

Biblija mus įspėja, kad šėtonas yra netikras:

"Ir nenuostabu, nes pats šėtonas virsta šviesos angelu. Todėl nieko nuostabaus, jei ir jo tarnai bus perkeisti į teisumo tarnus"
(2 Korintiečiams 11:14-15).

Šėtonas galiausiai yra klastotė:

"Aš pakilsiu virš debesų aukštybių, būsiu kaip Aukščiausiasis."
(Izaijo 14:14)

Aš būsiu kaip Aukščiausiasis Dievas. Akivaizdu, kad šėtonas bandė atimti Jėzaus Kristaus tapatybę, pakeisdamas Dievo žodį. Atminkite, kad Šėtonas yra subtilus ir jo puolimas nukreiptas prieš "Dievo žodį".

Naujoji Karaliaus Jokūbo versija:

Pažiūrėkime į šią Biblijos versiją, vadinamą NKJV. Naujoji Karaliaus Jokūbo versija **nėra** Karaliaus Jokūbo versija. Karaliaus Jokūbo versiją 1611 m. išvertė 54 hebrajų, graikų ir lotynų teologai mokslininkai.

Naujoji Karaliaus Jokūbo versija pirmą kartą išleista 1979 m. Studijuodami Naująją Karaliaus Jokūbo versiją sužinosime, kad ši versija yra ne tik mirtiniausia, bet ir labai apgaulinga Kristaus kūnui.

Kodėl??????

NKJV leidėjas sako:

.... Kad tai Karaliaus Jokūbo Biblija, nėra tiesa. KJV neturi kopijavimo teisės; ją galima išversti į bet kurią kalbą negavus leidimo. NKJV turi kopijavimo teisę, priklausančią Thomas Nelson leidyklai.
.... Kad jis remiasi Textus Receptus, kuris yra tik dalinė tiesa. Tai dar vienas subtilus išpuolis. Būkite atsargūs dėl šios Naujosios KJV. Po minutės sužinosite, kodėl.

Naujoji Karaliaus Jokūbo Biblija pretenduoja būti Karaliaus Jokūbo Biblija, tik geresnė. "NKJV" praleista ir pakeista daugybė eilučių.

Dvidešimt du kartus " žodispragaras" keičiamas į "Hadą" ir "Šeolą". Naujojo amžiaus šėtoniškas judėjimas sako, kad "Hadas" yra vidurio apsivalymo būsena!

Graikai tiki, kad "Hadas" ir "Šeolas" yra požeminė mirusiųjų buveinė.

Išbraukta daug žodžių: atgaila, Dievas, Viešpats, dangus ir kraujas. Iš NKJV išbraukti žodžiai Jehova, velniai, prakeikimas ir Naujasis Testamentas.

Nesusipratimai apie išgelbėjimą:

KJV	NKJV
1 Korintiečiams 1:18	
"Yra išgelbėti"	Būti išgelbėtam.
Hebrajų 10:14	
"yra pašventinti"	yra pašventinami.
II Korintiečiams 10:5	
"Atmesdami vaizduotę"	Atmesti argumentus.
Mato 7:14	
"Siauras kelias" II Korintiečiams 2:15	Sudėtingas būdas
"Yra išgelbėti"	Būti išgelbėtam

"Sodomitai" pakeičiama į "iškrypėliai". NKJV yra antikristo iškraipyta versija

Didžiausias šėtono puolimas nukreiptas prieš Jėzų kaip Dievą.

*"NIV: Izaijo 14:12 yra subtilus išpuolis prieš Viešpatį Jėzų, kuris vadinamas **Ryto žvaigžde**. "*

Kaip tu nukritai iš dangaus, o ryto žvaigžde, aušros sūnau! Tu buvai numestas į žemę, tu, kuris kadaise nužeminai tautas!

"(NIV turi šio Rašto *2 Petro 1:19* "*O mes turime pranašų žodį, kuris tapo dar tikresnis, ir jums bus gerai, jei į jį įsiklausysite kaip į šviesą, šviečiančią tamsioje vietoje, kol išauš diena ir jūsų širdyse išauš ryto žvaigždė*".

*"Pridėdamas "**Ryto žvaigždė"** ir pateikdamas kitą nuorodą Apreiškimo 2:28 suklaidina skaitytoją, kad Jėzus yra Ryto žvaigždė, kuri nukrito.)*

"Tačiau Izaijo 14:12 rašoma: "Kaip tu nukritai iš dangaus, Liuciferi, ryto sūnau! [Kaip] esi nukirstas į žemę, kuris susilpninai tautas!".

(NIV Biblijoje Liuciferio vardas išbrauktas, o " žodisryto sūnus" pakeistas žodžiu "**ryto žvaigždė**". Apreiškimo knygoje Jėzus vadinamas "Ryto žvaigžde".

"Aš, Jėzus, pasiunčiau savo angelą, kad jis paliudytų jums tai bažnyčiose. Aš esu Dovydo šaknis ir palikuonis, šviesioji ryto žvaigždė "(KB 22, 16).

"Taigi Izaijo 14:12 Biblijos teksto versija iškraipo biblinę prasmę, teigdama, kad Jėzus nukrito iš dangaus ir pažemino tautas.) KJV Biblijoje sakoma, kad Jėzus yra šviesioji ir rytmečio žvaigždė. "

*"Aš, Jėzus, pasiunčiau savo angelą, kad jis jums tai paliudytų Bažnyčiose. Aš esu Dovydo šaknis ir palikuonis, **šviesioji ir ryto žvaigždė**." (Apreiškimo 22,16).*

KJV:

"Taip pat turime ir patikimesnį pranašystės žodį, į kurį gerai žiūrėkite kaip į šviesą, šviečiančią tamsioje vietoje, kol išauš diena ir jūsų širdyse išauš dienos žvaigždė." (2 Petro 1,19).

*"Jis valdys juos geležine lazda; jie bus sudaužyti kaip puodžiaus indai, kaip aš gavau iš savo Tėvo. Aš jam duosiu **rytmetinę žvaigždę.**"*
(Apr 2, 27-28).

Šiuolaikiniai vertimai prisitaiko prie visų religijų, vietoj Jėzaus, Kristaus ar Mesijo vartodami "jis" ar "jį" ir išbraukdami daugybę žodžių ir eilučių apie Jėzų. Šie vertimai įrodo, kad Viešpats Jėzus nėra nei Kūrėjas, nei Gelbėtojas, nei Dievas kūne; jie paverčia Jį tik dar vienu mitu.

Šie atsiskyrėliai parengė labiau jiems patinkantį Biblijos rankraštį. Jie užsipuolė Jėzaus Kristaus dievybę ir kitas Biblijos doktrinas. Buvo nutiestas kelias Naujųjų laikų Biblijai, kuri davė pradžią vienai pasaulinei religijai. Susijungus visoms bažnyčioms ir religijoms, bus sukurta "viena pasaulinė religija".

Dabar suprantate, kokį klastingą ir subtilų planą sukūrė šėtonas. Jis net išdrįso pakeisti Dievo žodį. Šėtonas sukūrė klastingą planą, kad suklaidintų žmones!

Prisiminkite, ką sakė Šėtonas:

"Aš pakilsiu virš debesų aukštybių, būsiu kaip Aukščiausiasis."
(Izaijo 14:14)

D.

KJV ir šiuolaikinė Biblija: Pakeitimai, kurie buvo pridėti arba pašalinti.

NIV VERTIMAS:

T eškotas graikiškas Westcott & Hort tekstas yra iš Sinaiticus ir Vaticanus rankraščių. Ankstyvoji Bažnyčia nustatė, kad tai buvo subtilus išpuolis prieš Dievo žodį, praleidžiant ir keičiant Biblijos tiesą. Sinaiticus(Alefas) ir Vaticanus(B kodeksas) buvo atmesti ankstyvosios Bažnyčios ir susižavėjo netikrais mokytojais. NIV Biblijos šaltinis remiasi Vestkoto ir Horto sugadintomis versijomis, kurias rasite NIV išnašose. Be išsamių tyrimų neturime jokios galimybės sužinoti, kaip ir iš kur atsirado šis graikiškas Vestkoto ir Horto tekstas. Kai matome nuorodas, pateiktas iš Vestkoto ir Horto, paprastai jomis neabejodami tikime vien todėl, kad jos išspausdintos Biblijoje.

NIV Biblija žavisi žmonės, nes mano, kad ją lengviau suprasti, nes senoji anglų kalba pakeista šiuolaikiniais žodžiais. Tiesą sakant, KJV Biblijoje kalba yra lengviausia ir suprantama bet kokio amžiaus žmonėms. KJV žodynas yra paprastesnis nei NIV žodynas. Vien pakeitus tokius žodžius kaip tu, tavo, tau ir tavo, žmonės mano, kad ją lengviau skaityti. Kaip žinote, Dievo žodį aiškina tik Šventoji Dvasia, o jį užrašė Dievas. KJV yra Dievo Dvasia, kuri padeda mums suvokti Jo supratimą. Dievo Žodyje nereikia daryti pakeitimų, tačiau tikrasis Žodis turi pakeisti mūsų mąstymą.

Dabar daug bažnyčių vietoj KJV priima NIV versiją. Laikui bėgant daromi maži pakeitimai keičia mūsų mąstymą ir tai tampa subtiliu smegenų plovimo būdu. NIV Biblijos versijoje padaryti pakeitimai subtiliai silpnina Evangeliją. Šie pakeitimai dažniausiai prieštarauja Viešpaties Jėzaus Kristaus viešpatavimui. Kai tai pasiekiama, daugeliui religijų lengviau priimti NIV Bibliją, nes tada ji palaiko jų doktrinas. Tai savo ruožtu tampa "tarpreligiškumu", vienos pasaulinės religijos, apie kurią kalbama Apreiškimo knygoje, tikslu.

KJV buvo sukurtas remiantis Bizantijos rankraščių šeima, kuri paprastai vadinama Textus Receptus rankraščiais. NKJV (Naujoji karaliaus Jokūbo versija) yra blogiausias vertimas. Jis skiriasi nuo KJV 1200 kartų. Naujoji karaliaus Jokūbo versija tikrai nėra ta pati kaip Karaliaus Jokūbo versija. MKJV taip pat nėra KJV. Dauguma Biblijos vertimų yra ne kita versija, o iškraipymas ir nukrypimas nuo tiesos.

Šių eilučių nėra **NIV** ir **kituose šiuolaikiniuose vertimuose**. Toliau pateikiamas NIV vertime praleistų eilučių sąrašas.

Izaijo 14:12

*KJV: **Liuciferi, ryto sūnau**, kaip tu nukritai iš dangaus! Kaip esi nukirstas į žemę, susilpninęs tautas!*

*NIV Iz 14,12 Kaip tu nukritai iš dangaus, o **rytmečio žvaigžde**, aušros sūnau! Tu buvai nuversta į žemę, tu, kuri kadaise nužeminai tautas!*

(NIV Biblijoje išbrauktas Liuciferis, o " žodžiairyto žvaigždės sūnus" pakeisti žodžiais "ryto žvaigždė". Tai klaidina jus, kad tikėtumėte, jog Jėzus, kuris yra "Ryto žvaigždė", nukrito iš dangaus.

> *"Aš, Jėzus, pasiunčiau savo angelą, kad jis paliudytų jums tai bažnyčiose. Aš esu Dovydo šaknis ir palikuonis, šviesus ir ryto* __*žvaigždė*__*. (Apreiškimo 22, 16)*

(Jėzus yra ryto žvaigždė)

> *"Izaijo 14:12 (NIV) yra labai paini Šventojo Rašto eilutė. Žmonės galvoja, kad Jėzus yra nukritęs iš dangaus ir nukirstas."*

NTV Liuciferis (Šėtonas) prilyginamas Jėzui Kristui; tai aukščiausio lygio šventvagystė. Štai kodėl kai kurie žmonės netiki Jėzumi Kristumi, nes laiko Jį lygiaverčiu Šėtonui.

Danieliaus 3:25

> *KJV: Jis atsakė: "Štai aš matau keturis laisvus vyrus, vaikštančius ugnies viduryje, ir jiems nieko neskauda, o ketvirtojo pavidalas panašus į* __*Dievo Sūnų*__*.*

> *"NIV: Dan. 3:25 Jis tarė: "Žiūrėk, matau keturis vyrus, vaikštančius ugnyje, nesuvaržytus ir nesužeistus, o ketvirtasis panašus į* __*dievų sūnų*__*."*

(Pakeitus Dievo Sūnų į __Dievų Sūnų__, bus galima tikėti politeizmu, o tai padės kitoms religijoms.)

Mato 5:22

> *"Mt 5,22 Bet aš jums sakau: kas* __*pyksta ant savo brolio be priežasties,*__ *tam gresia teismas, ir kas sakys savo broliui: 'Raša', tam gresia taryba, o kas sakys: 'Tu kvailys', tam gresia pragaro ugnis.*

"NIV Mt 5,22 Bet aš jums sakau, kad kiekvienas, kuris pyksta ant savo brolio, bus teisiamas. Vėlgi, kiekvienas, kuris sako savo broliui: 'Raca', atsako prieš Sanhedriną. O kas pasakys: 'Tu kvailys!', tam gresia pragaro ugnis.

(KJV Biblijoje sakoma: "**Piktas be priežasties**", NIV - "tiesiog piktas". Žodžio tiesa yra ta, kad mes galime **pykti**, jei yra priežastis, bet neleisime saulei nusileisti).

Mato 5:44

*"Mt 5,44 O aš jums sakau: "Mylėkite savo priešus, **laiminkite tuos, kurie jus keikia**, darykite gera tiems, kurie jūsų nekenčia, ir melskitės **už tuos, kurie jus niekina** ir persekioja";*

"Mt 5,44 O aš jums sakau: mylėkite savo priešus ir melskitės už tuos, kurie jus persekioja,"

(Pabrėžta KJV Biblijoje yra pašalinta iš NIV Biblijos)

Mato 6:13

*"Mt 6,13 Ir nevesk mūsų į pagundą, bet gelbėk mus nuo pikto: **Nes Tavo yra karalystė, galybė ir šlovė per amžius. Amen.**"*

*"NIV Mt 6,13 Ir nevesk mūsų į pagundą, bet gelbėk mus nuo **blogis.**"*

(**Blogis** ne blogis. ***Nes tavo yra karalystė, valdžia ir šlovė per amžius. Amen***: pašalinta iš NIV)

Mato 6:33

*"Mt 6,33 Bet pirmiausia ieškokite **Dievo karalystės** ir jo teisumo, o visa tai jums bus pridėta."*

*"NIV Mt 6,33 Bet pirmiausia ieškokite jo karalystės ir **jo** teisumo, o visa tai jums bus duota. "*

(**Dievo karalystė** pakeista "jo" karalyste... NIV pakeitė Dievą jo karalyste. Kas yra "Jo"?)

Mato 8:29

*"KJV Mt 8,29 Ir štai jie ėmė šaukti: "Kas mums su tavimi, **Jėzau, Dievo Sūnau,?"** Argi tu atėjai čia mūsų kankinti anksčiau laiko?"
(Konkrečiai)*

*"NIV Mt 8,29 "Ko nori iš mūsų, **Dievo Sūnau**?" - šaukė jie. Ar atėjote čia kankinti mūsų prieš nustatytą laiką?"*

(**Jėzus** yra išbrauktas iš NIV Biblijos, o jie pasiliko tik Dievo Sūnų... *Jėzus* yra Dievo Sūnus. Dievo Sūnus reiškia Visagalis Dievas, vaikščiojantis kūnu.)

Mato 9:13b

*"KJV Mt 9,13b nes aš atėjau šaukti ne teisiųjų, bet nusidėjėlių "**atsiversti**.*

"NIV Mt 9,13b nes aš atėjau pašaukti ne teisiųjų, bet nusidėjėlių."

(**Atgaila** yra išėjusi. Atgaila yra pirmasis žingsnis; jūs nusigręžiate nuo nuodėmės ir nuodėmingo gyvenimo būdo, suprasdami ir pripažindami, kad klydote.)

Mato 9:18

*"KJV: Mt 9:18 Kai jis jiems tai kalbėjo, štai atėjo vienas valdininkas **ir pagarbino jį,** sakydamas: "Mano duktė jau mirė, bet ateik, uždėk ant jos ranką, ir ji atgis."*

(Garbino Jėzų)

*"NIV Mt 9,18 Jam tai sakant, atėjo valdovas, **atsiklaupė prieš Jį** ir tarė" :Ką tik mirė mano duktė. Bet ateik ir uždėk ant jos ranką, ir ji atgis".*

(Garbinimas **pakeičiamas į klūpėjimą**. Garbinimas padaro Jėzų Dievu.)

Mato 13:51

*"Mt 13,51 Jėzus jiems tarė: "Ar visa tai supratote? Jie Jam atsakė: **'Taip, Viešpatie'**.*

"NIV Mt 13,51 "Ar visa tai supratote?" Jėzus paklausė.

(JĖZUS YRA VIEŠPATS. NIV išbraukė **"Taip, Viešpatie"**, palikdamas Jėzaus Kristaus viešpatavimą).

Mato 16:20

*"Mt 16,20 Tada jis įsakė savo mokiniams niekam nesakyti, kad jis yra **Jėzus** Kristus."*

(Keliose NIV Biblijos eilutėse išbrauktas vardas "JĖZUS".)

"Mt 16,20 Tada jis įspėjo savo mokinius niekam nesakyti, kad jis yra Kristus.
"
"(Kas yra "jis"? Kodėl ne Jėzus, Kristus? "Kristus reiškia Mesiją, šio pasaulio Gelbėtoją: Jono 4:42.)"

Mato 17:21

"KJV: Mt 17,21: Tačiau tokia rūšis neišeina kitaip, kaip tik per maldą ir pasninką."

(Malda ir pasninkas sugriaus tvirtą velnio užnugarį. Pasninkas nužudo mūsų kūną.)

NIV visiškai išėmė Raštą. Ji taip pat išbraukta iš Jehovos liudytojų "Biblijos". Dabartinis pasninkas pakeistas į Danielso dietą. Tai dar vienas melas. (Pasninkas - tai nevalgymas ir negėrimas vandens. Valgymas nėra pasninkas, o pasninkas nėra valgymas ar gėrimas).

Keletas biblinio pasninko pavyzdžių KJV Biblijoje

Estera 4:16:

*Eikite, susirinkite visus žydus, esančius Šušane, ir **pasninkaukite** dėl manęs: **tris** dienas, dieną ir naktį, **nevalgykite ir negerkite**: Aš ir mano tarnaitės taip pat **pasninkausime**, ir taip įeisiu pas karalių, kas nėra pagal įstatymą, o jei žūsiu, tai žūsiu.*

*"Jona 3,5.7 KJV Ninevės gyventojai įtikėjo Dievą, **pasiskelbė pasninką** ir apsivilko ašutinėmis nuo didžiausio iki mažiausio. Jis liepė paskelbti ir paskelbti per Ninevę karaliaus ir jo didikų įsakymu: ,,Tegul nei žmonės, nei gyvuliai, nei bandos, nei kaimenės nieko nevalgo: **tegul nevalgo ir negeria vandens**:"*

Mato 18:11

*Mt 18,11: **Juk Žmogaus Sūnus atėjo išgelbėti, kas pražuvę**.*

(Ši eilutė išbraukta iš NIV ir daugelio kitų Biblijos versijų. Jėzus neturi būti vienintelis Gelbėtojas. Masonas moko, kad mes galime išgelbėti patys save ir jums nereikia Jėzaus).

Mato 19:9

*"KJV: 19:9: Aš jums sakau: kas atleidžia savo žmoną, išskyrus ištvirkavimą, ir veda kitą, svetimauja, **ir kas taip veda atleistąją, svetimauja**."*

"NIV: Mt 19, 9 Aš jums sakau, kad kiekvienas, kuris išsiskiria su savo žmona, išskyrus dėl santuokinės neištikimybės, ir veda kitą moterį, svetimauja."

("kas taip veda atleistąją, svetimauja" praleidžiama)

Mato 19:16, 17

*"KJV Mt 19,16 Ir štai vienas priėjęs paklausė: "**Gerasis Mokytojau**, ką gero turiu padaryti, kad turėčiau amžinąjį gyvenimą?*

17 Jis jam atsakė: "Kodėl vadini mane geru? Nėra kito gero, kaip tik vienas, tai yra Dievas, bet jei nori įeiti į gyvenimą, laikykis įsakymų.

NIV Mt 19,16 Prie Jėzaus priėjo žmogus ir paklausė" :Mokytojau, ką gero turiu daryti, kad gaučiau amžinąjį gyvenimą?

17 Kodėl klausiate manęs apie tai, kas gera? Jėzus atsakė. "Yra tik vienas, kuris yra geras. Jei norite įeiti į gyvenimą, laikykitės įsakymų.

(Jėzus paklausė: "Kodėl vadinate mane geru?" Tik Dievas yra geras, o jei Jėzus yra geras, vadinasi, Jis turi būti Dievas. Gerasis Mokytojas NIV vertime pakeistas į "Mokytojas", ir prasmė prarandama. Be to, kai kurios religijos palaiko tikėjimą savęs išgelbėjimu).

Mato 20:16

*Mt 20,16: Taip paskutinieji bus pirmieji, o pirmieji paskutinieji; **nes daug yra pašauktų, bet mažai išrinktųjų**.*

(Svarbu, ką pasirenkame. Jei pasirinksite neteisingai, galite pasiklysti)

NIV IR RSV

"NIV Mt 20, 16: "Taigi paskutinieji bus pirmieji, o pirmieji bus paskutiniai".

(nesirinkite)

Mato 20:20

*"Mt 20,20: Tada pas jį atėjo Zebediejų vaikų motina su savo sūnumis, **garbindama jį** ir prašydama kai ko iš jo.*

*"Mt 20,20: Tada Zebediejaus sūnų motina atėjo pas Jėzų su savo sūnumis **ir atsiklaupusi** paprašė Jo malonės.*

(**Garbinimas ar atsiklaupimas**...? Žydai garbina tik vieną Dievą).

Mato 20:22, 23

*"Mt 20,22.23: Jėzus atsakė: "Jūs nežinote, ko prašote. Ar galite gerti iš taurės, kurią aš gersiu, ir **krikštytis krikštu, kuriuo aš esu krikštijamas**? Jie jam atsakė: "Ką tu manai apie tai? mes galime.*

*Jis jiems tarė: "Jūs tikrai gersite iš mano taurės ir būsite **pakrikštyti krikštu, kuriuo aš esu pakrikštytas**, bet sėdėti mano dešinėje ir kairėje ne man duoti, bet bus duota tiems, kuriems tai paruošta mano Tėvo.*

(Ar galėtum išgyventi tokias kančias, kokias išgyvenau aš?)

"NIV Mt 20,22.23: "Jūs nežinote, ko prašote, - tarė jiems Jėzus. "Ar galite gerti taurę, kurią aš geriu?" "Galime", - atsakė jie. Jėzus jiems tarė: "Jūs iš tiesų gersite iš mano taurės, bet sėdėti mano dešinėje ar kairėje ne man duoti. Šios vietos priklauso tiems, kuriems jas paruošė mano Tėvas".

(Visos paryškintos ir pabrauktos frazės KJV tekste išbrauktos iš NIV teksto)

Mato 21:44

*"Mt 21,44: Kas užgrius ant šito akmens, tas bus sudaužytas, o ant ko jis užgrius, to akmuo **jį sutrins į miltelius**.*

*"NIV Mt 21, 44: "Kas kris ant šito akmens, tas bus **sudaužytas**, o ant ko jis nukris, tas bus sutriuškintas".*

(Jis buvo pašalintas)

Mato 23:10

*"KJV Mt 23,10: Nebūkite vadinami **mokytojais**, nes vienas yra jūsų **Mokytojas - Kristus**."*

"NIV Mt 23,10: Jūs taip pat neturite vadintis mokytojais, nes turite vieną Mokytoją - Kristų."

(Reikia nuleisti Dievą iki mistikų lygio, kad Jėzus taptų dar vienu mistiku. Tiesa yra ta, kad Kristus patenkina visus.)

Mato 23:14

KJV: Vargas jums, Rašto aiškintojai ir fariziejai, veidmainiai! Jūs graužiate naš liųnamus ir apsimestinai ilgai meldžiatės, todėl sulauksite didesnio pasmerkimo.

(NIV, Naujojoje L T, Anglų standartinėje versijoje, Naujojoje amerikiečių standartinėje Biblijoje ir Naujojo pasaulio vertimuose ši eilutė išbraukta. Patikrinkite ją savo Biblijoje.)

Mato 24:36

KJV: Apie tą dieną ir valandą nežino niekas, nė dangaus angelai, tik mano Tėvas.

*"NIV: Mt 24, 36: "Niekas nežino nei tos dienos, nei valandos, nei angelai danguje, nei **Sūnus**, bet tik Tėvas."*

("nei sūnaus" pridėta NIV Biblijoje. Jn 10, 30 **Aš ir mano Tėvas esame viena**. Taigi Jėzus žino savo ateinantį laiką. Tai reiškia, kad Jėzus nėra Dievuje. O tomis dienomis, po to suspaudimo, saulė aptems ir mėnulis neduos šviesos, Mk 13, 24. Bus sunku nustatyti laiką).

Mato 25:13

*"KJV: Mt 25,13 Todėl budėkite, nes nežinote nei dienos, nei valandos, **kada ateis Žmogaus Sūnus**.*

"NIV: Mt 25, 13 "Todėl budėkite, nes nežinote nei dienos, nei valandos."

("**Kur ateina Žmogaus Sūnus**". Kas sugrįžta? Kokio laikrodžio?)

Mato 25:31

*"KJV: Mt 25,31Kai ateis Žmogaus Sūnus savo šlovėje ir su juo visi **šventieji angelai**, tada jis sėdės savo šlovės soste.*

*"NIV: Jis sėdės savo soste dangiškoje šlovėje." Mt 25, 31 "Kai Žmogaus Sūnus ateis savo šlovėje ir visi **angelai** su juo, jis sėdės savo soste dangiškoje šlovėje."*

(Biblijoje rašoma, kad visi "šventieji" angelai. NIV sako tik "angelai". Tai reiškia, kad kartu su Jėzumi ateis puolę arba nešventi angelai. Ar ne? Sklando erezija, kad nesvarbu, ką darai gero ar blogo, vis tiek pateksi į dangų. Mūsų mirusių artimųjų, kurie niekada netikėjo Jėzumi, dvasios turėtų grįžti ir pasakyti savo artimiesiems, kad danguje jiems viskas gerai, ir jums nereikia nieko daryti, kad patektumėte į dangų. Tai velnio doktrina.)

Mato 27:35

*"KJV MT 27,35: Jį nukryžiavo ir, metę burtus, padalijo jo drabužius, **kad išsipildytų pranašo žodžiai: "Jie padalijo mano drabužius ir ant mano apsiausto metė burtus".***

"NIV MT 27,35: Nukryžiavę Jį, jie, metę burtus, padalijo Jo drabužius."

("kad išsipildytų pranašo žodžiai, jie padalijo mano drabužius ir metė burtus dėl mano apsiausto"). Visiškai paimta iš NIV Biblijos).

Morkaus 1:14

*"KJV MARK 1,14: Kai Jonas buvo uždarytas į kalėjimą, Jėzus atėjo į Galilėją ir **skelbė Dievo karalystės Evangeliją.***"

*"NIV MARK 1,14: Kai Jonas buvo uždarytas į kalėjimą, Jėzus nuėjo į Galilėją **skelbti gerosios naujienos apie Dievą.***
"

(Evangelija apie Dievo karalystę išbraukta iš NIV)

Morkaus 2:17

*"KJV Mk 2,17: Tai išgirdęs, Jėzus jiems tarė: "Sveikiems nereikia gydytojo, bet sergantiems: Aš atėjau šaukti ne teisiųjų, bet nusidėjėlių **atsiversti**.*

"NIV Mk 2,17: Tai išgirdęs, Jėzus jiems tarė: "Ne sveikiesiems reikia gydytojo, bet ligoniams. Aš atėjau pašaukti ne teisiųjų, bet nusidėjėlių".

(Kol tikite, kad tai yra gerai, galite daryti bet ką, ir viskas bus gerai. Šiek tiek pakeisdami Šventąjį Raštą nuodėmė yra sveikintina.)

Morkaus 5:6

"KJV Mk 5, 6: Jis, pamatęs Jėzų iš tolo, pribėgo ir __pagarbino jį__,

(Jis pripažįsta, kad Jėzus yra Viešpats Dievas.)

"Mk 5,6: Jis, iš tolo pamatęs Jėzų, pribėgo ir __puolė prieš jį ant kelių.__

(Jis rodo pagarbą kaip žmogui, bet nepripažįsta jo kaip Viešpaties Dievo.)

Morkaus 6:11

"KJV: Morkus 6:11 "O kas jūsų nepriims ir neišklausys, išeidami iš čia, nusibraukite dulkes sau po kojomis kaip liudijimą prieš juos. __Iš tiesų sakau jums: teismo dieną Sodomai ir Gomorai bus pakenčiamiau negu tam miestui.__

"NIV Mk 6,11 "O jei kur nors tavęs nepriims ir neišklausys, išeidamas nusibrauk dulkes nuo kojų kaip liudijimą prieš juos."

(NIV išbraukė: "Iš tiesų sakau jums: teismo dieną Sodomai ir Gomorai bus lengviau nei tam miestui". Teismas pašalintas, nes jie juo netiki ir nesvarbu, kokį pasirinkimą padarysi. Visi neteisingi posakiai ir poelgiai bus ištaisyti skaistykloje arba reinkarnacijoje).

Morkaus 7:16

"KJV Mk 7,16: Jei kas turi ausis klausytis, tegul klausosi

(NIV, Jehovos liudytojų Biblijoje ir šiuolaikiniuose vertimuose ši Rašto vieta išbraukta. WOW!)

Morkaus 9:24

"KJV Mk 9,24: Kūdikio tėvas tuojau pat sušuko ir su ašaromis tarė: *"Viešpatie,* *aš tikiu, padėk mano netikėjimui!*

"NIV Mk 9,24: Berniuko *tėvas tuojau sušuko: "Tikiu, padėk man nugalėti mano netikėjimą!"*

(Viešpats trūksta NIV. Jėzaus Kristaus viešpatavimas praleistas)

Morkaus 9:29

"KJV Mk 9,29: Jis jiems tarė: "Tokie dalykai negali atsirasti niekuo kitu, tik malda ir *pasninku.*

"NIV Mk 9, 29: "Jis atsakė: "Tokie gali išeiti tik per maldą".

(**Pasninkas** pašalintas. Pasninkaudami mes sugriauname stiprius šėtono gniaužtus. Dievo veido ieškojimas per biblinį pasninką ir maldą suteikia ypatingą patepimą ir galią).

Mk 9 :44

"KJV Mk 9,44: Kur jų kirminas nemiršta ir ugnis neužgęsta.

(Raštas išbrauktas iš NIV, šiuolaikinio perėjimo ir Jehovos liudytojų Biblijos. Jie netiki pragaro bausme.)

Morkaus 9:46

"KJV: Morkaus 9:46: Kur jų kirminas nemiršta ir ugnis neužgęsta.

(Šventojo Rašto vietos išimtos iš NIV, šiuolaikinio vertimo ir Jehovos liudytojų Biblijos. Jie vėlgi netiki teismu.)

Elizabeth Das

Morkaus 10:21

*"KJV Mk 10,21: Jėzus, pamatęs jį, pamilo jį ir tarė: "Vieno dalyko
tau trūksta: eik, parduok, ką turi, ir išdalyk vargšams, ir turėsi lobį
danguje, o ateik, **imk kryžių** ir sek paskui mane".*

(Krikščionis turi nešti kryžių. Jūsų gyvenime įvyko pokytis.)

*"Mk 10,21: Jėzus pažvelgė į jį ir pamilo. "Vieno dalyko tau trūksta",
- tarė jis. "Eik, parduok visa, ką turi, ir išdalyk vargšams, ir turėsi
lobį danguje. Tada ateik paskui mane".*

(NIV išbraukė imti"kryžių ,"nereikia kentėti dėl tiesos. Gyvenkite taip,
kaip norite gyventi. Kryžius yra labai svarbus krikščioniškame kelyje.)

Mk 10 :24

*"KJV Mk 10,24: Mokiniai stebėjosi jo žodžiais. Bet
Jėzus vėl jiems atsako: "Vaikai, kaip sunku įeiti į Dievo karalystę
tiems, kurie pasitiki turtais!*

*"NIV Mk 10,24: Mokiniai stebėjosi jo žodžiais. Bet Jėzus vėl tarė:
"Vaikai, kaip sunku įeiti į Dievo karalystę!*

("**kurie pasitiki turtais**" išbraukta; NIV Biblijoje šie žodžiai
nereikalingi, nes jie nori išmaldos. Tai taip pat verčia manyti, kad
sunku patekti į Dievo karalystę, ir atgraso).

Morkaus 11:10

*"KJV Mk 11,10: "Tebūna palaiminta mūsų tėvo Dovydo karalystė,
ateinanti Viešpaties vardu: Osana aukštybėse!*

*"NIV Mk 11,10: "Palaiminta **ateinanti** mūsų tėvo Dovydo **karalystė**!"
"Osana aukštybėse!"*

(NIV: išbrauktas " žodiskuris ateina Viešpaties vardu")

Morkaus 11:26

"KJV: Mk 11:26 Bet jei jūs neatleisite, tai ir jūsų Tėvas, kuris yra danguje, neatleis jums jūsų nusižengimų.

(Ši Rašto vieta visiškai išbraukta iš NIV, Jehovos liudytojų Biblijos (vadinamosios Naujojo pasaulio vertimo) ir daugelio kitų šiuolaikinių vertimų. Jei norite, kad jums būtų atleista, labai svarbu atleisti.)

Mk 13 :14

*"KJV Mk 13,14: Kai pamatysite, kad **pranašo Danieliaus pasakyta** griovimo bjaurastis stovi ten, kur neturi stovėti (kas skaito, tegul supranta), tada tie, kurie yra Judėjoje, tegul bėga į kalnus:*

„NIV Mk 13, 14: "Kai pamatysite, kad 'pasibjaurėjimas, kuris sukelia griovimą', stovi ten, kur jam nepriklauso, - tegul skaitytojas supranta, - tada tie, kurie yra Judėjoje, tegul bėga į kalnus.

(Informacija apie Danieliaus knygą pašalinta iš NIV. Apie laikų pabaigą mokomės iš Danieliaus ir Apreiškimo knygų. PALAIMINTI TIE, KURIE SKAITO ŠIOS KNYGOS ŽODŽIUS. Palaimintas, kas skaito, ir tie, kurie klausosi šios **pranašystės** žodžių ir laikosi to, kas joje parašyta, nes laikas priartėjo. (Apreiškimo 1,3) Pašalindamas Danieliaus vardą, jis palieka jus supainiotą)

Morkaus 15:28

KJV: Jis buvo priskirtas prie nusikaltėlių.

(Pašalinta iš NIV, Jehovos liudytojų Biblijos ir šiuolaikinių vertimų)

Luko 2:14

*KJV: Šlovė Dievui aukštybėse, o žemėje ramybė ir **gera valia žmonėms.***

Šlovė Dievui aukštybėse, o žemėje ramybė žmonėms, kuriems jis palankus. "

(Subtilus pakeitimas: vietoj "geros valios žmonėms" Biblijoje NIV sakoma, kad taika skirta tik tam tikriems žmonėms, kuriems Dievas yra palankus. Tai taip pat prieštarauja Dievo principui.)

Luko 2:33

*"KJV Lk 2,33: **Juozapas** ir jo motina*

"NIV Lk 2,33: Vaiko *tėvas ir motina.*

(**Juozapas** pašalinamas)

Luko 4:4

*"KJV Lk 4,4 Jėzus jam atsakė: "Parašyta:'Žmogus gyvens ne vien duona, **bet kiekvienu Dievo žodžiu'**.*

"NIV Lk 4,4 Jėzus atsakė: "Parašyta: Rašyta: "Ne vien duona žmogus gyvens.*

Šėtonas užpuolė **DIEVO ŽODĮ** Pradžios knygos 3 skyriuje šėtonas užpuolė DIEVO ŽODĮ. Jis subtiliai puola" :**Bet kiekvienu Dievo žodžiu**" yra pašalinta iš NIV

NIV ir šiuolaikinis Biblijos vertimas foramtor nesirūpina Dievo žodžiu. Jie keičia formuluotes, kad jos atitiktų jų doktriną, remdamiesi savo šališkumu, ką, jų manymu, turėtų sakyti. Dievo žodis yra gyvas ir įtikina žmogų. Kai Dievas jus nuteisina dėl nuodėmės, jis atneša atgailą. Jei Dievo žodis pakeistas, jis negali atnešti tikro nuteisinimo, todėl nebus siekiama atgailos. Tokiu būdu NIV nurodo, kad visos religijos yra geros, o tai, kaip žinome, yra netiesa.

Luko 4:8

*"KJV Lk 4,8 Jėzus jam atsakė: "**Eik šalin nuo manęs, šėtone**, nes parašyta: 'Viešpatį, savo Dievą, garbink ir tik jam vienam tarnauk!'*

(Jėzus sudraudė šėtoną. Jūs ir aš galime sudrausti šėtoną Jėzaus vardu.)

"NIV Lk 4,8 Jėzus atsakė" :Parašyta: "Viešpatį, savo Dievą, garbink ir Jam tarnauk!

(**"Pasitrauk nuo manęs, šėtone"** paimta iš NIV.)

Luko 4:18

*"KJV Lk 4,18: Viešpaties Dvasia ant manęs, nes jis patepė mane skelbti Evangelijos vargšams; jis pasiuntė mane **gydyti sugniuždytų širdžių**, skelbti belaisviams išlaisvinimo, akliesiems - regėjimo sugrąžinimo, išlaisvinti sumuštųjų,*

"NIV Lk 4,18 "Viešpaties Dvasia ant manęs, nes jis patepė mane skelbti gerąją naujieną vargšams. Jis pasiuntė mane skelbti kaliniams laisvės, akliesiems - regėjimo atgavimo, išlaisvinti prispaustuosius".

(**"gydyti sugniuždytos širdies"** išbraukta iš NIV: Žmonės, kurie vartoja šią iškraipytą versiją, paprastai yra neramūs, emociškai nestabilūs ir prislėgti. Dievo žodžio keitimas atima jo galią. Tiesa padarys jus laisvus, todėl jie pašalino tiesą iš šiuolaikinės Biblijos).

Luko 4:41

*"KJV Lk 4,41: Iš daugelio išėjo velniai, kurie šaukė: **"Tu esi Kristus, Dievo Sūnus"**. O Jis, sudrausmindamas juos, neleido jiems kalbėti, nes jie žinojo, kad Jis yra Kristus.*

(Ar žmonės išpažįsta" :Tu esi Kristus, Dievo Sūnus?" Ne, nebent tai apreiškia Jo Dvasia.)

*"NIV Lk 4,41: Be to, iš daugelio žmonių išėjo demonai ir šaukė: **"Tu esi Dievo Sūnus**!" Bet Jis juos sudraudė ir neleido jiems kalbėti, nes jie žinojo, kad Jis yra Kristus.*

(Pašalinęs " žodį**Kristus**", demonas neišpažino Kristaus kaip Dievo Sūnaus. Šėtonas nenori, kad žmonės priimtų Jėzų kaip Jehovos Gelbėtoją, todėl, turėdamas gilesnių ketinimų, keičia Dievo žodį. Demonas žinojo, kad Jėzus yra Dievas kūne).

Luko 8:48

*"KJV Lk 8,48: Jis jai tarė: "Dukra, **būk rami**, tavo tikėjimas tave išgydė, eik ramybėje.*

"NIV Lk 8,48: Tada jis jai tarė" :Dukra, tavo tikėjimas tave išgydė. Eik ramybėje".

("Būkite geros nuotaikos" yra praleistas NIV. Taigi, paguodos nebėra, skaitydami NIV Bibliją negalėsite būti paguosti).

Luko 9:55

*"KJV Lk 9,55: Bet jis atsisukęs sudraudė juos ir tarė: **"Jūs nežinote, kokios esate dvasios**.*

"NIV Lk 9,55: Bet Jėzus atsisukęs jiems papriekaištavo.

(NIV išbraukė šiuos žodžius" :**Jūs nežinote, kokios esate dvasios**.")

Luko 9:56

KJV: **Žmogaus Sūnus atėjo ne** žmoni **ųgyvybės sunaikinti, bet išgelbėti**. *Jie nuėjo į kitą kaimą.*

"NIV Lk 9,56 ir jie nuėjo į kitą kaimą.

(NIV PANAIKINTA: **Žmogaus Sūnus atėjo ne griauti žmonių gyvenimų, bet jų gelbėti**. Jėzaus atėjimo priežastis sunaikinama pašalinus šią Rašto dalį).

Luko 11:2-4

*"KJV Lk 11,2-4: Jis jiems tarė***: "Kai meldžiatės, sakykite: Tėve mūsų, kuris esi danguje**, *teesie šventas tavo vardas! Teateinie tavo karalystė.* **Teesie tavo valia, kaip danguje, taip ir žemėje**. *Kasdienės mūsų duonos duok mums diena iš dienos. Ir atleisk mums mūsų nuodėmes, nes ir mes atleidžiame kiekvienam, kuris mums skolingas. Ir nevesk mūsų į pagundą***, bet gelbėk mus nuo pikto**.*"*

"NIV Lk 11,2-4: Jis jiems tarė: "Kai meldžiatės, sakykite: "Tėve, teesie šventas Tavo vardas, teateinie Tavo karalystė! Kasdienės duonos duok mums kasdienės. Atleisk mums mūsų nuodėmes, nes ir mes atleidžiame visiems, kurie mums nusideda. Ir nevesk mūsų į pagundą".

(NIV nėra specifinis.Visa tai, kas išryškinta KJV, NIV ir kitose šiuolaikinėse Biblijos versijose yra išbraukta).

Luko 17:36

"KJV Lk 17,36 Du vyrai bus lauke; vienas bus paimtas, o kitas paliktas.

(NIV, Šiuolaikinė versija ir Jehovos liudytojų Biblija pašalino visą Šventojo Rašto tekstą)

Luko 23:17

"Lk 23,17: (Nes jis būtinai turėjo vieną iš jų išleisti į šventę.)

(NIV, Jehovos liudytojų Biblijoje ir daugelyje šiuolaikinių Biblijos versijų ši vieta visiškai išbraukta.)

Luko 23:38

"KJV Lk 23,38: Virš jo buvo užrašyta __graikiškomis, lotyniškomis ir hebrajiškomis raidėmis__: "Šitas yra žydų karalius".

"NIV Lk 23,38: Virš jo buvo užrašas: TAI ŽYDŲ KARALIUS.

(NIV ir kituose šiuolaikiniuose vertimuose išbraukta:)NIV: **"graikų, lotynų ir hebrajų kalbomis"**).

Luko 23:42

"KJV Lk 23,42: Jis tarė Jėzui: "__Viešpatie__, atsimink mane, kai ateisi į savo karalystę".

(Vagis suprato, kad Jėzus yra Viešpats)

"NIV Lk 23,42: Tada jis tarė: "Jėzau, atsimink mane, kai ateisi į savo karalystę".

(Nenori pripažinti Jėzaus viešpatavimo)

Luko 24:42

"KJV Lk 24,42: Jie davė jam gabalėlį keptos žuvies ir __medaus korio__.

"NIV Lk 24,42: Jie davė jam gabalėlį keptos žuvies.

(Šiuolaikinėse Biblijose pateikiama pusė informacijos. NIV ir kitose Biblijos versijose nėra "medaus korio")

Jono 5:3

*"KJV Jn 5,3: Čia gulėjo daugybė bejėgių, aklų, sustingusių, nudžiūvusių žmonių, kurie **laukė, kol pajudės vanduo.***

"NIV Jono 5,3: Čia gulėjo daugybė neįgaliųjų - akli, šlubi, paralyžiuoti.

(Jie pašalino informaciją, kad toje vietoje įvyko stebuklas "laukiant vandens judėjimo".)

Jono 5:4

"KJV: Jono 5:4: Kas pirmas įbrido į vandenį po to, kai vanduo sudrumstė vandenį, tas pasveiko nuo bet kokios ligos.

(NIV ir šiuolaikiniai vertimai, taip pat Jehovos liudytojų Biblija visiškai išbraukė šią vietą iš Šventojo Rašto.)

Jono 6:47

*"KJV: Jono 6,47: Iš tiesų, iš tiesų sakau jums: kas **mane tiki**, turi amžinąjį gyvenimą.*

"NIV: Jono 6:47: Iš tiesų sakau jums: kas tiki, tas turi amžinąjį gyvenimą.

(**Believeth on me** buvo pakeista į **Believes**. Kam tikėti? Žodžio Believeth (Tikiu) gale yra "eth", o tai reiškia, kad šis žodis yra nuolatinis. Bet kuris žodis, kurio gale yra "et", reiškia, kad jis yra nuolatinis, o ne vienkartinis.)

Jono 8:9a

"*KJV Jn 8,9a: Išgirdusieji, **nuteisti savo sąžinės,** išėjo.*

"*NIV Jn 8,9a: tie, kurie išgirdo, pradėjo eiti šalin*

(NIV išbraukė "**nuteisinti savo sąžinės** ,"nes jie netiki, kad turi sąžinę.)

Jono 9:4a

„*KJV Jn 9,4a: "**Aš** turiu daryti darbus to, kuris mane siuntė.*

„*NIV Jn 9,4a: **Mes** turime daryti darbą to, kuris mane siuntė.*

(Jėzus pasakė "**aš**" NIV ir keletas kitų versijų, pakeitė "**aš**" į "**mes**")

Jono 10:30

*KJV: Jono 10:30: Aš ir **mano** Tėvas esame viena.*

NIV: Jono 10,30: "Aš ir Tėvas esame viena."

(Aš ir mano tėvas esame **vienas,** o ne du. "Mano tėvas" daro Jėzų Dievo Sūnumi. Tai reiškia Dievas kūne. NIV išbraukė "mano" ir pakeitė visą Šventojo Rašto prasmę).

Jono 16:16

*KJV: Jono 16:16: Dar truputį, ir jūs manęs nematysite, ir vėl: dar truputį, ir jūs mane pamatysite**, nes aš einu pas Tėvą**.*

NIV: Jono 16:16: "Po kiek laiko manęs nebepamatysite, o dar po kiek laiko pamatysite mane."

(NIV pašalinta" :nes aš einu pas Tėvą. Daugelis religijų tiki, kad Jėzus nuėjo į Himalajus ar kitą vietą ir nemirė.)

Apaštalų darbų 2:30

*KJV: Apaštalų darbų 2:30: Taigi, būdamas pranašas ir žinodamas, kad Dievas jam prisiekė, jog iš jo šlaunų vaisiaus pagal kūną **prikels Kristų, kuris sėdės jo soste.***

NIV: Jis buvo pranašas ir žinojo, kad Dievas jam prisiekęs pažadėjo, jog vieną iš jo palikuonių pasodins į savo sostą.

(**NIV išbraukė "jis prikels Kristų, kad atsisėstų į jo sostą**", pranašystė apie Jėzaus atėjimą kūnu yra išbraukta.)

Apaštalų darbų 3:11

KJV: Visi žmonės bėgo pas juos į prieangį, vadinamą Saliamonu, ir labai stebėjosi.

NIV: Kol elgeta laikėsi Petro ir Jono, visi žmonės apstulbo ir pribėgo prie jų į vietą, vadinamą Saliamono kolonada.

("**pagydytas chromasis**" yra pagrindinė šios Rašto vietos dalis, NIV ją išbraukė).

Apaštalų darbų 4:24

*KJV: Tai išgirdę, jie vieningai pakėlė balsą į Dievą ir tarė: "Viešpatie, **tu esi Dievas,** kuris sutvėrei dangų, žemę, jūrą ir visa, kas juose yra:*

NIV: Išgirdę tai, jie ėmė drauge melstis Dievui. "Valdove Viešpatie, - sakė jie, -Tu sutvėrei dangų, žemę, jūrą ir visa, kas juose yra.

(NIV ir šiuolaikiniai vertimai pašalino "tu esi Dievas". Neišpažįstamas vienintelis tikrasis Dievas, kuris padarė stebuklą.)

Apaštalų darbų 8:37

KJV: Pilypas atsakė: "Jei tiki visa širdimi, gali. Jis atsakė: "Aš tikiu, kad Jėzus Kristus yra Dievo Sūnus".

(NIV ir šiuolaikinės Biblijos versijos visiškai pašalino šią Rašto vietą)

Šiuolaikinėse Biblijos versijose žodis "mokytojas" iš KJV išbrauktas ir pakeistas į "mokytojas", todėl Jėzus priskiriamas tai pačiai klasei, kaip ir kiti įvairių religijų mokytojai. Tokio pakeitimo priežastis daugiausia susijusi su ekumeniniu judėjimu, kuris teigia, kad negalima Jėzaus iškelti kaip vienintelio kelio į išgelbėjimą, nes tai žemina visus kitus tikėjimus, kurie netiki, kad Jėzus yra vienintelis ir tikrasis mūsų Gelbėtojas. Pavyzdžiui, induist uir daugumos kitų Rytų religijų.

Apaštalų darbų 9:5

*"KJV Apaštalų darbų 9,5: Jis paklausė: "Kas tu esi, Viešpatie? Viešpats atsakė: "Aš esu Jėzus, kurį tu persekioji; **tau sunku kopti prieš dyglius".***

"NIV: Apaštalų darbų 9:5: Kas tu esi, Viešpatie? Saulius paklausė. "Aš esu Jėzus, kurį tu persekioji", - atsakė jis.

(NIV ir šiuolaikiniuose vertimuose išbrauktas žodžių junginys "**tau sunku atremti dūrį į dyglius**". Tai reiškia, kad pašalinus visą šią Rašto vietą jie nenugalės).

Apaštalų darbų 15:34

KJV: Tačiau Silui patiko ten pasilikti.

(NIV Biblijoje ir kituose šiuolaikiniuose Biblijos vertimuose ši vieta išbraukta.)

Apaštalų darbų 18:7

"Apd 18, 7: Jis išėjo iš ten ir įėjo į vieno [žmogaus] namus, vardu Justas, kuris garbino Dievą ir kurio namai buvo glaudžiai sujungti su sinagoga.

"NIV: Apaštalų darbų 18:7: Tada Paulius išėjo iš sinagogos ir nuėjo į gretimus Dievo garbintojo Ticijaus Justo namus."

("**kurio namai buvo sunkiai sujungti su sinagoga**"

pašalinta) **Apd 23:9b**

KJV...Nekovokime prieš Dievą

(NIV, šiuolaikinė Biblija ir Jehovos liudytojų Biblija išbraukė žodžius "**Nekovokime prieš Dievą**" Akivaizdu, kad yra žmonių, kurie drįsta kovoti prieš Dievą.)

Apd 24 :7

"KJV: Apd 24:7: Tačiau vyriausiasis vadas Lizijas priėjo prie mūsų ir su dideliu smurtu išplėšė jį iš mūsų rankų,"

(NIV ir šiuolaikinėse Biblijos versijose ši Rašto vieta visiškai išbraukta.)

Apaštalų darbų 28:29

KJV: Žydai, jam tai pasakius, išsiskirstė ir ėmė tarpusavyje daug diskutuoti.

(NIV ir kitos Biblijos versijos visiškai pašalino šią vietą. Matote, čia kilo konfliktas. Ginčas buvo dėl to, kas buvo Jėzus? Taigi šią Rašto vietą būtina pašalinti).

Romiečiams 1:16

*KJV: Aš nesigėdiju **Kristaus** Evangelijos, nes ji yra Dievo galia išgelbėti kiekvieną, kuris tiki: pirmiausia žydą, o taip pat ir graiką.*

NIV: Aš nesigėdiju Evangelijos, nes ji yra Dievo galia išgelbėti kiekvieną, kuris tiki: pirma žydą, paskui pagonį.

(NIV iš Evangelijos pašalino "Kristaus" ir paliko tik "Evangeliją". Dauguma išpuolių nukreipti prieš Jėzų kaip Kristų. Evangelija yra Jėzaus Kristaus mirtis, palaidojimas ir prisikėlimas. Nereikia šios Rašto vietos.)

Romiečiams 8:1

*KJV: Todėl dabar nėra pasmerkimo tiems, kurie yra Kristuje Jėzuje, **kurie gyvena ne pagal kūną, bet pagal Dvasią**.*

"NIV: Romiečiams 8:1: Taigi dabar nėra pasmerkimo tiems, kurie yra Kristuje Jėzuje.

("**kurie gyvena ne pagal kūną, bet pagal Dvasią**" išbraukta iš NIV, kad galėtumėte gyventi taip, kaip norite.)

Romiečiams 11:6

*"KJV: Rom 11:6 O jei malone, tai jau ne darbais, kitaip malonė nebėra malonė. **O jei iš darbų, tai jau nebe malonė, kitaip darbas nebėra darbas.***

"NIV: Rom 11:6 O jei iš malonės, tai jau nebe darbais; jei taip būtų, malonė nebebūtų malonė.

("Bet jei tai yra iš darbų, tai nebėra malonė, o jei iš darbų, tai nebėra darbas". Dalis šios eilutės išbraukta iš NIV ir kitų vertimų).

Romiečiams13:9b

*"KJV: Romiečiams13:9b: **Neduok melagingo liudijimo***

(NIV išbraukė šiuos žodžius iš Šventojo Rašto. Biblijoje parašyta: "Neįtraukite, neatimkite".)

Romiečiams 16:24

KJV: Mūsų Viešpaties Jėzaus Kristaus malonė tebūna su jumis visais. Amen.

"NIV: Romiečiams 16:24: (NIV ir kitos šiuolaikinės Biblijos šią vietą visiškai pašalino.)

1 Korintiečiams 6:20

*"KJV:1Korintiečiams 6,20: Jūs esate brangiai nupirkti, todėl šlovinkite Dievą savo kūnu **ir dvasia, kurie yra** Dievo.*

"NIV:1 Korintiečiams 6:20: Jūs buvote nupirkti už brangią kainą. Todėl gerbkite Dievą savo kūnais."

(Šiuolaikinė Biblija ir NIV išbraukė " žodžiusir savo dvasioje, kuri yra Dievo".) Mūsų kūnas ir dvasia priklauso Viešpačiui.

1 Korintiečiams 7:5

*""1 Korintiečiams 7:5: Jūs neapgaudinėkite vieni kitų, nebent [tai] padarytumėte bendru sutarimu kuriam laikui, kad galėtumėte atsidėti **pasninkui ir maldai**, o paskui vėl susirinktumėte, kad šėtonas jūsų negundytų dėl jūsų nevalyvumo.*

1 Korintiečiams 7:5: Korintiečiai Korintiečiai: Neatimkite vienas iš kito, nebent abipusiu susitarimu ir kuriam laikui, kad galėtumėte *atsidėti **maldai**. Paskui vėl susirinkite, kad šėtonas jūsų negundytų dėl nepakankamos savikontrolės."*

(NIV ir šiuolaikiniuose Biblijos vertimuose išbrauktas žodis "pasninkas", nes šis žodis skirtas šėtono tvirtoms užmačioms sugriauti. Pasninkas taip pat žudo kūną.)

2 Korintiečiams 6:5

*"KJV:2 Korintiečiams 6,5: muštynėse, kalėjimuose, grumtynėse, darbuose, budėjimuose, **pasninkuose**;*

*"2 Korintiečiams 6,5: muštynėse, kalėjimuose ir riaušėse, sunkiame darbe, bemiegėse naktyse ir **alkyje**;*

(**Pasninkas - tai ne badas, o** tiesos žodžio keitimas. Velnias nenori, kad užmegztumėte glaudesnį, galingesnį, gilesnį ryšį su Dievu. Prisiminkite, kad karalienė Estera ir žydai pasninkavo, ir Dievas grąžino Šėtono planą priešui).

2 Korintiečiams 11:27

*"KJV: 2Korintiečiams 11,27: nuovargiuose ir skausmuose, dažnuose budėjimuose, alkyje ir troškuliuose, **dažnuose pasninkuose**, šaltyje ir nuogume.*

"NIV:2Korintiečiams 11:27: Aš dirbau ir vargau, ir dažnai nemiegojau; pažinau alkį ir troškulį, ir dažnai nevalgiau; man buvo šalta ir aš buvau nuogas."

(Vėlgi, pasninkas išbrauktas iš NIV ir šiuolaikinių Biblijos versijų.)

Efeziečiams 3:9

*"Efeziečiams 3:9: Ir kad visi žmonės pamatytų, kokia yra paslapties bendrystė, kuri nuo pasaulio pradžios buvo paslėpta Dieve, visa sukūrusiame **per Jėzų Kristų**:*

"NIV Efeziečiams 3:9:ir visiems paaiškinti šios paslapties valdymą, kuris nuo amžių buvo paslėptas Dieve, visa sukūrusiame."

(NIV ir kitos Biblijos versijos išbraukė " žodžius**viskas per Jėzų Kristų**". Jėzus yra Dievas ir Jis yra visa ko Kūrėjas).

Efeziečiams 3:14

*"KJV: Efeziečiams 3,14: Todėl lenkiu savo kelius **mūsų Viešpaties Jėzaus Kristaus** Tėvui,*

"Efeziečiams 3,14: Todėl aš klūpau prieš Tėvą,"

("**mūsų Viešpaties Jėzaus Kristaus**" išbraukta iš NIV ir kitų versijų. Tai įrodymas, kad Jėzus yra Dievo Sūnus. "Dievo Sūnus" yra galingas Dievas kūne, atėjęs pralieti kraujo už jus ir mane. Atminkite, kad Šėtonas tiki, jog yra vienas Dievas, ir dreba. Jokūbo 2,19).

Efeziečiams 5:30

*"KJV:Efeziečiams 5:30:Mes esame jo kūno nariai, jo kūno ir **jo kaulų** nariai.*

"NIV:Efeziečiams 5:30:nes mes esame jo kūno nariai."

("**Iš mėsos ir kaulų**". Dalis šios Rašto vietos išbraukta iš NIV ir daugelio kitų Biblijos versijų.)

Kolosiečiams 1:14

*"KJV:Kolosiečiams 1,14: Jame turime atpirkimą **per Jo kraują**, nuodėmių atleidimą:*

"NIV:Kolosiečiams 1:14: jame turime atpirkimą, nuodėmių atleidimą."

("**per jo kraują**", Jėzus vadinamas Dievo Avinėliu, atėjusiu panaikinti šio pasaulio nuodėmių. Atpirkimas galimas **tik** per kraują. Be kraujo praliejimo nėra nuodėmių atleidimo Hebrajų 9,22. Štai kodėl mes krikštijame Jėzaus vardu, kad Jo kraujas būtų panaudotas ant mūsų nuodėmių).

1 Timotiejui 3:16b

*"KJV:1 Timotiejui 3:16b: **Dievas** apsireiškė kūne"*

*" 1 Timotiejui 3:16b: **Jis** pasirodė su kūnu."*

(Argi mes visi nesame kūnas? NIV ir dauguma šiuolaikinių versijų sako, kad "jis" pasirodė su kūnu. Na, aš taip pat turiu kūną. "Jis" kas? Minėtoje eilutėje jie vėl keičia formuluotę, kad amplua "Jis" būtų kitas dievas. Tačiau KJV aiškiai matome,, :Ir be jokių prieštaravimų didi dievystės paslaptis: "**Dievas** apsireiškė kūne". Yra tik vienas Dievas. Štai kodėl Jėzus sakė, kad jei matėte mane, matėte Tėvą. Tėvas yra dvasia, jūs negalite matyti dvasios. Bet dvasią, apsivilkusią kūnu, jūs galite matyti).

*"Apaštalų darbų 20:28b parašyta: kad maitintų **Dievo bažnyčią**, kurią jis įsigijo **savo krauju**."*

Dievas yra dvasia, o kad galėtų pralieti kraują, jam reikia kūno ir kraujo. **Vienas Dievas,** kuris apsivilko kūną.

Paprastas pavyzdys: Ledas, vanduo ir garai - tas pats, bet skirtingai pasireiškia.

*"KJV 1 Jono 5, 7: "Nes yra trys, kurie liudija danguje: Tėvas, Žodis ir Šventoji Dvasia, ir šie **trys yra viena**."*

"Dievas, Jėzus (kūnu tapęs Žodis) ir Šventoji Dvasia yra vienas, o ne trys. (1 Jn 5, 7 visiškai išbraukta iš NIV ir kitų dabartinių vertimų)."

2 Timotiejui 3:16

*"KJV: 2 Timotiejui 3,16: **Visas** Raštas yra duotas Dievo įkvėpimu ir naudingas mokymui, papeikimui, pataisymui, teisumo ugdymui:"*

*"ASV: 2 Timotiejui 3,16: **Kiekvienas** Dievo įkvėptas Raštas yra naudingas ir mokymui."*

(Čia jie nuspręs, kuris iš jų yra, o kuris ne. Už ereziją bus baudžiama mirtimi.)

1 Tesalonikiečiams 1:1

*KJV: Paulius, Silvanas ir Timotiejus tesalonikiečių bažnyčiai, kuri yra Dieve Tėve ir Viešpatyje Jėzuje Kristuje: Malonė jums ir ramybė **nuo Dievo, mūsų Tėvo, ir Viešpaties Jėzaus Kristaus**.*

"NIV:1 Tesalonikiečiams 1,1: Paulius, Silas ir Timotiejus Tesalonikiečių bažnyčiai Dieve Tėve ir Viešpatyje Jėzuje Kristuje: Malonė ir ramybė jums."

("nuo Dievo, mūsų Tėvo, ir Viešpaties Jėzaus Kristaus" išbraukta iš šiuolaikinių vertimų ir NIV.)

Elizabeth Das

Hebrajams 7:21

*KJV: Jis prisiekė ir nesigailės: "Viešpats prisiekė ir nesigailės: Tu esi kunigas per amžius **pagal Melkizedeko tvarką**":*

*NIV: Jis tapo kunigu **su priesaika**, kai Dievas jam pasakė: "Viešpats prisiekė ir nepakeis savo nuomonės: ' Tu esi kunigas amžinai".*

(NIV išbraukė "Nes tie kunigai buvo padaryti be priesaikos" ir "pagal Melkizedeko tvarką").

Jokūbo 5:16

*"KJV: Jokūbo 5:16: Išpažinkite vienas kitam savo **kaltes** ir melskitės vienas už kitą, kad būtumėte išgydyti. Veiksminga karšta teisiojo malda daug duoda."*

*"NIV: Jokūbo 5:16: Todėl išpažinkite vienas kitam savo **nuodėmes** ir melskitės vienas už kitą, kad būtumėte išgydyti. Teisaus žmogaus malda yra galinga ir veiksminga."*

(**ydos ir nuodėmės**: Nuodėmės, kurias išpažįstate Dievui, nes Jis vienintelis gali atleisti. Žodžio "kaltės "pakeitimas į "nuodėmės" padeda paremti katalikišką požiūrį, kad "nuodėmes" reikia išpažinti kunigui).

1 Petro 1:22

*"KJV: 1 Petro 1:22: Kadangi jūs apvalėte savo sielas, laikydamiesi tiesos **per Dvasią, kad** nuoširdžiai mylėtumėte brolius, žiūrėkite, kad **karštai** mylėtumėte vieni kitus **tyra širdimi**:*

"NIV: Petro 1:22: Dabar, kai apsivalėte laikydamiesi tiesos ir nuoširdžiai mylite savo brolius, mylėkite vieni kitus iš širdies."

("**per Dvasią į**" ir "**tyra širdimi karštai**" išbraukta iš NIV ir kitų šiuolaikinių versijų).

1 Petro 4:14

"KJV:1 Petro 4,14: Jei jums priekaištaujama dėl Kristaus vardo, jūs laimingi, nes šlovės ir Dievo dvasia ilsisi ant jūsų, nes iš jų pusės apie Jį kalbama blogai, o iš jūsų pusės Jis šlovinamas."

"NIV:1 Petro 4,14: Jei esate įžeidinėjami dėl Kristaus vardo, esate palaiminti, nes ant jūsų ilsisi šlovės ir Dievo dvasia."

("**iš jų pusės apie jį kalbama blogai, o iš jūsų pusės jis šlovinamas**" išbraukta iš NIV ir kitų šiuolaikinių versijų).

1 Jono 4:3a

"KJV:1 Jono 4,3a: Ir kiekviena dvasia, kuri neišpažįsta, kad Jėzus Kristus atėjo kūne, nėra iš Dievo."

"1 Jono 4,3a: Bet kiekviena dvasia, kuri nepripažįsta Jėzaus, nėra iš Dievo."

("**Kristus atėjo kūne**") Išbraukdami šiuos žodžius, NIV ir kitos versijos įrodo, kad jie yra antikristai.

1 Jono 5:7-8

KJV: 1 Jono 5:7: **Tėvas, Žodis ir Šventoji Dvasia yra trys, kurie liudija danguje: Tėvas, Žodis ir Šventoji Dvasia, ir šie trys yra viena.**

(Pašalinta iš NIV)

"KJV: Jono 5:8: Trys liudija žemėje: Dvasia, vanduo ir kraujas, ir šie trys sutaria tarpusavyje."

„NIV: Jono 5:7, 8: **Nes yra trys, kurie liudija**: *8 Dvasia, vanduo ir kraujas; ir tie trys Sutaria"*

(Tai viena didžiausių eilučių, liudijančių apie Dievystę. Vienas Dievas, o ne trys dievai. **Trejybė** nėra biblinė. Žodžio **"trejybė"** Biblijoje nėra. Štai kodėl NIV, šiuolaikinės Biblijos versijos ir Jehovos liudytojai iš šios eilutės jį išbraukė. Jie netiki Dievyste ir netiki, kad Jėzuje kūniškai gyvena visa dievystės pilnatvė. Biblijoje nėra nė vienos šaknies ar įrodymo, kad **Trejybė** būtų pripažinta. Kodėl NIV tai praleidžia...? Apie rankraštinius įrodymus, patvirtinančius šios eilutės įtraukimą į Bibliją, parašytos ištisos knygos. Ar tikite Dievyste? Jei taip, tuomet šis išbraukimas turėtų jus įžeisti. Jėzus niekada nemokė apie Trejybę ir niekada jos neminėjo. Šėtonas padalijo vieną Dievą, kad galėtų padalyti žmones ir valdyti).

1 Jono 5:13

> *"KJV:1John 5,13: Tai parašiau jums, kurie tikite Dievo Sūnaus vardą, kad žinotumėte, jog turite amžinąjį gyvenimą,* **ir kad tikėtumėte Dievo Sūnaus vardą.**"

> *"NIV:1Jono 5,13: Tai rašau jums, kurie tikite Dievo Sūnaus vardą, kad žinotumėte, jog turite amžinąjį gyvenimą."*

(**"ir kad tikėtumėte Dievo Sūnaus vardą**". Išbraukta iš NIV ir kitų šiuolaikinių vertimų)

Apreiškimo 1:8

> *"KJV: Apreiškimo 1:8: Aš esu Alfa ir Omega,* **pradžia ir pabaiga***, sako Viešpats, kuris yra, kuris buvo ir kuris ateis, Visagalis.*

> *"NIV: Apreiškimo 1:8: "Aš esu Alfa ir Omega, - sako Viešpats Dievas, -kuris yra, kuris buvo ir kuris ateis, Visagalis."*

(NIV pašalino **pradžią ir pabaigą**)

Apreiškimo 1:11

"KJV:Apreiškimas Jonui 1:11:11:sakydamas: "Aš esu Alfa ir Omega, pirmasis ir paskutinysis", ir: "Ką matai, užrašyk į knygą ir nusiųsk septynioms bažnyčioms Azijoje: Efezui, Smyrnai ir Pergamo, Tiatyros, Sardų, Filadelfijos ir Laodikėjos."

"NIV: Apreiškimo 1:11: "Parašyk ant ritinio, ką matai, ir nusiųsk septynioms bažnyčioms: Efezui, Smirnai, Pergamui, Tiatyrai, Sardams, Filadelfijai ir Laodikėjai."

(Alfa ir Omega, pradžia ir pabaiga, pirmas ir paskutinis; šie titulai Senajame Testamente suteikti Jehovai Dievui, o Apreiškime Jonui. Tačiau NIV ir kiti šiuolaikiniai vertimai tai pašalino iš Apreiškimo, kad įrodytų, jog Jėzus nėra Dievas Jehova).

Apreiškimo 5:14

*"KJV:Apreiškimo 5,14: **Keturi žvėrys** tarė: "Amen". O **dvidešimt keturi** vyresnieji puolė ir pagarbino Tą, **kuris gyvas per amžių amžius**.*

NIV: Keturios gyvosios būtybės tarė: "Amen", o vyresnieji parpuolė ir pagarbino."

(NIV ir kitos versijos pateikia tik pusę informacijos. **"Keturi žvėrys"** pakeista į "keturios būtybės", **"keturi ir dvidešimt"** ",kuris gyvena per amžių amžius" išbraukta.)

Apreiškimo 20:9b

*"KJV: Apreiškimo 20:9b: Ugnis nusileido **nuo Dievo** iš dangaus."*

"NIV: Apreiškimo 20:9b: Ugnis nusileido iš dangaus"

(NIV ir kitos versijos išbraukė " žodį**nuo Dievo**".)

Apreiškimo 21:24a

*"KJV: Apreiškimo 21:24a: **Išgelbėtųjų** tautos vaikščios jos šviesoje."*

"NIV: Apreiškimo 21:24a: Tautos vaikščios jos šviesoje."

("**iš išgelbėtųjų**" išbraukta iš NIV ir šiuolaikinių Biblijos versijų. Į dangų patenka ne visi, o tik tie, kurie yra išgelbėti.)

2 Samuelio 21:19

*"KJV: 2 Samuelio 21:19: Gobe vėl vyko mūšis su filistinų, kur betliejaus Betliejaus gyventojo Jaareoregimo sūnus Elchananas užmušė hetito **Galijoto brolį**, kurio ieties kotas buvo panašus į audėjo rąstą."*

*"NIV:2 Samuelio 21,19: Kitame mūšyje su filistinais prie Gobo Betliejaus sūnus Elchananas, Jaare-Oregimo sūnus, **nukovė** getitą **Galijotą**, kuris turėjo ietį, kurios kotas buvo panašus į audėjo strypą."*

(Čia buvo nužudytas ne Galijoto brolis, o Galijotas. "Dovydas nužudė Galijotą." NIV iškraipo informaciją.)

Ozėjo 11:12

*KJV: Efraimas apsupo mane melu, Izraelio namai - apgaule, **o Judas dar valdo su Dievu ir yra ištikimas su šventaisiais.***

*NIV: Efraimas apsupo mane melu, Izraelio namai - apgaule. Judas **nepaklusnus** Dievui, net ištikimajam Šventajam.*

(NIV iškraipo šią Rašto vietą, iškraipydamas žodžio prasmę.) Žodis "Jehova" Biblijoje paminėtas keturis kartus. NIV visus juos išbraukė. NIV Biblijoje atlikus subtilius PAKEITIMUS, Šėtono misija tampa aiški. Iš aukščiau pateiktų Raštų ištraukų matote, kad puolamas Jėzus.

Titulai Dievas, Mesijas, Dievo Sūnus ir Kūrėjas daro Jėzų Dievu. Pašalinus šiuos titulus, sumaištis verčia prarasti susidomėjimą ir nepasitikėti Dievo žodžiu. (I Korintiečiams 14,33 Juk Dievas yra ne sumaišties, bet ramybės autorius).

Jehovos liudytojų Biblijoje (Naujajame pasaulio vertime) yra tokie patys išbraukimai kaip ir NIV. Vienintelis skirtumas tarp NIV ir Naujojo pasaulio vertimo išbraukimų yra tas, kad Jehovos liudytojų Biblijoje nėra jokių išnašų! Tokie metodai mažina jūsų jautrumą subtiliems pakeitimams, kurie palaipsniui ir nuolat daromi Dievo žodyje.

Šiandienin ėužsiėmusi ir tingi karta padarė įtaką daugeliui krikščionybę išpažįstančių žmonių, kurie pasirinko tingios dvasios būdą. Sunkus darbas - skirti laiko studijoms ir įsitikinti, kad mums pateikta informacija yra teisinga. Mes tapome pernelyg užsiėmę kasdienybe, kuri kupina nereikšmingų įvykių ir dalykų. Mūsų prioritetai dėl to, kas iš tikrųjų svarbu amžinajam gyvenimui, susilpnėjo ir susipainiojo. Mes priimame didžiąją dalį mums teikiamos informacijos be jokių abejonių; nesvarbu, ar tai būtų valdžios, medicinos, mokslo informacija, ar informacija apie maisto produktų sudėtį, ir taip toliau.

Daugelį šiuolaikinių Biblijos versijų parašė žmonės, kurie jums pateikia savo aiškinimą ir doktriną, o ne tai, kas iš tikrųjų parašyta rankraščiuose. Pavyzdžiui, originaliuose rankraščiuose nebuvo "lyčių įtraukties". Tai šiuolaikinė feministinė sąvoka, gimusi iš REBELLIONIZMO. Raginu jus įsigyti Biblijos Karaliaus Jokūbo versiją. Jei skaitote šiuolaikinę Bibliją, skirkite laiko Raštų palyginimui; norėdami priimti teisingą sprendimą. Mes būsime atsakingi už savo sprendimus. Skirtumas patekti į dangų ar pragarą yra pakankama priežastis įsitikinti, kad renkatės Jo žodį! Atminkite, kad Naujojoje tarptautinėje versijoje išbraukta daug žodžių, pvz: Dievystė, atgimimas, atleidimas, nekintamas, Jehova, Kalvarija, gailestingumo versmė, Šventoji Dvasia, Užtarėjas, Mesijas, atgaivintas, visagalis, neklystantis ir taip toliau. Dauguma šiuolaikinių Biblijų yra artimos

NIV, taip pat Naujojo pasaulio vertimo Biblijai (Jehovos liudytojų Biblija).

Tai Antikristo darbas.... (Šios Raštų eilutės paimtos iš KJV)

*"Vaikeliai, atėjo paskutinis laikas, ir kaip girdėjote, kad ateis **antikristas**, taip ir dabar yra daug **antikristų**, todėl žinome, kad atėjo paskutinis laikas. "(1 Jono 2:18)*

*"Kas yra melagis, jei ne tas, kuris neigia, kad Jėzus yra Kristus? **Antikristas** yra tas, kuris neigia Tėvą ir Sūnų." (1 Jono 2,22)*

*"Kiekviena dvasia, kuri neišpažįsta, kad Jėzus Kristus atėjo kūne, nėra iš Dievo, ir tai yra **antikristo** dvasia, apie kurią girdėjote, kad ji ateis, ir jau dabar ji yra pasaulyje." (1 Jono 4:3)*

*"Mat į pasaulį atėjo daug apgavikų, kurie neišpažįsta, kad Jėzus Kristus atėjo kūne. Tai yra apgavikas ir **antikristas**." (2 Jono 1:7)*

Tai primena mums "Sėklos palyginimą", kuris yra "Dievo žodis" Biblijoje *"Kitas palyginimas, kurį jiems pateikė, buvo toks: "Dangaus karalystėpanaši į žmogų, kuris savo lauke pasėjo gerą sėklą: Bet kol žmonės miegojo, atėjo jo priešas, pasėjo pelus tarp kviečių ir nuėjo savo keliu. O kai javai sudygo ir davė vaisių, pasirodė ir raugės. Atėję šeimininko tarnai paklausė: "Pone, argi tu nesėjai geros sėklos savo lauke?" Iš kur tada jos ašaros? Jis jiems atsakė: Tai padarė priešas. Tarnai jam tarė: Tai ar nori, kad mes eitume ir juos surinktume? Bet jistarė: "Ne, kad, rinkdami piktžoles, kartu su jomis neišrautumėte ir kviečių". Tegul abu auga kartu iki pjūties, o pjūties metu aš pasakysiu pjovėjams: 'Pirmiausia surinkite pelus ir suriškite juos į ryšulius sudeginti, o kviečius surinkite į mano tvartą'." Amen! (Mt 13, 24-30)*

AMEN!

www.ingramcontent.com/pod-product-compliance
Lightning Source LLC
Chambersburg PA
CBHW071416090426
42737CB00011B/1486